KB192528

리부팅
바 울

리부팅 바울

2013년 8월 16일 초판 1쇄 펴냄
2013년 9월 24일 초판 2쇄 펴냄

펴낸곳 (주)도서출판 삼인

글쓴이 김진호
펴낸이 신길순
부사장 홍승권
편집 김종진 김하얀
미술제작 강미혜
마케팅 한광영
총무 정상회

등록 1996.9.16 제10-1338호
주소 120-828 서울시 서대문구 연희동 220-55 북산빌딩 1층
          (서울시 서대문구 성산로 312)
전화 (02) 322-1845
팩스 (02) 322-1846
전자우편 saminbooks@naver.com

제판 문형사
인쇄 영프린팅
제책 쌍용제책

ISBN 978-89-6436-066-8 93230

값 14,000원

리부팅 바울

권리 없는 자들의 신학을 위하여

김진호 지음

삼인

차례

'낯선 바울',
바울을
리부팅하다

    알랭 바디우(Alain Badiou)의 『사도 바울』과 조르조 아감벤(Giorgio Agamben)의 『남겨진 시간』은 같은 해(2008년)에 한국어로 번역, 출판되었다. 두 책의 원본이 출간(각각 1998년과 2000년)된 지 10년쯤 지나서다. 원본은 아직 조지 부시의 근본주의적 기독교 제국주의가 세상을 온통 분탕질하기 전이니 그렇다 치더라도, 한국에서 이 책들의 출간과 함께 불어온 바울붐은 뜻밖이었다. 물론 이 두 책이 예수 신앙을 기독교 제국주의로 오염시킨 장본인이라는 통념과는 반대편에서 바울을 재해석하고 있지만, 그런 주장에 주목한다는 건 그만큼 관심이 있어야 가능한 일이다. 한데, 과연 두 책에 열광했던 많은 이들 가운데 그런 정도의 작은 관심이라도 있는 이가 얼마나 될까?

    물론 이런 식의 생각은 착각일 것이다. 사람들은 바울이나 기독교가 아닌 바디우와 아감벤에 관심이 있었기에 그 책들을 주목했고, 그런 독서 덕에 바울과 기독교를 조지 부시의 종교와 다르게 생각할 여지가 생겼다고 하는 게 정직한 진단일 것이다.

아무튼 조지 부시의 종교를 열렬히 추종한 한국 기독교 지도자들과 주류 교회의 횡포에 무력감에 빠져 있던 비판적 신학연구자들과 신앙인들은 이 책들을 통해 많은 위안을 받았다. 기독교를 재해석하는 저작들이나 새로운 예수 연구와 바울 연구 등, 신학자들이 저술한 괜찮은 책들이 꽤 많이 쏟아져 나왔어도 그것에 별로 관심을 기울이지 않았던 이들이 바디우와 아감벤의 난해한 책들을 읽었다. 그리고 잘 이해했든 아니든 이 책들은 그이들에게 위안을 주었고 생각의 활력을 주었다.

그중 일부는 신학자들, 특히 민중신학 연구자들의 생각을 듣고 싶어 했다. 신학 외부에서 시도된 바울 해석을 진단해주길 바랐고, 그런 논의들과 대화할 수 있는 (민중)신학자들의 새로운 바울 논의를 요구했다. 도처에서 강독모임이 조직되었고, 몇몇 신학자들, 특히 젊은 연구자들이 글을 발표했으며, 강좌가 조직되기도 했다. 내가 일하는 제3시대그리스도교연구소도 가톨릭의 우리신학연구소와 함께 2009년 봄에 강좌 〈바울과 현대: 현대철학과 현대 성서학〉(2009.4.3.~5.15.)을 열어 신학과 철학 간의 대화를 모색해보기도 했다.

하지만 이런 분위기에도 불구하고 정작 나는 이 책들에 거의 무관심했다. 제2성서(신약성서)를 연구하는 민중신학 연구자가 극소수인 데다 최근의 간학문적(interdisciplinary) 논의에 관심을 기울여온 이는 거의 없는 상황이었다. 그나마 예수 연구 분야에 여러 권의 책과 글을 쓴 덕에 나의 반응에 귀를 기울이는 이들이, 많지는 않아도, 일부 있었다. 하지만 나는 이 책들을 읽으려 몇 차례 시도했지만 번번이 그만두었다. 그 무렵 내가 집중했던 것은 성서가 아니라 한국 개신교 역사였다.

2011년 늦은 봄날, 연구원들과 강좌 계획에 관해 얘기를 나누면서 민중신학의 관점에서 바울을 다루는 강의 얘기를 불쑥 꺼냈다. 아직 한국 개신교 역사에 관한 연재가 진행 중이었고 그것을 책으로 엮어낼 요량으로 공부가 한창일 때였다. 그 얼마 전에 강의를 마치고 책과 자료를 가방에 주섬주섬 넣고 있는데 한 청년이 내게 민중신학의 바울에 대해 물었고, 그것이 머릿속을 맴돌고 있던 차였다. 왜 그의 말이 깊게 마음에 새겨졌는지는 모르겠다. 흔한 질문이었는데 말이다.

아마도 그 몇 달 전에 이재원 교수와의 논쟁이 떠올랐기 때문일지도 모른다. 당시 미국 매코믹 신학대학(McCormick Theological Seminary)에서 교수로 재직하고 있던 이재원이 정치적 급진주의 관점의 바울 해석을 얘기하는 자리에 참석했다. 사적인 대화를 나눠볼 기회가 거의 없었음에도 학문적 동지로서 깊은 우정을 나누었던 선배였기에 나는 다소 무례하게 그녀와 논쟁을 했고, 그 과정에서 북미의 정치적 급진주의와는 다른 민중신학의 바울 해석을 떠벌렸다. 실은 그때 나의 말은 심중에는 있었지만 아직 글로 꺼내 놓지 못한 것이었다. 하여 그것은 조만간에 그녀에게 보여주어야 할 숙제로 남았다.

연구원 회의 때 불쑥 던진 말로 인해 그해 8월 '리부팅 바울─민중신학적 바울 읽기의 새 지평'이라는 제목의 강좌를 개설하여 6회 강의를 진행했다. 한데 그 강의를 수강한 사람들 다수의 관심은 북미의 급진주의적 바울 해석과는 다른 민중신학의 바울 해석에 있는 것이 아니라, 바디우와 아감벤의 바울 해석에 대한 민중신학의 바울 해석에 있었다.

북미의 정치적 급진주의 바울 연구는 '현대의 정치적 은유'로서 바울에 주목하고 있다면, 바디우와 아감벤의 바울은 '현대의 철학적 은유'라고 할 수 있다. 양자는 모두 지구 제국이 형성되고 있는 오늘의 위기를 비판적으로 해석하고 그 너머를 상상하기 위한 정치적 혹은 철학적 전거(reference)로서 바울의 텍스트를 주목했다. 전자는 복음주의와 코딩된(coding) 미국 제국주의가 자행하고 있는 정치 군사적 폭력의 체계와 바울 당대의 로마를 유비시키면서 제국에 대항하는 바울에 관심을 기울이고 있다. 반면 바디우, 아감벤 등은 난민과 유민, 이민 현상을 파행적으로 양산하고 있는 신자유주의적 지구화 시대의 유럽과 고대로마제국 시대의 지중해 연안 도시들의 현상을 유비시키면서 그러한 문제와 대결했던 바울을 읽고자 한 것으로 보인다.

강의 원고를 쓰면서 나는 어쩔 수 없이 이 두 가지 부류의 바울 연구를 고려하지 않을 수 없었다. 시간과 능력의 한계를 절감해야 했지만, 그 책들을 이것저것 두서없이 읽으면서 나름의 생각을 정리해보려 안간힘을 써야 했다.

그러나 나의 이런 생각은 민중신학자 김창락의 바울 연구에 기반을 두고 있다. 그는 1984년 한신대학교에서 행한 기념비적 강연에서 「바울의 의인론, 무엇이 문제인가」라는 글을 발표했다.[1] 연구사적으로 이 글의 의의는 「로마서」와 「갈라디아서」에 주로 등장하는 '의인론'(discourse of Justification by faith) 텍스트들을 분석하면서 그것을 바울의 진리 담론이 아니라 논쟁 담론으로 보았다는 점, 그리고 논쟁 담론으로서의 그의 의인론이 유대인 공동체에서 배제된 이방인을 옹호하기 위한 신학적 무기라고 보았다는 점이다. 이러한 투쟁 과정에서 바울은 여성과 노예에까지 생각을 확장하였다. 하여 의인론은 유대사회만이 아니라 로마제국사회 전반의 지배적 질서에 의해 배제된 이들의 권리 문제에 다가갔다. 이런 맥락에서 김창락 교수는 바울의 의인론을 고대사회의 인권선언이라고 단언했다.

1998년의 바디우도 (바울 학계의 소수견해[2]인) 바울을 투사로 보는 입

---

[1] 이 글은 한신대학교에서 발행하는 학술지 『신학연구』 16/2(1986)에 처음 실렸고, 후에 그의 논문 엮음집인 『새로운 성서해석과 해방의 실천』(한국신학연구소, 1990)에 재수록되었다. 의인론이란 유대주의자들의 율법 수행론의 반대 개념이다. 율법 수행론이 율법을 지켜서 의에 이르는 자격을 갖추는 것을 의미한다면, 의인론은 그러한 수행으로는 결코 의에 도달할 수 없음에도 그리스도의 은혜로 말미암아 신에 의해 의롭다고 인정받는다는 것을 뜻하는 신학적 개념이다.

장에서 그의 텍스트들을 싸움의 기록이라고 주장했다. 이 싸움은 로마제국의 보편주의 질서, 그리고 유대사회의 공동체주의적 질서로부터 단절하는 싸움을 의미한다. 그리고, 김창락이 그랬듯이, 그 싸움은 귀족 중심적 제국의 보편주의가 아닌, 유민, 난민, 이민자들 중심의 새로운 보편주의를 지향하는 싸움이었다. 그러한 지배적 질서와 단절하는 사건에 개입하면서 형성된 새로운 보편주의로서, 제국적 혹은 공동체주의적 차별의 질서와 그러한 차별을 만들어내는 지식이나 법, 그것들을 넘어선 보편주의적 윤리를 주장했다는 것이다.

김창락은 실존주의적 진리관보다는 본질주의적 진리관을 신봉하였다는 점에서 바디우와는 다르다. 이 문제에 있어서 나는 김창락보다는 바디우에 더 공감한다. 그러나 바디우가 김창락을 알았을 가능성은 없지만, 그의 주장 뒤에는 김창락의 그림자가 있다. 나아가 바디우는 실천가 바울을 강조하고 있음에도 그러한 모습을 단지 바울의 말 속에서만 유추하는 궁색함을 드러내고 있지만, 하여 그의 글 속에서 실천가 바울의 투쟁은 너무나 추상적인 현장에서 벌어질 뿐이지만,[3] 김창락은 의인론 투쟁이 벌어지는 하나의 현장을 찾아냈다는 점에서 바울의 투쟁의 지평을 더 잘 드러내고 있다.

이것은 마치 최근의 역사의 예수 연구를 떠올리게 한다. 최근 역사의 예수(historical Jesus) 연구가 르네상스를 맞게 된 가장 중요한 진원지의 하나인 '예수 세미나'(Jesus Seminar)는 북미의 복음주의적인 '교회적 예수'와는 다른 '역사의 예수'를 발견하고 그것을 지식사회뿐 아니라 대중에게 널리 알려지게 했다는 점에서 큰 공로가 있지만, 이 연구 프로젝트는 예수의 비판적 성격을 지나치게 '예수의 말'에 의존하여 해석하고 있다는 점에서 한

---

2 브레데(W. Wrede), 슈바이처(A. Schweitzer), 스텐달(K. Stendhal) 등이 이런 소수의견을 낸 대표적 연구자들이다. 한데 바디우는 이 소수견해에 대해 알지는 못했던 듯하다.

3 물론 바울의 말에서 현대의 위기를 가로지르는 가능성을 읽어내는 그의 해석 능력은 탄성이 절로 날 만큼 훌륭했다.

계를 지닌다. 그 작업이 예수의 실천을 주목하지 못한 것은 복음서에서 예수의 투쟁 현장을 발견하는 방법론적 실마리를 찾아내지 못했기 때문이다.

이에 대해 안병무의 민중신학적 성서 해석의 가장 큰 공로라고 할 수 있는 '오클로스론'은 예수의 투쟁 현장을 찾아내는 하나의 가능성을 제시했다. 그것은 서구의 문헌 중심의 역사연구인 역사비평학(historical critical criticism)이 그 한계를 넘어서지 못한 채 불임의 성과물들로 자화자찬하고 있을 때, 안병무는 문헌 이전 단계인 구술전승(oral tradition)을 해독하는 실마리를 발견하였기 때문이다. 이 구술전승을 전승자들인 오클로스의 예수사건 체험과 그로 인한 예수 기억의 결과물로 해석하는 방법론적 가능성을 제시한 것이다. 여기서 말은 사건과 불가분 얽혀 있다.[4]

안병무가 이러한 오클로스론을 집중적으로 발전시키던 때가 1980년 전후의 시기부터 1984년 사이였다. 한데 1990년대 이후 북미에서 새롭게 떠오르는 예수 연구 흐름이 예수 말의 구술성(orality) 연구다. 일부 연구자들이 문헌 텍스트인 복음서들의 구술성에 주목하면서 예수의 실천 현장의 생생한 소리를 발견하는 실마리를 찾아내고 있는 것이다. 이 연구의 선두에 서 있는 이가 종교사회학자 리처드 호슬리(Richard A. Horsley)인데 그가 안병무의 오클로스론을 알 리는 없지만 그의 논지의 뒤에는 안병무의 그림자가 엿보인다.[5]

김창락의 바울 연구는 민중신학의 성서 연구에서 안병무의 오클로스론과 함께 최고의 성과물이라고 해도 과언이 아니다. 바울이 예수를 오독하

---

4 역사비평학은 말을 사건과 연계시키는 데 실패했지만, 민중신학의 사건 해석은 바디우의 사건 해석과 마찬가지로 말과 사건을 연계시키는 해석학적 가능성을 보여주었다.

5 2003년에 썼고 그 이듬해에 한국어로 번역 출판된 호슬리의 책 『예수와 제국』은 고대 로마제국과 현대의 제국 미국을 유비시키면서 예수의 반로마적 실천을 조명해내고 있는데, 여기에 예수 말의 구술성의 문제가 그의 이러한 해석에 중요한 방법론적 키워드로 활용되고 있다. 한데 이 책은 놀라울 정도로 안병무의 예수 해석과 유사한 내용을 담고 있다. 호슬리와 안병무 사이에는 교류가 전혀 없었음에도 말이다.

게 하는 장본인이었다고 평가하는 프리드리히 니체처럼 안병무도 바울을 탐탁지 않아 했지만, 제자인 김창락의 의인론 연구를 접한 뒤 1988년 말 이후에 처음으로 바울에 관한 체계적 해설을 시도하는 글을 썼다.[6]

하지만 안타깝게도 김창락의 문제제기는 한국의 신학계에서조차 철저히 저평가되었다. 그의 논의는 거의 토론되지 않았고, 이런 침묵 탓인지 김창락 자신도 그 직후 몇 편의 연구물을 썼지만 더 이상 생각을 진척시키지 않았다. 2006년 제3시대그리스도교연구소는 그의 고희 기념문집『다마스쿠스 길목에서 의에 대해 묻다』를 출간하였는데, 그 책의 제2부 주제를「바울, 다마스쿠스, 김창락, 그리고 민중신학」으로 잡아 네 편의 글을 엮어냈다. 제목이 시사하듯 바울의 의인론에 관한 김창락의 연구를 재평가하고 그것의 오늘의 의의를 논하기 위함이었다.

여기에 포함된 내 글「낯선 바울에게 예수운동에 대해 묻다」는 나의 바울 연구의 출발점이다. 그것은 내가 교인으로 참여하는 한백교회에서 행한 네 차례의 강연 원고를 대폭 보완하고 다듬은 것이다. 이 작업은 김창락의 바울 연구를 해설하는 것에서 시작하여, 그가 의인론의 실천 현장에 관하여 해명하지 못한 채 남겨놓은 몇 가지를 보완하는 작업이었다. 한데 생각을 진척시키는 과정에서 그와 견해 차이가 생겼다. 김창락은 바울의 의인론 실천 현장이 새로 형성된 그리스도교 공동체 안이라고 본 반면, 나는 디아스포라 유대사회 회당에서 벌어진 논쟁이라고 재해석했다.

이것은 바울 당시 그리스도교 공동체는 독자적인 종교로 존립했던 것이 아니라 유대사회 내의 개혁운동으로, 회당을 둘러싼 다양한 소분파 가운데 하나였다는 최근의 논의를 반영하고 있다. 고대 지중해 연안 지역의 대도

---

6 『살림』 1988년 12월~1989년 4월까지. 「바울로를 말한다 1—전향(1)」, 「바울로를 말한다 2—전향(2)」, 「바울로를 말한다 3—소명」, 「바울로를 말한다 4—바울로와 역사의 예수(1)」, 「바울로를 말한다 5—바울로와 역사의 예수(2)」

시에 입지한 디아스포라 유대사회의 사회역사적 특성과 관련해 볼 때 이방인과 여성, 노예의 권리를 옹호하기 위한 논쟁이 벌어지기에 안성맞춤인 장은 소분파적 공간인 교회보다는 유대사회의 회당이기 때문이다.

알렉산드로스 대왕 이후 로마가 지중해 패권국가로 자리 잡기까지 지중해 사회는 그야말로 전례 없이 활발한 국제무역과 대대적인 국가 간 전쟁이 계속되었고, 그 과정에서 이민자, 유민, 노예 등으로 거대 도시들은 인구 혼합 현상이 두드러졌다. 단기간에 너무 빠르게 인구 변동이 일어나면 전통적인 치안 체계가 무력해지는 순간이 도래하게 된다. 그렇게 되면 각 범주의 주민들이 자치결사체를 조직하여 스스로의 안보를 책임질 수밖에 없게 된다. 가령 대대적인 이민 현상으로 미국 사회가 아직 잘 자리 잡지 못한 때에 시실리아인 자치결사체로 등장한 마피아나, 아일랜드계, 중국계 이민자들의 결사체가 조직된 것과 비슷한 현상이다. 콜레기아(collegia)라고 부르는 이들 결사체들 중 가장 유력한 것은 종족과 종교가 결합된 자치결사체였다. 그리고 유대 교포사회는 로마제국의 여러 도시들에서 가장 유력한 자치결사체의 하나였다.

많은 이들이 유대교로 개종하게 된 것은 이런 상황과 관련이 있다. 이것은 이들 개종자들을 유대사회의 어디에 배치할지에 관한 논쟁을 불러 일으켰다. 근본주의적 유대주의자들이 그 논쟁의 한쪽 극에서 가장 배타주의적 주장을 펴고 있었다면, 바울은 그 다른 쪽 극에서 가장 적극적으로 개종자의 편에 섰다. 이때 바울이 펼쳤던 논쟁의 신학적 담론이 의인론이었다는 얘기다. 그리고 그런 논쟁은 여성과 노예의 권리 문제와 엮이면서 그의 의인론이 더욱 발전된 체계를 갖추었다고 보는 것이다.

한편 가장 중요한 의인론 텍스트인 「갈라디아서」에서 의인론적 진술은 묵시-종말론적 진술과 맞물려 있다. 한데 김창락은 의인론을 묵시-종말론과 연계시켜 해석하지 않았다. 이는 필경 고전적인 바울 연구가 의인론 주제와 묵시-종말론 주제로 양분되어 양자택일하는 경향으로 진행된 탓일 것이다. 전자가 바울 연구의 합리주의적 해석의 경향을 보여준다면 후자는 반합리주의적 경향을 보여준다.

의인론에 집중했던 많은 합리주의적 전통의 연구들은 바울과 유대교를 보편주의 대 유대민족주의로 해석하여 다룸으로써, 유대교 연구가 본격화된 20세기 후반에 오면 가설로서의 개연성을 상실했다. 최근의 연구에 따르면 배타적인 유대민족주의로 획일화된 유대교는 바울 당시엔 존재하지 않았기 때문이다. 즉 이 부류의 연구는 현장 해석에 실패한 것이다.

한편 묵시-종말론에 주목했던 반합리주의 전통의 연구들은 합리주의적인 역사의 시간 밖에서 바울의 묵시-종말론적 시간 이해를 말하다 보니 그런 논의를 펴는 연구들은 이 담론의 역사적 접점에 큰 관심을 기울이지 않는 경향을 띠었다. 여기서 바울의 역사 현장적 고민은 지나치게 추상적으로만 다뤄진다. 하여 시종일관 바울은 관념 속에서만 유희하고 있다. 반면 최근의 연구들은 바울의 묵시-종말론적 요소와 구체적인 현장의 논점 간의 접점을 이야기하는 데 큰 관심을 기울이고 있다.

한데 비약하여 말하자면 바디우의 바울 해석은 바울 학계의 합리주의적 전통과 더 많은 연계가 있는 반면, 아감벤은 반합리주의 전통과 더 친화적이다. 바디우는 처음부터 바울과 유대교를 보편주의 대 특수주의로 이분화하면서 바울의 말들을 그 틀 속에 끼워 넣는다. 여기서 바울의 현장은 지나치게 단순화되었다. 하지만 바디우가 말한 바울의 현장은 최근의 유대교 연구에 의하면 잘못 해석된 것이다. 그런 유대교와 그리스도교는 적어도 바울 당대에는 존재하지 않았다. 물론 그 이후에도 역사를 그렇게 단순화할 수는 없지만 말이다.

아감벤의 바울 해석은 더 극단적으로 현장을 말할 필요조차 없어졌다. 그의 바울 해석은 성서학의 전형적인 역사비평학적 담론 형식의 꽃이라고 할 수 있는 주석학(commentary)의 형식을 띠고 있다.[7] 「로마서」 1장 1절의 10개 단어를 주석하는 방식으로, '이미'와 '아직' 사이의 역설적인 긴장을 통해 존재하는 '메시아적 시간의 구조'를 이야기한다.

내가 감히 말할 수 있다면, 성서학의 역사에서 아감벤만큼 매력적으로 주석 작업을 수행한 선례는 없을 것이다. 하지만 그가 너무나 매력적인 역사비평학적 논지를 펴고 있음에도 선행하는 역사비평학적 성과를 철저히 무시한다. 가령 바울의 친서와 위서조차 구분하지 않은 채 자신의 해석에 적합한 바울의 어구를 마음대로 활용한다. 그는 처음부터 역사비평학이 드러낼 수 있는 역사학적 함의에 대해 무관심했다. 그보다는 자신의 생각을 관철시키기 위해 편의적으로 역사비평학적 방법을 활용했다. 그 결과 그가 말하는 바울의 메시아적 시간 이해에서 역사적 개연성은 아무런 의미도 지니지 못한다. 그는 바울에게 배운 것이 아니라 바울의 입을 빌려 복화술을 하고 있다. 한데 그의 복화술은 관객을 속일 필요조차 없다. 그는 이미 속을 준비가 된 관객에게만 말하기 때문이다.

아무튼 이러한 이분법은 서양의 근대가 낳은 이분법일 뿐이다. 바울 자신은 분명 이 둘을 연동시키고 있기 때문이다. 그러므로 나는 종말론을 의인론과 연계시켜 바울을 해석하려는 시도를 하였다. 의인론이 유대교 회당에서 벌인 바울의 논쟁이라는 현장을 담고 있다면, 종말론은 그러한 논쟁을 벌인 바울의 이상이 로마제국 전체의 지평으로 확장되게 한다. 하여 바

---

7 발터 벤야민은 텍스트 속의 단어와 그 해석에 집중하면서 그 작품의 내용을 확정하는 작업을 '주석'이라고 불렀다. 독일 성서학은 성서 텍스트 속 단어들의 개념사적 의미를 다루는 방대한 분량의 개념어사전들을 축적시켜놓았다. 여기에는 그 단어들 하나하나가 성서에서 어떻게 사용되고 있고 그 시대의 다른 문서들에서 어떻게 사용되고 있는지에 관한 내용들이 담겨 있다. 이 개념어사전이 주석 작업의 기반이 된다. 성서학의 역사비평학은 바로 이런 문헌 중심적 역사 연구 방식이다. 한데 오늘날 역사비평학은 방법으로서 위기에 직면해 있다. 그 이유의 하나는 고고학이 발전함에 따라 오늘날 성서 역사학은 문헌자료보다 비문헌자료가 훨씬 더 많게 되었다는 점 때문이며, 다른 하나는 독일의 개념어사전이 유럽 중심주의적 가치와 이념을 은연중에 지향하고 있다는 점이 속속 드러나고 있기 때문이다.

리부팅 바울

울이 벌였던 투쟁의 현장이 유대주의 내적 논쟁에 그치는 것이 아니라 전 세계적 변혁의 차원을 갖는다고 보았다.

위에서 내가 말하고자 했던 것을 요약하면 김창락의 의인론은 이제까지의 거의 모든 바울 논의를 리부팅하게 한 새로운 논점이라는 것이다. 나의 작업은 그의 논의를 보충하고 수정하여 그 논지의 완성도를 좀더 높이려는 것이라고 할 수 있다. 한데 그러한 보충과 수정 과정에서 두 번째 리부팅이라고 해도 과언이 아닐, 새로운 논점이 하나 추가되었다. 그것은 유대교에 대한 생각의 전면적인 수정을 통해서 수행되었다.

이 얘기를 하기 전에 먼저 1970년대 이후 활발해진 고대 유대교에 대한 연구가 바울 연구와 접점을 찾게 되면서 일어난 새로운 연구 경향을 언급할 필요가 있다. 이른바 '새로운 관점'(new perspective)을 둘러싼 논쟁이 벌어졌다. 유대교에 대한 최근 연구는 신학계의 고전적인 유대교 이해와는 달리 당시 유대교는 편협하지도 배타적이지도 않았다는 것이다.

이는 바울을 해석하는 중요한 변곡점이 되었고, 이러한 새로운 관점을 거부하는, 주로 복음주의적 성서 연구자들의 문제제기가 벌어진 것이다. 앞에서 얘기했던, 김창락의 바울 연구를 재해석하려는 나의 작업은 '새로운 관점' 이후의 역사적 정보를 적극적으로 활용하면서 바울의 실천을 역사 속에서 조명하고 있다.

한데 「낯선 바울에게 예수운동에 대해 묻다」를 기반으로 해서 이 책을 본격적으로 쓰기 시작한 2011년에는 이제까지 생각하지 못했던 새로운 문제의식이 끼어들었다. 그것은 '유대교'라는 용어에 대해 전면적인 수정이 필요하다는 생각이었다.

2차 세계대전 이후 전통적인 반유대주의에 대한 반성과 속죄의 신학운동을 '아우슈비츠 이후의 신학'(theology of post-Auschwitz)이라고 부른다. 이런 맥락에서 성서학에서는 1970년대 이후 유대교에 대한 집중적인 재평가가 이뤄졌고, 그런 논의가 바울 연구에 투영된 것이 앞서 말한 '새 관점'의 문제제기였다.

한데 유럽과 북미의 친 유대주의와 현대 이스라엘국의 팔레스티나 주민에 대한 역사적 만행을 문제제기하는 새로운 신학운동이 서구 신학계의 비주류 현상으로 대두하였고, 이를 '포스트 아우슈비츠 이후의 신학'(theology of post post-Auschwitz)이라고 부른다. 그러나 민중신학은 이에 대해 이렇다 할 관심을 기울이지 못했다.

2008년 12월 27일 이스라엘이 가자 지구에 대한 무차별 포격을 가해 1000명 이상의 팔레스티나 주민들이 학살되는 사건을 계기로 제3시대그리스도교연구소와 우리신학연구소, 참여불교재가연대가 주관하는 〈홀로코스트 종교를 넘어서─팔레스타인에 대한 이스라엘의 적대는 어떻게 생산되는가〉(2009.2.5.) 심포지엄이 열렸고, 이때 발제글의 하나로 나의 글 「'홀로코스트 신학'과 '홀로코스트 너머의 신학'」이 발표되었다. 이 글 이후 나는 '유대인'이라는 개념이 현대적 구성물이라는 생각에 이르게 되었다. 즉 현대 유대주의의 관점에서 고대 이스라엘의 신앙과 역사를 회수하려는 시각이 서구 신학 곳곳에 스며들어 있다는 생각을 갖게 된 것이다.[8]

이런 문제의식은 바울의 현장에 대한 전면적인 재해석을 필요로 했다. 하여 이 책에서 나는 '유대교'라는 용어를 극히 제한적으로 사용했다. 팔레스티나에는 최소한 두 개의 종교제도가 있었다. 그 하나가 예루살렘과 유다 지방, 그리고 갈릴리 지방을 통합하는 종교제도이고, 다른 하나는 사마리아 지방의 종교제도다. 전자가 '유대교'이고, 후자가 '사마리아교'다. 이때 유대교와 사마리아교는 잘 구축된 교리체계를 갖고 있지 못했다. 그보다는 예루살렘 성전과 사마리아의 성전을 각기 축으로 하는 느슨한 종교사

---

8 이런 점에서 키스 W. 휘틀럼의 『고대 이스라엘의 발명』은 나에게 결정적인 레퍼런스이다.

회적 통합체가 유대교와 사마리아교다. 이 둘 내부에는 다양한 조류의 신앙운동이 있었는데, 유대교 가운데 분리주의적이고 배타주의적 성향이 가장 강한 분파를 나는 이 책에서 '유대주의'라고 썼다. 한편 그리스도 분파는 유대주의가 배제하고자 했던 하위계층을 적극적으로 포용하려는 경향을 띠었다.

문제는 바울이 주로 활동한 지중해 지역의 대도시들에서 형성된 이스라엘계 이민자들의 사회가 어떤 종교적 성향을 지녔는가에 있다. 결론만 얘기하면 여기에는 유대교라고도 할 수 없고 사마리아교라고도 할 수 없는 종교가 자리 잡고 있었다. 이들 이스라엘계 이민자들 대다수는 두 종교제도를 다 존중했다. 하여 나는 이 책에서 이러한 이스라엘계 이민자들의 종교를 '이스라엘 종교'라고 불렀다.

지금까지 모든 연구는 이들 이스라엘계 디아스포라의 신앙을 '유대교'라고 명명했다. 그것은 현대 시오니즘의 유대 중심적 관점에 의해 과거의 역사가 만들어진 결과다. 하여 내가 이스라엘 종교라고 표현한 것은 이러한 발명된 역사관에 이의를 제기하기 위함이다.

다시 바울의 의인론 담론이 반영하는 투쟁 현장인 이스라엘계 디아스포라 사회로 돌아가보자. 거기에는 다양한 이스라엘 종교 현상과 운동들이 공존했다. 그중 안식일과 절기의 준수, 할례 등을 주장함으로써 순혈주의적이고 남성 중심주의적인 방식으로 이스라엘 종교를 재해석하려는 집단이 바울의 서신들에 등장하고 있는데, 그들을 나는 '유대주의자들'이라고 불렀다. 그리고 이들 유대주의자들의 주장은, 바울에 의하면, 회당 사회 주변부 대중, 곧 민중에 대해 배타적이다. 다시 말하면, 의도한 것은 아니겠지만, 유대주의자들이 추구했던 이스라엘 종교의 성격은 인종적 배타주의, 성적 배타주의, 그리고 계급적 배타주의적 함의를 지닌다. 아마도 이러한 유대주의자들의 담론의 효과를 잘 이해하지 못한 많은 이들, 심지어는 베드로나 야고보 같은 예루살렘계 그리스도파의 유력 지도자들조차 이 운동에 어느 정도 동조하곤 했다. 바울에 의하면 말이다. 반면 바울은 그 담론적 효과를 간파했다. 하여 이에 대항하는 성적, 인종적, 계급적 민중담론을 폈던 것이 그의 의인론이라고 할 수 있다.

이 책은 이러한 방식으로 김창락의 의인론을 수정, 계승하고 있다. 단언하자면 바울의 의인론은 바울의 민중신학적 담론의 결정판이다.(6장) 한데, 책을 쓰면서 나는 바울이 아직 의인론에 이르지 못한, 하지만 민중신학적 실천을 보여주는 그의 다른 언행들을 더 찾아냈다. 빌립보, 데살로니가, 고린도 등, 마케도니아와 그리스 지역에 위치한 대도시들에서 활동했던 그의 행적과 말에서 바울의 민중신학적 실천 현장을 재현해볼 수 있었던 것이다.(3~5장) 한편 위의 의인론을 보여주는 대표적 텍스트는 「갈라디아서」인데, 또 다른 의인론 텍스트인 「로마서」는 「갈라디아서」와는 다른 현장 상황을 보여준다. 하여 7장은 로마시 이스라엘계 이민자 사회에서 벌어진 사건 속에서 바울의 의인담론이 어떻게 재활용되고 있는지를 보여준다. 마지막 8장에서는 바울의 종말론적 담론과 실천을 이야기함으로써 특정 지역 공동체에서의 활동을 넘어, 전 세계적인 바울의 비전이 무엇인지를 이야기하였다.

한데 바울이 벌인 싸움은 지구화의 광풍이 휘몰아치는 주변부의 메트로폴리탄인 서울에서 민중신학이 고민하는 문제와 중첩된다. 바디우와 아감벤이 바울의 현장과 지구화 시대 유럽의 현장을 유비시키면서 바울을 주목했다면, 나는 지구화 시대 주변부의 거대도시 서울을 비판적으로 보면서 바울의 현장 투쟁을 오버랩시키고 있는 것이다. 하여 그러한 문제의식을 각 장의 마지막 소절에서 이야기하였다.

한편 1~2장은 이러한 바울을 연구하기 위한 전단계의 정보를 주려는 글이다. 1장은 일종의 바울의 '이력서'라고 할 수 있고, 2장은 그리스도파

리부팅 바울

를 공격하던 바울이 그리스도의 사도로서 활동하게 된, 이른바 그의 '전향사'를 이야기하고 있다.

앞서 말했지만 이 책은 김창락의 의인론을 계승하고 보완하는 작업이다. 그것은 지금까지의 연구사에서 다뤄지지 않은 '낯선 바울'의 이야기다. 나는 이 책에서 이 '낯선 바울'이 기존의 바울을 리부팅하고 있다고 주장한다. 무시간적이고 무현장적인 바울의 사상과 신학에 관한 논의에 치중하는 것이 아니라, 무시당하고 배척되는 이들과 함께하고자 했던 그의 신앙적 실천의 관점에서 바울을 바라보는 계기라고 보는 것이다. 그것은 바울의 현장과 거기에서 벌어진 그의 싸움을 새롭게 읽어냄으로써 가능했다. 그런 점에서 이 책은 민중신학적 바울 읽기인 셈이다.

민중신학자 안병무와 김창락은 내 생각의 출발점이다. 한편 이 책을 쓰면서 읽은 책들과 논문들이 적지 않다. 그것들은 하나도 예외 없이 나의 스승이다. 그중 독자에게 소개하면 좋을 만한 것을 선별하여 본문 중에 명시했다. 또 최근 서구의 급진주의적 바울 연구에 관한 안내를 해준 이재원 박사, 그리고 내가 잘 이해하기 어려웠던 현대 철학의 바울 논의에 자문을 준 이종영 박사와 정용택 선생은 내게 큰 도움이 되었다.

적자 면하는 게 목표인 내 책을 여러 권 출판해주었고, 이 책도 기꺼이 펴내기로 결정한 삼인출판사와 홍승권 부대표께 감사한다. 이번에도 나는 그의 인품에 반하면서 그와 인연을 맺고 있다. 내 글 중 제일 재미없다고 쓴 소리를 한 김종진 편집장, 그녀의 말은 내가 이 책으로 받은 코멘트 중 제일 소중한 것이다.

이 책을 쓰면서 나는 바울에 매료되었다. 하지만 나를 설레게 한 것은 과거의 바울이 아니라 21세기 서울에서 만나고 있는 바울에 관한 것이다. 이 책에서 조금 엿보았지만, 아직 궁금한 것이 많다. 그는 교회 안에서 있기도 할 것이고, 교회 밖, 아니 기독교 밖 어딘가에서, 민중 배제의 현장에서 침

튀겨가며 혈압을 올리고 있을 것이다. 민중신학자이자 글쟁이로서 나는 그이에 관해 할 말이 더 많았으면 좋겠다.

2013년 4월 마지막 월요일
오늘도 올빼미는 빈방에서 새벽을 지킨다.

리부팅 바울

제1장

'낯선 바울'에게
묻다

이력서

자료

바울이 누구인지를 알기 위해서 우리는 무엇을 참고해야 할까? 먼저 떠오르는 것은 「사도행전」이다. 지중해 지역에 대한 초기 기독교 선교 역사를 이야기하는 이 텍스트는 바울과 (빌립과) 베드로의 행전이라고 해도 과언이 아니다. 그중 바울의 이야기는 매우 체계적이고 분량이 길다. 전 28개 장 가운데 57퍼센트인 16개 장이 바울의 행전이다. 3차에 걸친 선교 여행에 관한 길고 복잡한 얘기는 그의 행적에 관한 설화가 일찍부터 꽤나 짜임새 있게 형성되어 있었음을 시사한다.

표1	사도행전의 구성	
베드로	빌립	바울
1~7장	8~12장	13~28장
예루살렘	온 유대(이스라엘 영역)	땅끝

튀빙겐 학파[9]의 거장 바우어(Ferdinand Christian Baur, 1792~1860)는 「사도행전」이 저자에 의해 심하게 각색된 것이어서 역사적으로 신뢰할 만하지

못하다는 견해를 폈고, 이 주장은 이후 오랫동안 학계의 지배적 견해가 되었다. 하지만 그렇게 단정하는 것은 역사적 문헌을 대하는 균형 잡힌 태도가 아니다. 여느 고대의 문헌들처럼 이 텍스트도 사실 그대로를 담고 있지는 않지만, 사실에 관한 저자의 기억을 담고 있고, 또한 저자가 접한 동시대인들의 (집단적) 기억을 담고 있다. 기억은 사실에 대한 왜곡이 아니라 사실을 저장하는 '하나의' 방식이다. 그러한 저장 방식을 감안하면서 역사가(歷史家) 혹은 독자는 「사도행전」이라는 사료를 통해 실제로 있었을 법한 (개연성 있는) '역사의 바울'(historical Paul)을 그려낼 수 있다. 이 책은 「사도행전」 속에 담긴 동시대인들의 기억의 흔적들을 찾아내고자 할 것이고, 오늘의 문제의식으로 그 기억의 흔적들을 재조합하여 역사적 바울에 관한 서사를 만들어내고자 할 것이다.

그러나 「사도행전」보다 더욱 중요한 사료는 바울 자신의 바울 기억, 곧 바울의 저술들이다. 우리에게 알려진 바울의 저술이란 '제2성서'(신약성서)에 수록된 바울의 서신들뿐이다. 제2성서의 27개 문서들 가운데 바울이 저자로 표기된 문서는 13편(48퍼센트)이나 된다. 한데 이 중 6개는, 내용에서나 문체에서 다른 7개와는 완연히 다르다. 해서 바울 학계의 일반적 견해에 따르면 7편은 바울의 저작(친서)으로, 나머지 6편은 후대에 그의 이름을 빌려서 저작된 것(위서)으로 나눈다. 물론 바울의 친서로 알려진 7개의 문서들이 전승 과정에서 대소 간에 변형이 있었고, 현재 우리가 갖고 있는 바울의 친서들은 그 변형 이전의 본래의 것이 어떠했는지 명확히 알 수 없을 만큼 복잡한 과정을 반영하고 있다는 학계의 논의들이 있다. 가령 많은 연구자들은 「고린도전서」와 「고린도후서」라는 두 편의 편지는 실은 바울이 고

---

9 튀빙겐 학파는 헤겔의 변증법을 성서비평에 적용한, 튀빙겐 대학 중심의 프로테스탄트 연구자들을 가리킨다. 이들은 본래 사실 그대로 역사를 조명하려는 '실증주의적 역사'를 추구했으나 이들이 도달한 것은 성서가 신뢰할 수 없는 정보들로 가득해서 사실에 도달하는 것이 거의 불가능하다는 '역사 회의주의'였다.

린도의 그리스도인들에게 보낸 다섯 개의 편지를 후대에 재조합하여 둘로 만든 것이라는 견해를 편다. 또 「빌립보서」도 두 개의 편지가 하나로 재조합된 것이라고 주장하곤 한다. 하지만 이 책에서는 그러한 견해들을 감안하지 않고, 가능한 한 현재 우리가 갖고 있는 문서들이 바울의 본래적인 것이라고 전제하면서 논의를 펼 것이다.

7편의 바울 친서가 어느 것인지에 대해서 대다수 학자들의 공감대가 형성되어 있다. 「로마서」, 「고린도전서」, 「고린도후서」, 「갈라디아서」, 「빌립보서」, 「빌레몬서」, 「데살로니가전서」 등이 그의 친서다. 물론 말할 것도 없이 바울 연구에서 가장 중요한 사료들이다. 특히 바울이 자신의 신원에 관한 정보를 주는 구문들인 「갈라디아서」 1장 13~17절, 「고린도전서」 15장 8~9절, 「고린도후서」 11장 22절, 「로마서」 11장 1절, 「빌립보서」 3장 4~6절 등은 가장 중요한 정보들이라고 할 수 있다.

표2 │ 바울계 서신의 세 가지 분류와 세 명의 바울		
바울 친서	로마서, 고린도전서, 고린도후서, 갈라디아서, 빌립보서, 빌레몬서, 데살로니가전서	급진적인 바울
바울 위서 목회서신	디모데전서, 디모데후서, 디도서	반동적인 바울
후기바울서신	에베소서, 골로새서, 데살로니가후서	보수적인 바울

한편 바울 위서(僞書, pseudo-Pauline Letters)인 나머지 6편은 다시 둘로 나누어, 한 그룹인 「디모데전서」, 「디모데후서」, 「디도서」를 '목회서신'(Pastoral Letters)이라고 부르고, 다른 그룹인 「에베소서」, 「골로새서」, 「데살로니가후서」를 '후기바울서신'(Post-Pauline Letters)이라고 부르곤 하는데, 바울 친서와 두 부류의 위서를 따라 13편의 바울계 서신들에는 적어도 세 명의

바울이 존재한다. 존 도미니크 크로산(John Dominic Crossan) 등 최근 북미의 학자들은 바울 친서의 바울, 목회서신의 바울, 후기바울서신의 바울, 이 세 명의 바울을 각각 '급진적인 바울'(radical Paul), '전도된 바울'(reactionary Paul), '보수적인 바울'(conservative Paul)로 부른다.[10] 본래의 바울은 이스라엘 종교(특히 유대주의)와 로마제국의 지배적 질서에 대해 급진적인 비판을 가한 예언자였는데, 그가 죽은 이후 적어도 두 그룹의 바울 해석이 제시되었다는 주장이다. 그 한 그룹은 바울의 급진성을 전도시켰다면, 다른 그룹은 아예 바울이 기존 체제의 옹호자인 것처럼 해석했다는 것이다.

바울 연구에서 바울계 서신의 세 부류 가운데 친서가 가장 중요한 사료임은 더 말할 것도 없다. 두 번째나 세 번째 바울은 참고사항일 뿐이다. 이 책은 위서 속의 바울에 대한 논의는 제쳐둘 것이다. 그것은 한편에선 이 문서들에 대한 나의 연구가 부족하기 때문이고, 다른 한편에선 위의 크로산과 보그의 '전도된 바울', '보수적인 바울' 등의 표현에서 시사되듯, 바울에 대한 오늘의 교회들의 이해가 바울 위서들의 시각들에 의해 왜곡 악용되어 왔다는 문제의식 때문이다.

한편 친서들에 관해서 주의해야 할 것이 있다. 그것은 친서도 바울 자신의 사상을 총괄적으로 표현한 것이 아니라, 선교활동 중에 맞닥뜨린 현안에 대한 응답으로 저작된 것이라는 점이다. 이것은 이 책이 강조하는 중심 논점의 하나다. 왜냐면 바울 서신들을 보는 많은 이들은 거기에서 보편적 진리에 관한 바울의 이해를 찾아내려 하면서 바울의 현장신학적 물음을 간과하곤 하기 때문이다. 반면 나는 이 책에서 바울의 몇몇 서신들 속에서 바울이 그곳에서 겪었던 상황과 그것을 돌파하기 위한 바울의 문제의식을 밝

---

10 마커스 보그·존 도미니크 크로산, 김준우 옮김, 『첫 번째 바울의 복음』(한국기독교연구소, 2010). 이 책은 바울에 관한 최근의 진보적 연구를 잘 보여주는 책이다.

혀보고자 애쓸 것이다. 거기에서 바울의 어떤 생각과 실천이 발전해갔는지를 살펴려 할 것이다.

출신지와 신분

「사도행전」은 그가 소아시아의 동남부에 있는 길리기아(Kilikia)의 수도 다소(Tarsos) 출신이었다고 말한다(「사도행전」 21: 39; 22: 3). 하지만 바울은 자신의 고향을 한 번도 스스로 이야기한 적이 없다. 아니, 심지어 바울 서신에서는 '다소'라는 지명 자체가 등장하지 않는다. 그렇지만 마치 예수가 나사렛 출신임에도 한 번을 제외하고는 고향에 가지도 않았고 고향에 대해 거의 언급하지도 않은 것처럼, 또 고향 사람들이 예언자인 그이를 환대하지 않은 것처럼, 다소에 대해 그가 언급하지 않거나 방문하지 않았다는 점이 이 도시가 그의 고향이 아니라는 것을 입증하는 것은 아니다. 그러므

| 그림1 | 고대 지중해 세계와 길리기아의 다소 |

로 다소가 그의 고향인지 아닌지에 대해 단정할 일은 아니다.

한편 「사도행전」에서 '다소'는 바울이 도시의 시민이라는 것과 한 쌍으로 엮이면서 그에 관한 특정한 통념을 제시한다. 그는 고귀한 신분이며 훌륭한 헬라 교육을 받은 사람이라는 것이다. 특히 수사학으로 무장한 명연설가라는 것이다.

> 나는 길리기아의 다소 출신의 유대 사람으로, 그 유명한 도시의 시민입니다. 저 사람들에게 내가 한마디 말을 하게 허락해 주십시오.
>
> ―「사도행전」 21: 39

그러나 「고린도후서」 10장 10절에 따르면 바울은 글은 잘 쓰지만 언변이 부족했다.

> "바울의 편지는 무게가 있고, 힘이 있지만, 직접 대할 때에는, 그는 약하고, 말주변도 변변치 못하다" 하고 말하는 사람들이 있습니다.

이것은 수사학으로 유명한 그 도시의 이미지와는 배치된다. '다소 출신' 하면 떠올릴 만한 풍모가 그에게는 없다. '나사렛 (출신) 예수'라는 말처럼, 「사도행전」이 표기하는 다소의 바울이라는 것을 굳이 부정할 이유는 없지만, 그렇다고 '다소 출신'이라는 정보를 중요하게 취급해야 할 단서도 되지 않는다.

또 하나 알아두어야 할 것은 그가 로마 시민이었느냐는 문제다. 「사도행전」 21장 39절에서는 그가 '다소의 시민'이라고 명시되어 있지만, 이 문서는 여러 차례 그를 '로마 시민'이라고 말한다(16: 37·38, 22: 25·26·27·29, 23: 27). 그러나 정작 바울은 자신의 친서에서 한 번도 자신이 다소 시민이라고 말한 적이 없고, 로마 시민이라고도 주장하지 않았다.

「사도행전」에 따르면 로마시민이라는 것은 대단한 '특권'이다. 그런데 이런 특권을 언급하는 장면들(「사도행전」 16: 37~38, 22: 22~29, 25: 9 이하 등)은 사실적이라기보다는 극적이고, 상류층 사람들과의 관계를 가급적 명시적으로 드러내려는, 그리고 로마제국 당국자들에 대해 호의적 태도를 호들갑스럽게 내보이려는 상투적인 「누가복음」-「사도행전」적 언술 양식과 부합한다. 그런 점에서 시민에 관한 「사도행전」의 언급들은 그 사실성이 다분히 의심된다. 실제로 바울 자신은 자기를 과시하는 장면에서조차, 자기가 '자유민'이라는 것을 말하면서도, 시민권에 관해선 전혀 언급하지 않는다. 오히려 그는 부나 지식에 있어 그다지 대단하지 않음을 간접적으로 실토하고 있다.

> 형제자매 여러분, 여러분이 부르심을 받을 때에, 그 처지가 어떠하였는지 생각하여 보십시오. 육신의 기준으로 보아서, 지혜 있는 사람이 많지 않고, 권력 있는 사람이 많지 않고, 가문이 훌륭한 사람이 많지 않았습니다. 그런데 하느님께서는, 지혜 있는 자들을 부끄럽게 하시려고 세상의 어리석은 것들을 택하셨으며, 강한 것들을 부끄럽게 하시려고 세상의 약한 것들을 택하셨습니다. 하느님께서는 세상에서 비천한 것들과 멸시받는 것들을 택하셨으니 곧 잘났다고 하는 것들을 없애시려고 아무것도 아닌 것들을 택하셨습니다. 이리하여 아무도 하느님 앞에서는 자랑하지 못하게 하시려는 것입니다.
>
> —「고린도전서」 I: 26~29

또한 로마 시민이 받아서는 안 되는 형벌인 채찍형을 그는 세 번이나 겪었다(「고린도후서」 11: 25). 이것은 그가 '로마 시민'이라는 주장의 근거가 약하다는 것을 의미한다.

더구나 '로마 시민'이라는 말이 특권계급을 나타낸다는 「사도행전」의 주장 역시 상당히 과장된 것이다. 왜냐면 로마제국의 시민권 정책은 일관성 없이 오락가락했기 때문이다. 즉 시민권을 가졌으나 보잘것없는 신분의 사람도 적지 않았고, 반대로 시민권을 지니지 못한 특권층도 상당히 많았다.

그런 점에서 그는 아마도 로마 시민은 아니었을 가능성이 높다. 다소의 시민이었는지도 가능성이 그리 높지 않다. 혹여 시민이었을지라도 특권층은 아니었음이 분명하다.[11] 하지만 분명한 것은 그가 문자를 사용하는 노동계층이었다는 점이다. 일반적인 상식으로 고대사회의 노동계층이 문자를 사용했을 가능성은 매우 적다. 하지만 1세기 로마제국 사회가 그만큼 혼란스럽고 그 과정에서 몰락과 성공을 경험한 이들이 격심했다는 점을 가정한다면, 문자를 사용하는 노동계층이라는 것은 상식적이지는 않지만, 오히려 그 점이 바울의 개인사에 관한 상상을 가능하게 해준다. 어쩌면 그는 격동의 1세기 로마제국 사회에서 갑자기 몰락한 디아스포라 이스라엘인이었을지 모른다. 어린 시절엔 글을 배울 만큼의 훌륭한 교육을 받았으나, 어떤 이유로 몰락하게 된 집안 출신일 수도 있다는 것이다. 혹은 유복한 유대인 집안의 청년이었으나 급진 사상을 갖게 되어 떠돌이 생활을 하면서 노동자가 되었을 가능성도 배제하지 못한다. 아무튼 분명한 것은 그는 글을 쓰고 읽을 줄 아는 노동자였다는 점이다.

---

[11] 볼프강 슈테게만(Wolfgang Stegemann)은 바울이 다소 시민도 로마 시민도 아니라는 견해를 펴는 몇 안 되는 연구자의 하나다. 내가 보기엔 다수의 견해보다는 슈테게만의 주장이 더 설득력이 있다. 에케하르트 슈테게만·볼프강 슈테게만, 손성현·김판임 옮김, 『초기 그리스도교의 사회사』 (동연, 2009), 469~477쪽.

리부팅 바울

유대인

앞에서 바울을 그의 현장신학의 관점에서 보는 것이 이 책의 주된 강조점의 하나라고 말했는데, 그의 현장 이해에 있어서 매우 핵심적인 논점이 '유대인'/'유대주의'의 문제다. 바울은 거의 모든 곳에서 유대주의자들과 심각한 갈등을 벌였기 때문이다. 그런 점에서 유대주의가 무엇인지에 대한 물음은 바울의 현장신학을 이해하는 데 중요한 논점일 뿐 아니라 특정 현장을 넘어서 그의 활동 전반을 꿰는 그의 신학의 보다 큰 지향점을 읽어내는 데 있어서도 중요하다. 그런 점에서 유대인/유대주의에 대한 해석은 이 책의 도처에서 중요하게 다뤄질 것이다. 다음에서는 개략적으로 '유대인 바울'에 대해 간략히 이야기하겠다.

「사도행전」 22장 3절에 따르면 바울은 다소가 주도(主都)인 길리기아 지방 출신 유대인으로, 예루살렘에서 자라면서 가말리엘(가말리엘 l세)의 가르침을 받아 엄격한 유대교육을 수련했다고 한다. 또한 「사도행전」 23장 6절에 따르면 그는 바리새파 사람이며, 그의 부친 또한 그러했다. 그리고 26장 5절에서는 바리새파 중에서도 가장 엄격한 유대주의자였다고 한다.

한데 그가 예루살렘에서 가말리엘 1세에게서 사사받았다는 것을 바울 자신은 전혀 언급하지 않는다. 이 전설적인 랍비에게서 수련했다는 것은 그가 이스라엘인다운 이임을 자부할 때 의당 강조했을 법함에도, 그런 문맥에서도 그는 이 사실을 전혀 발설하지 않는다. 또한 예루살렘에서 유학했다는 것도 말하지 않는다.

바울은 예루살렘 유대교와 연결된 인물이라기보다는 지중해 대도시에 거류하는 디아스포라 이스라엘인들의 신앙 맥락과 더 잘 부합하는 사람이다. 그의 활동 거점은 안디옥(*Antiocheia*)이나 다마스쿠스(*Damaskos*) 같은,

비(非)예루살렘적 예수파 이스라엘 신앙[12]의 본산지였던 것이다. 나중에 의인론을 다루면서(6장) 좀 더 자세히 논하겠지만, 오히려 그는 예루살렘적 유대교와 날카롭게 대립하고 있다. 그럼에도 그가 '어떤 이스라엘인'이었는지를 말하는 맥락에서 「사도행전」과 바울 친서의 묘사는 유사하다.

나는 (1)내 동족 가운데서, 나와 나이가 같은 또래의 많은 사람보다 유대교 신앙에 앞서 있었으며, 내 조상들의 전통을 지키는 일에도 훨씬 더 열성이었습니다.

— 「갈라디아서」 I: 14

그들이 (2)히브리 사람입니까? 나도 그렇습니다. 그들이 (3)이스라엘 사람입니까? 나도 그렇습니다. 그들이 아브라함의 후손입니까? 나도 그렇습니다.

— 「고린도후서」 I I: 22

나도 (3)이스라엘 사람이요, 아브라함의 후손이요, (4)베냐민 지파에 속한 사람입니다.

— 「로마서」 I I: I

이 인용문들에서 주목할 것 하나는 (2) '히브리 사람'과 (3) '이스라엘 사람'이라는 표현이다. 당시 이스라엘적 야훼신앙 내에서 '유대인'과 '사마리

---

12 당시 예수파는 예수의 동생인 야고보가 이끄는 '예루살렘계 예수파'와 바울 같은 이를 포함하는 '디아스포라계 예수파'가 있었다. 그 외에 민중신학 연구자들은 북팔레스티나-남시리아 지역의 시골 지역 예수파가 있었음을 제시하였다. 그리고 이 모든 예수파들은 아직 독자적인 종교집단이 아니라 유대주의적 신앙의 한 분파였다. 뒤에서 더 자세히 이야기하겠지만, 이스라엘인들의 야훼신앙은 유대계와 사마리아계로 나뉘며, 예수운동은 본래 유대계에서 유래한 분파운동이었다.

리부팅 바울

아인'이라는 용어는 서로 반목하며 갈등하는 대립된 집단을 가리키고 있었는데, 여기서 언급된 '히브리인'이나 '이스라엘인'은 이 둘을 포괄하는 표현이다. 이것은 위의 (1) '내 동족'과 상응하는 용어다. 아마도 지중해 지역의 이스라엘계 디아스포라 사회에서 사람들은 하나의 동족집단으로서 자신을 이렇게 표현하였을 것이다.

반면 '유대인'이라는 표현은 사마리아계 이스라엘인을 배제하는 좁은 개념이다. 그런데 팔레스티나에서는 이 두 부류의 사람들은 서로 섞여 있지 않았다. 그러므로 유대계 이스라엘인과 사마리아계 이스라엘인은 서로 분리된 종족처럼 여겨졌다. 이와는 달리 디아스포라 사회에서 그들은 서로 섞여 있다. 그들은 모두 이스라엘인이었고 히브리인이었으며 그런 의미에서 동족이었다. 단지 그들은 각기 야훼신앙의 하나의 분파들이었다. 그 차이에 대해서 우리는 충분히 알고 있지 못하지만, 사마리아적 신앙이 타종족에 대해 다소 포용적인 경향이 강했다면, 유대적 신앙은 배타적이고 순혈주의적 성격이 더욱 강했던 것으로 보인다.

한편 바울은 자신을 (4) '베냐민 지파' 출신으로 묘사한다. 종족의 관점에서 보면 베냐민은 유대보다는 사마리아에 가깝다. 고대 부족동맹사회부터 이 부족은 에브라임 부족과 더불어 (좁은 의미의) 이스라엘을 상징하고 있었는데, '좁은 의미의 이스라엘'은 사마리아와 상호교환적인 개념이다. 하지만 바울은 자신이 '유대 신앙'에 앞장선 사람이라고 주장한다. 그것은 이스라엘계 디아스포라 출신인 바울이 혈연적으로는 사마리아계에 가까움에도 신앙적으로는 유대주의적 분파성을 띠고 있었다는 것을 뜻한다. 여기서도 디아스포라 사회에서 사마리아적 신앙과 유대적 신앙은 혈통보다는 이념과 신앙적 성향을 나타내고 있음을 알 수 있다. 실제로 디아스포라 공동체에서 유대계와 사마리아계는 무수한 혼인관계를 통해서 혈통에 있어서 구분할 수 없이 섞여 있었다.[13]

그런 점에서 바울의 많은 용례에서 '유대'라는 표현은 분파주의적이고 배타주의적인 야훼신앙의 한 경향을 가리킬 때 쓰인다. 이것은 그에게서 '이스라엘'이라는 표현이 유대와 사마리아를 모두 포용하는 비분리주의적 함의로 쓰인 것과는 대비된다.

바울이 자신을 베냐민 출신이라고 한 것에 대해 좀 더 상상력을 펼쳐보자. 오래전 부족동맹 사회에서 이 족속은 에브라임 부족과 함께 중심 부족이었다. 특히 이 부족의 지도자 사울(šā'ûl)이 반블레셋 동맹체로서 이스라엘 부족동맹을 (아직 조직이나 규모에 있어서 초기 국가인) 국가 형태로 결속시킴으로써 베냐민 부족은 이스라엘 부족동맹의 헤게모니 부족이 되었다. 그런데 흥미롭게도 「사도행전」은 바울이 신앙적 전향을 하기 전과 후를 구분하여 이야기할 때에 그의 이름이 (고대 이스라엘의 전설적 지도자를 연상시키는) '사울'에서 '바울'로 바뀌었다고 말한다.(「사도행전」13: 9 · 13)

「사도행전」은 바울의 전향 사건을 다마스쿠스 도상에서의 회심 사건으로 묘사한다. 하지만 「사도행전」의 도식에 따르면 그의 선교는 초기와 후기로 나뉘어 있는데, 초기 선교는 '이스라엘계 디아스포라 회당'을 돌면서 복음을 전파하던 단계로(9: 19~32) 처참하게 실패하여 예루살렘으로 도주했다가 다소로 돌아가는 것으로 끝난다. 그리고 후기 선교는 이른바 3차에 걸친 이방인 선교인데, 그 출발점이 바나바와 함께 떠난 키프로스(Kyupros) 섬의 선교였다. 그리고 이곳에서 그는 바나바가 이끄는 선교팀의 일원으로서 '사울'이라는 이스라엘식 이름을 갖고 있었다. 한데 키프로스 선교 이후 「사도행전」은 이 선교팀을 바나바 일행으로 묘사하는 대신 '바울 일행'으

---

13 여기서 주지할 것은 로마제국은 이스라엘인을 유대인으로 표기하고 있다는 것이다. 그것은 사마리아인보다 훨씬 순혈주의적이고 근본주의적 성향이 강했던 유대인이 더 로마에 대해 저항적이었기 때문에 로마 당국자들은 유대인들을 특별히 기억했고, 이스라엘인들 전체를 유대인이라고 불렀던 것이다. 이것은 과거 아시리아제국이 팔레스티나 종족들 전체를 이스라엘국의 왕가인 '아합의 집안'으로 기억했던 것과 마찬가지다.

리부팅 바울

로 부른다. 즉 키프로스 사건 이후 사울이 바울이 되었고, 바나바 일행이 바울 일행이 되었다.

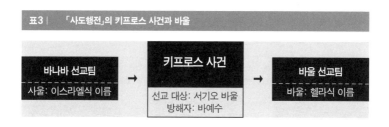

표3 | 「사도행전」의 키프로스 사건과 바울

바나바 선교팀
사울: 이스라엘식 이름

→

키프로스 사건
선교 대상: 서기오 바울
방해자: 바예수

→

바울 선교팀
바울: 헬라식 이름

이 키프로스 선교 이야기는 흥미로운데, 그곳에는 '서기오 바울'(Sergius Paulus)이라는 집정관(Proconsul)이 다스리고 있었고, 그의 측근에는 바나바와 사울을 방해하는 유대인 '바예수'가 있었다. '바예수'(*bar-je´-zus*)란 예수의 아들이라는 뜻으로, 히브리어식 표현이다. 그런데 사울이 그와 겨루어 이겼고 서기오 바울을 개종시켰다고 「사도행전」은 전한다. 그리고 그 사건 이후 '사울'이 '바울'이 되었다. 여기서 사울은 이스라엘식 이름이고 바울은 헬라식 이름임을 기억하자.

유대적 인물 바예수의 방해를 물리치고 헬라적 인물 서기오 바울을 개종시킨 후에, 이스라엘적 이름의 사울은 헬라적 이름의 바울이 되었고, 선교의 주역으로 부상했다는 것, 이것이 「사도행전」이 묘사하는 바울 선교의 출발점에 관한 묘사다. 즉 '이스라엘적 예수'를 극복함으로써 이방인의 진정한 선교사 바울이 되었다는 것이다. 다시 말하면 이스라엘적 예수를 강조하는 유대주의의 극복이 바울 선교의 전제라는 얘기다.

이것은 「사도행전」의 또 다른 주인공인 베드로의 선교 이야기에서도 비슷하게 나타난다.(「사도행전」 8: 4~25) 여기서 사마리아 선교가 그의 활동의 출발점인데, 그 방해꾼은 시몬 마구스(*Simon ho magos*), 곧 마법사 시몬이라는 사람이다. 시몬은 베드로의 이스라엘식 이름이고, 베드로는 헬라식 이름이다. 즉 「사도행전」은 시몬이 사마리아 선교에서 시몬 마구스를 이기고서 비로소 베드로가 되어 선교사로서 활약을 떨치게 되었다고 이야기하는 것이다.

표4 | 「사도행전」의 사마리아 사건과 베드로

시몬: 이스라엘식 이름 → 사마리아 사건 방해자: 시몬 마구스 → 베드로: 헬라식 이름

베드로와 바울에 관한 「사도행전」의 묘한 스토리 구성에서 공통점은 베드로가 시몬을 이김으로써 이방선교가 시작된 것처럼, 바울이 사울을 극복함으로써 그의 선교활극이 펼쳐지게 되었다는 점에 있다. 둘은 공교롭게도 그 계기점에 지극히 이스라엘적인 존재를 극복하는 사건이 있고, 그 존재는 바로 자기 자신(사울, 시몬)이거나 자기 자신이 추앙하던 이의 이름을 가진 자(예수)다. 물론 그 배후에는 이 사람들을 등에 업은 유대주의자들이 있었다. 그러고 나서 그들은 헬라식 이름의 영웅전의 주역이 된 것이다.

물론 이것은 허구다. 뒤에서 더 논하겠지만, 바울의 선교는 시종 이스라엘계 디아스포라 회당을 중심으로 펼쳐졌다. 그는 최초의 기독교도가 아니라 여전히 이스라엘인의 한 사람이었다. 그의 시대에 아직 기독교는 존재하지 않았고, 그 또한 새로운 종교를 창안하지 않았다. 단지 그의 후계자들이 그를 새로운 종교의 효시처럼 해석하였을 뿐이다. 그러니 「사도행전」의 선교 이야기는 기독교 탄생 이후에 펼쳐진 이스라엘에서 이방으로 가는 일련의 선교 역사의 알리바이를 설명하는 텍스트인 셈이다. 그렇지만 그 세부묘사는 흥미로운데, 사울이 바울이 되었다든가 시몬이 베드로가 되었다

리부팅 바울

는 식의 묘사는 다분히 도식적이지만, 예수 선교의 선구자들이 유대주의[14]에 대한 강력한 비판자들이었다는 것을 시사한다.

다시 앞으로 가서, 바울은 자기 자신이 베냐민 부족 출신이라고 말했다. 알다시피 이스라엘 부족동맹사에서 가장 걸출한 영웅의 하나는 사울인데, 그가 바로 베냐민 부족 사람이다. 요컨대 사울은 이스라엘 가운데 가장 이스라엘적 인물이다. 이스라엘 대중에게 이것은 널리 알려진 사실이었다. 바로 이러한 집합적인 이해에 기반을 두고 「사도행전」의 키프로스 선교 이야기가 나올 수 있었다. 즉 사람들은 그가 베냐민 부족 출신이라는 사실에서 사울을 연상했고, 비슷한 발음의 이 두 인물을 연관시켜 해석했던 것이다.

요약하면, 바울은 '문자를 사용하는 노동계층'으로 유대주의 분파인 '바리새파 사람'이었으며, 이스라엘계 디아스포라 신앙에서 가장 율법적인 배타주의와 분리주의에 충실한 사람이었다는 것이다. 이는 그가 할례와 정결례를 엄격히 지킬 수 있는 사람이라는 것,[15] 그것을 분리주의적 신앙의 징표로 해석하는 사람이었다는 것을 뜻한다. 또한 그러한 신앙을 지킬 만한 신분의 사람, 곧 극빈층은 아니었다는 것을 의미한다. 한편 그는 노예 신분의 사람이 아니다. 또 그는 시민이 아니었다. 그는 '자유민' 신분의 사람이다. 노동을 했다는 점은 그가 상류층에 속하는 자유민이 아니었음을 의미한다.

---

14 여기서 유대주의자는 폐쇄적 민족 전통을 추구하는 이스라엘계 디아스포라, 특히 예루살렘을 중심으로 하는 폐쇄적 민족주의 분파를 가리킨다.

15 이것은 신분적 표지가 아닐 수도 있다. 왜냐면 떠돌이 수행자들은 정결례를 지키는 구걸자들이기 때문이다.

박해자에서 박해당하는 자로

한편 바울은 전향 이전에 예수운동에 대한 박해자였다(「고린도전서」 15: 9). 이것은 그가 율법에 열성적인(「갈라디아서」 1: 14) 사람이었기 때문이다. 「사도행전」에서 그는 디아스포라 출신이지만 예루살렘으로 유학 와서, 가말리엘 1세 문하로 들어간 랍비 지망생이었는데, 그곳에서 스데반이 투석형을 받을 때 가해자 편에 관여하고 있었다.(「사도행전」 7: 57~58; 8: 1)

> 사람들은 귀를 막고, 큰 소리를 지르고서, 일제히 스데반에게 달려들어, 그를 성 바깥으로 끌어내서 돌로 쳤다. 증인들은 옷을 벗어서, 사울이라는 청년의 발 앞에 두었다.
>
> —「사도행전」 7: 57~58

그런데 바울 자신은 그 박해 활동지가 예루살렘이었는지에 대해선 아무런 언급을 하지 않고 있다. 그의 자기 진술로부터 알 수 있는 확실한 정보는, 예수 추종자로서 활동을 벌였던 첫 지역이 다마스쿠스라는 사실뿐이다. 어쩌면 이곳이 그가 박해자로서 활동했던 무대였을지 모른다. 다마스쿠스가 로마제국의 영토가 아니라 나바테아 제국(Nabataean empire)의 영토였다는 점을 감안하면, 그가 예루살렘 성전 대사제의 위임을 받아 박해 활동을 폈다는 「사도행전」의 주장(「사도행전」 9: 1~2)은 역사적 개연성이 적다. 공적 지도자인 대사제가 남의 나라 영토에, 그것도 돈독한 우방국가라고 할 수 없는 나라에서, 특정집단에 대한 테러를 명령한다는 건 있을 수 없는 일이기 때문이다.[16] 그보다는 바울의 박해 활동은 그곳에 있던 이스라엘계 디아스포라 회당에서 자발적으로 벌인 테러 행위의 일환이었을 가능성이 크다. 즉 예수 처형 직후 팔레스티나 안팎의 이스라엘권 전역에서 일시적인 공안정국이 기승을 부리는 가운데 이런 정세에 편승하여 다마스쿠스에서도 과격한 유대주의자들이 민중적 메시아론을 주장하는 이들에 대한 우익 테러를 감행하였을지도 모른다는 것이다. 그렇다면 바울의 박해 활동은 필경 이런 배경에서 유래하였을 것이다.

한편 바울은 자신이 저술한 서신들 도처에서 '박해당하는 자'로서의 자기의 기구한 운명에 대해 말한다. 즉 바리새파였다가 예수 추종자로 바뀐 것은 '박해자'에서 '피박해자'로의 전환을 의미한다. 바울은 자신이 당한 박해에 관한 묘사에서, 「사도행전」[17]의 묘사와는 달리, 자연계와 인간계 모두를 지배하는 권력 일반을 그의 적대자로 언급하고 있다.

> 나는 수고도 더 많이 하고, 감옥살이도 더 많이 하고, 매도 더 많이 맞고, 여러 번 죽을 뻔하였습니다. 유대 사람들에게서 마흔에서 하나를 뺀 매를 맞은 것이 다섯 번이요, 채찍으로 맞은 것이 세 번이요, 돌로 맞은 것이 한 번이요, 파선을 당한 것이 세 번이요, 밤낮 꼬박 하루를 망망한 바다를 떠다녔습니다. 자주 여행하는 동안에는, 강물의 위험과 강도의 위험과 동족의 위험과 이방 사람의 위험과 도시의 위험과 광야의 위험과 바다의 위험과 거짓 형제의 위험을 당하였습니다. 수고와 고역에 시달리고, 여러 번 밤을 지새우고, 주리고, 목

---

16 나바테아 제국은 바로 그 시기에 갈릴리와 베레아 지방의 통치자인 안티파스와 전쟁을 치른다. 유대-이두메아 지역과 갈릴리-베레아 지역은 같은 역사공동체에 속하고 동시에 같은 유대교권 국가이자 로마의 속국이라는 점에서 동질성을 갖는 나라다. 반면 나바테아는 그들과 동질감으로 연계되지 않았다. 그런 맥락을 고려할 때 예루살렘 성전 지도자가 나바테아 제국 영토의 자국민에 대한 공식적 통제력을 행사한다는 것은 거의 불가능한 상상이다.

17 이 텍스트는 제국 각 지역에서 바울을 박해한 세력을 로마가 아닌, 회당을 이끄는 유대 지도자 내지는 유대 종파주의자들이라고 보는 경향이 있다. 그것은 「누가복음」과 「사도행전」의 서두에 묘사되어 있듯이, 로마제국의 한 지체 높은 인물에게 예수와 예수운동, 그리고 교회를 소개하고자 하는 집필 취지에 따른 자기 검열의 결과일 것이다.

마르고, 여러 번 굶고, 추위에 떨고, 헐벗었습니다.

—「고린도후서」 11: 23~27

이 세계의 자연스러운 질서 일반과 불화하는 존재가 되었다는 것이겠다. 즉 박해자에서 피박해자로의 그의 삶의 목표의 전환은 '권력'에 대한 전선의 이동, 즉 전향(轉向)을 뜻한다.[18]

전에 박해자였을 땐 '적'을 척결하기 위해 권력을 행사하고자 했고, 그 것이 그에겐 정당한 권력으로 보였을 것이다. 한데 이제 그는 그러한 권력 일반과 대결하게 되었다. 필경 그에겐 '정당한 권력'이란 존재하지 않는다고 이해되었을 것이다. 아마도 전자가 권력을 손에 쥔 자의 태도를 반영한다면, 후자는 권력 박탈의 상황에 있는 존재, 권력에 의해 타자로 대상화되는 존재의 시선을 나타낼 것이다. 요컨대 바울의 전향은 정당한 권력을 찾아 신앙적 실천을 모색하던 이가 권력 박탈의 시선에서 권력 일체와 대결을 하는 것으로의 전선 이동을 뜻한다고 할 수 있겠다. 그렇다면 그에게서 권력 박탈의 상태에 있는 이들은 누구일까? 다음 장들(3~7장)에서 우리는 그이들이 구체적으로 누구인지를 바울의 현장 활동과 담론을 살피면서 이야기할 것이다.

전향 시기

바울의 전향 시기는 언제일까? 아마도 기원후 36년경이라고 보

---

[18] 이것은 바울의 적대자를 유대 종파주의자나 과격파 유대주의자, 특히 젤롯당이라고 보는 일반적 견해가 얼마나 허구적이며, 나아가 얼마나 보수주의자들의 시각에 의해 착색된 해석인가를 보여준다. 이런 시각은 초기 예루살렘 교회에 대한 박해의 주체가 젤롯당적 유대주의자였다는 허황된 주장과 맥을 같이 한다. 이들은 예수운동이 '무조건적인/원칙주의적 비폭력주의'라는 전제를 갖고 있다.

리부팅 바울

는 것이 가장 개연성이 크다. 우선 그의 전향은 '예수의 처형'을 둘러싼 대중적 기억이 아직 소름끼치도록 생생하던 시기, 그래서 예수 운동에 대한 당국의 과잉진압이 필요했을 시기에 이루어졌을 것이다. 해서 스데반에 대한 투석형도 바로 그 시기에 일어났다.

「사도행전」은 이 투석형에 바울이 가해자로 가담했다고 하고(7: 58; 8: 1) 그 직후에 다마스쿠스에서 그의 전향사건이 벌어졌다고 전한다(9: 1~19). 이 묘사를 글자 그대로 믿기는 어렵지만, 이스라엘계 디아스포라 사회에서 그리스도 논쟁이 격화되었고(그 과정에서 스데반이 순교했다), 그리스도파에 대한 유대주의적 이스라엘인들의 공격이 벌어지던 바로 그 시기에 바울이 박해자에서 박해받는 자의 편으로 전향하는 사건이 벌어졌다. 그렇다면 그런 정황과 가장 어울리는 시기는 스데반의 처형 직후로 보는 게 타당할 것이다. 한데 나는 그때를 예루살렘의 치안에 공백이 생기던 때인 36년일 것이라고 본다는 것이다.

이때는 70대의 노황제 티베리우스 말기(그는 주후 37년에 사망한다)의 통치권 누수 현상이 제국 곳곳에서 일어나던 시기다. 그런 상황은 티베리우스의 근위대장이자 실력자인 세야누스(Lucius Aelius Seianus)의 후광을 받아왔던 팔레스티나의 정무관 빌라도(Pontius Pilate. 그는 26~36년에 유다, 이두메아, 사마리아 지방의 정무관(Procurator)이었다)에겐 어느 때보다도 중대한 위기가 아닐 수 없다. 급기야 새로 부임한 시리아 태수(legate) 비텔리우스(Aulus Vitellius. AD 15~69)에 의해 파면당했는데, 이 시기가 바로 36년이었다. 이것은 또한 빌라도의 후견 아래 대제사장직을 수행하던 가야바의 실각으로 이어졌다.

게다가 빌라도를 파면한 비텔리우스가 예루살렘의 내정에 깊이 개입할 여유는 없었다. 그는 36년 안티파스 영토를 침공한 나바테아 제국 군대와 일전을 벌이기 위해 긴급 출병해야 했기 때문이다. 요컨대 예루살렘과 유대 지방에서는 일시적으로 로마 권력에 공백이 생겼고, 따라서 가야바의 후임 대사제로 임명된 요나단이 잠시 유대 지방에 대한 자율적 통치권을 행사하는 것이 가능했던 것이다. 바로 이것이 스데반을 (로마식 극형법인 십자가형이 아닌) 유대식 극형법인 투석형으로 처형했던 배경이라 할 수 있지 않을까.[19]

바울의 전향 이후의 초기 활동지였던 다마스쿠스는 나바테아 제국의 영토였다. 여기서 그는 나바테아 제국의 황제 아레타스 4세의 경찰 감시망을 피해 광주리를 타고 성벽을 내려와 아라비아[20]로 도주했다.(「고린도후서」 11: 32~33) 그리고 얼마 후 그는 다마스쿠스로 되돌아 왔고, 3년 후 예루살렘을 방문했다.(「갈라디아서」 1: 17) 그리고 보름간의 예루살렘 체류 후 시리아와 길리기아 지방으로 갔다.(「갈라디아서」 1: 21)

전향 이후

"14년 후" 그는 다시 예루살렘에 와서 예수운동의 지도자들에게 이방인 선교에 대한 자신의 입장을 설명하게 된다(예루살렘 회담—「갈라디아서」 2: 1~10). 이때 이 '14년 후'라는 표현이 언제를 기점으로 하는 계산법인지는 불명확하다. 〔표5〕에서 〈1〉과 〈5〉 사이의 기간을 나타내는 ⓐ가 14년이라는 뜻인지, 아니면 각각 ⓑ, ⓒ, ⓓ가 14년이라는 건지는 명확하지 않다. 아무튼 전향 시기로부터 14년(만 13년) 후인 49년 이후인 것만은 분명하다. 당시 예루살렘 예수 공동체의 지도자들은 베드로와 요한, 그리고 '주의 동

---

19 흔히 생각되듯, 십자가형이 아닌 투석형이라는 것은 정치범 예수와는 다른 종교사범 스데반이라는 이해를 낳기 쉽지만, 그것은 위에서 보았듯이 적절한 이해라 할 수 없다.

20 '아라비아'는 모호한 지명 표기일 수도 있고 아니면 포괄적인 표기일 수도 있다. 어쩌면 둘 다를 의미할 수도 있겠다.

표5 | 바울의 생애: 전향에서 순교까지

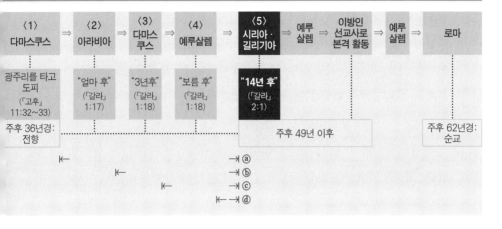

생' 야고보였다. 특히 야고보의 지도력이 두드러졌던 것 같다.

여기서 야고보의 노선은 이방인 선교에 대한 입장에 있어서 '유대교로
의 개종'론에 가까웠던 것 같다. 이것은 성전-회당 체계의 규범적 정당성
을 어느 정도 수용한 것으로, 성전-회당 체제에 반대했던 예수운동의 급진
주의를 완화시킨 형태임을 의미한다. 예수 식의 떠돌이 예언운동으로부터
지역에 정착한 공동체운동으로 운동 양식이 변화한다고 할 때, 야고보류의
노선이 예루살렘 예수공동체의 주도권을 쥘 수 있었던 것은 이해할 만하
다. 즉 기성의 윤리를 해체하는 데 주력했던 떠돌이형 예수운동이 정착지
에 안착하기 위해서는 공동체 윤리를 발전시켜야 했고, 그것이 바로 예수
운동이 교회운동으로 전화하는 데 수반된 사회적 조건이었던 것이다. 바로
이러한 전개 과정에서 이른바 '야고보주의'가 예루살렘 공동체를 결속시키
는 데 중요한 역할을 했다고 볼 수 있다.

한데 그렇다고 야고보류의 팔레스티나적 교회신학의 탄생이 예수운동
의 체제내화를 의미한다고 단순히 폄하해서는 안 된다. 사실 스데반의 처

형 이후, 요한의 형 야고보의 처형(42년), 그리고 예수의 동생 야고보의 처형(62년) 등, 예수 추종 집단은 예루살렘에서 지속적으로 당국을 중심으로 하는 보수주의적 지배세력의 공격의 대상이 되어왔다. 이 박해에 대해서 로마에게는 면죄부를 주려는 경향이 있는 「누가복음」-「사도행전」과는 달리, 실제로 성전 당국의 입장은 로마 당국의 입장과 근본적으로 일치하였다고 볼 수 있다. 예수에게 그랬던 것처럼 말이다.

한편 예루살렘의 예수운동을 박해한 주역이 훗날 반로마 항쟁의 주역이었던 '젤롯당'이었다는 견해도 있는데, 이 또한 전혀 사실 무근이다. 이런 해석을 내리는 이들은 요세푸스의 역사서들과 제2성서에서 '젤로테스'(*jelotes*)라는 말이 박해의 가해자로 나올 땐 언제나 '잘 조직된' 정파로서의 '젤롯당'이라고 해석하는 반면, 바울이 율법에 '젤로테스'하다고 할 땐, 그것을 '열광적'이라고 해석하는 모순을 범한다.

아무튼 이와 같은 야고보파의 견해에 극한 대립적 입장을 취한 바울의 견해는 이방인을 억지로 유대교화하지 않아도 된다는 주장으로 요약될 수 있다. 그러나 이것이 예수처럼 윤리를 해체하자는 주장은 아니다. 바울은 여러 부분에서 기성의 공동체 윤리를 옹호하고 있었다. 즉 그 역시 지역 공동체의 시각에서 예수운동을 해석하고 있는 것이다. 다만 야고보와의 차이점은 비팔레스티나적 배경에서 활동했던 상황, 변화된 선교 상황과 연결된다. 즉 바울은 비팔레스티나 지역에서의 유대교화 전략이 예수운동을 계승하는 데 있어 중대한 걸림돌이 된다고 보았던 것이다(이에 대해서는 이 책 6장에서 더 자세히 이야기할 것이다). 바울은 이 회담에서 자신의 논변이 정당성을 얻었다고 확신한다. 하지만 이 문제는 그의 활동기 내내 바울계열의 공동체 안에서 논쟁거리였다.

처형, 그 이유

　　마지막으로 바울의 활동을 이야기하는 데서 주목할 것은, 이 회담에서 예루살렘 교회 지도자들로부터 물질적 지원 요청을 받았다는 사실(『갈라디아서』 2: 10)과 결부된다. 바울의 서신들에 따르면, 그는 마케도니아의 교회들, (소)아시아 지역의 교회들, 갈라디아 지역의 교회들, 아가야 지역의 교회들 등, 자기를 따르는 공동체들을 두루 돌아다니면서 모금했다. 명분은 예루살렘의 '가난한 사람들'을 위한 기금 마련이다. 바울의 활동에서 이것은 결코 부수적인 것이 아니다. 바울은 자신이 벌인 선교의 일관된 과제로 이런 활동을 생각했음이 분명하다. 대체로 학자들은 그의 이런 행각을 40년대 후반 지중해 동부지역을 휩쓴 대기근과 관련시키는 경향이 있다. 그렇다면 왜 그는 이 모금을 굳이 예루살렘을 후원하는 용도로만 주장하고 있을까? 팔레스티나뿐 아니라 지중해 동부지역에는 예수공동체들이 무수히 많았는데도 말이다.

　　여기서 우리는 40년대 말의 상황이 팔레스티나, 특히 예루살렘이 급속하게 정치적 아노미 상태로 빠져들고 있었다는 사실을 유념해야 한다. '시카리'라는 혁명적 테러리스트의 활동이 시작된 시기도 바로 이때부터였고, 대중 예언자들의 종말론적 활동이 대단히 활발해져가던 시기도 이때부터다. 이른바 대중의 저항이 다각도에서 급속도로 활성화되던 시기에 바울은 다른 지역이 아닌 예루살렘으로, 모든 유대주의 계열의 종말론적 메시아 운동의 센터인 그곳으로 자금을 보내려 하는 것이다(이러한 활동에 대한 신학적인 해석은 8장에서 더 상세히 다룰 것이다).

　　이것은 어떤 점에서도 결코 중립적인, 비정치적 구호기금이라고 생각할 수 없다. 더욱이 바울은 유대교권(회당)에서든 비유대교권에서든, 팔레스티나에서든 비팔레스티나에서든, 한결같이 공권력의 억압을 감내해야 했다. 바울의 마지막 예루살렘 체류기에 관한 「사도행전」의 보도가 사실에 기초한 것이라면, 바울의 주된 적대자는 대중이 아니라 성전과 관련된 자들이었다. 또한 이 텍스트는 반로마전쟁(66~70년)이 발발하기 몇 년 전, 즉 팔레스티나에서의 정치적 혼란이 극을 향해 치닫고 있던 즈음, 그가 로마시의 감옥에 구금되어 있었다고 전한다. 즉 로마 황제에게도 위험한 존재로 간주되었다는 것이다. 그리고 62년, 네로 통치 말기, 제국 전역에 혼란의 회오리가 불기 몇 년 전에, 또 팔레스티나에서 대대적인 반로마 봉기가 일어나던 그 몇 해 전에, 예수운동의 승계자이자 대표적인 활동가 바울은 참수형을 당했다. 베드로가 처형당한 바로 그때, 그곳, 제국의 심장 로마에서.

정리

예수운동의 한 승계자 바울, 후대의 사람들은 그를 가리켜 기독교라는 종교의 진정한 창시자였다고 말한다. 하지만 그것은 사후 해석일 뿐이다. 즉 기독교의 주류적 전개가 바울 해석에서 그 정형화된 신학적, 신앙적 틀을 갖추게 된 사실에서 거꾸로 바울에게로 역추론해 가서 평가한 결과다. 그러나 바울 자신은 종교의 창시를 위해서 인생을 걸고 투쟁한 사람은 결코 아니다. 그의 삶과 실천은 한마디로 '예수운동의 부활을 위한 분투'였다고 단정하는 것이 보다 정확한 규정일 것이다. 예수운동은 그 사회의 지배체제에 의해, 심지어는 일상까지 침투해 있는 지배적 권력에 의해 빼앗기고 모멸당하고 스스로에 대한 자괴감에서 벗어나지 못하는, 하여 궁핍에, 질병에, 악령에 시달리는 대중에게 하느님의 축복을 선사하고 해방의식을 고취시키려는 민중론적 신앙운동이었다. 그리고 그의 활동은 대체로 이스라엘계 디아스포라 회당 언저리에서 벌어졌다.

그러나 바울은 예수 자신이 주도한 예수운동의 변형에 기여했다. 예수는 지역공동체를 중시하지 않았다. 반면 바울은 지역공동체인 교회를 만드는 데 주력했다. 그래서 예수 당시의 예수운동에서는 떠돌이 예언자들의 역할이 중요했지만, 바울의 예수운동에서는 공동체 조직가의 활동이 두드러진다. 예수는 농촌지역에서 활동했다. 반면 바울은 대도시 지역에서 활동했다. 마지막으로 예수는 팔레스티나 지역의 유대주의가 압도하던 상황에서 활동했으나, 바울은 비팔레스티나 지역, 헬레니즘 문화권 속에서, 디아스포라 사회의 유대주의가 활개 치던 현장 한가운데서 활동했다. 이런 상황이 바울의 예수 해석에 개입했음은 두말할 나위 없다. 바울은 예수운동을 새로운 상황에서 재해석했으며, 이것은 예수운동의 변용을 의미한다.

바울은 분명 이스라엘인 중에서 가장 분리주의적이고 배타주의적 종파인 유대주의자였고, (엄밀히 팔레스티나적이라고 할 수는 없어도) '유대 메시아사상의 아들'이었다. 그런 점에서 그는 팔레스티나적 유대주의와 연계되어 있었다. 그는 세상의 변혁이 야훼 하느님의 실천과 결부되었다고 믿었고, 하느님의 변혁행위의 중심 무대가 예루살렘과 그 성전이라고 확신했다. 그는 이러한 현실 체제의 변혁을 꿈꿨으며, 그것을 위해 삶 전체를 걸었다. 그는 이 메시아 사건이 예수로 말미암아 이루어졌고 또 이루어지고 있으며 궁극적으로 이루어지리라고 믿었다. 이 점에서 그는 예수운동가이며, 예수의 승계자임이 분명하다. 요컨대 많은 차이에도 불구하고 '예수⇒스데반⇒바울'로 이어지는 계보학적 연속성을 바로 '예수 메시아주의'에서 읽을 수 있다는 것이다.

제2장

낯선 바울에게
'전향'에 대해 묻다

전향사

예루살렘의 헬레니스트

예루살렘은 성전이 있기 때문에 중요한 국제도시로서 부상할 수 있었다. 산악 지역에 위치한 이 도시의 입지 조건은 대도시로 성장하기에는 여러 가지 어려움이 많았다. 무엇보다도 인근 지역에서 도시의 자립을 뒷받침할 만한 농업이 거의 발달하지 않은 데다, 부족한 식량을 조달하기에는 물류비용이 너무 비쌌다. 그런 탓에 제조업이 발달할 만한 여건이 좋지 못했다.

성전의 종교적 기능이 이 도시의 가장 중요한 사회적 기반이었다. 지중해 지역과 메소포타미아, 이집트, 시리아와 흑해 지역 등에 흩어진 수많은 이스라엘인들[21] 가운데 유대계 사람들은 자신의 신앙적, 정신적 본향인 예루살렘으로 순례 여행을 왔고, 종말의 때에 하느님의 구원을 기대하며 기부한 막대한 재화가 이곳으로 흘러 들어왔다. 하여 예루살렘 성전은 엄청난 재화가 축적되어 있었다.

이 막대한 재화 덕에 장기간에 걸친 성전의 유지 보수 공사가 가능했다.

---

21 로마제국 내의 디아스포라 이스라엘인들의 총수는 500~600만 명으로 추산된다. 이것은 로마제국 영토에 사는 디아스포라 이스라엘인의 수가 동시대 팔레스티나의 인구의 열 배 이상 되었다는 것을 뜻한다.

또 매일 드리는 제사, 그리고 명절 때 드리는 거대한 제사도 이 비용으로 운용되었다. 뿐만 아니라 성전 운용 경비, 그 시스템 운용을 위한 비용 또한 여기서 충당되었다. 그런 점에서 성전은 재화의 축적뿐 아니라 하나의 종교제도를 운용하는 기능 및 그것으로 인해 생존을 유지하는 사람들을 위한 자원 배분 기능도 하였다.

한데 예루살렘은 바로 이 사실로 인해 국제도시로서는 치명적인 한계를 안고 있다. 예루살렘은 유대인들의 성전 집착증이 아니었으면 국제도시가 될 수 없었다. 유대주의가 강할수록 예루살렘의 국제화가 가능한 역설, 이것이 이 도시의 운명이었다. 하여 이 도시는 비유대계 사람들에 대해 대단히 폐쇄적이다. 성전 예식에서 이방인이 참여할 길은 거의 봉쇄되어 있다. 유대교로 귀화하는 것, 그리고 하느님을 경외하는 사람으로 이스라엘인들의 후견인이 되는 것[22]만이 거의 유일한 접근로였다. 그러나 이 경우에도 귀화한 이방인이 보여야 할 유대주의에 대한 '열정'은 유대인의 그것보다 더욱 강렬하지 않으면 안 되었다.

그럼에도 예루살렘에는 헬라 말을 쓰는 이가 적지 않았다. 이 성읍 인근 지역에서 분묘의 유골단지들(ossuaries)을 조사한 고고학자 레비 라흐마니(Levi Yizhaq Rahmani)에 따르면, 현재까지 발굴된 228개 중 30퍼센트 이상이 헬라어로 쓰였고(71개), 이 중 7퍼센트 정도는 히브리어와 헬라어가 함께 쓰였다(16개). 당시 식민 당국의 공식어는 헬라어가 아니라 로마어인 라틴어였다. 하지만 라틴어가 쓰인 유골단지는 단 두 개밖에 없다. 또 이 도시는 유대주의가 대단히 강렬한 지역이었다. 그럼에도 불구하고 헬라어가 새겨진 유골단지가 이렇게 많다는 것은 이 지역에 헬라어를 쓰는 사람의 수

---

22 '하느님을 경외하는 사람'은 이스라엘 신앙공동체의 일원으로 귀화하지는 않지만 이스라엘 공동체의 정치적, 사회적, 종교적 후견자를 자임하는 사람들이다. '하느님을 경외하는 사람'에 대하여는 4장에서 더 자세히 이야기하고 있다.

| 그림2 | 예루살렘에서 발굴된 유골단지(기원전 1세기~기원후 1세기)와 이 단지에 새겨진 그리스어 문구 |

OCTATWN·TOYNEIKA
NOPOCAAEZANAPEWC
ΠΟΙΗCANTICTAGOYPA
MΟΫΝ 7 Ε

이 유골단지에는 그리스어로 '이 문들을 만든 알렉산드리아인 니카노르의 가족의 뼈들이 담겨 있다고 새겨져 있다. 한편 요세 푸스는 성전에서 가장 아름다운 '니카노르의 문'(해서 이 문은 '아름다운 문'이라고도 불린다. 「사도행전」 3:2·10)에 관해 이 야기한다(「전쟁사」 12, 5, 5). 니카노르는 문의 기증자로 보인 다. 아마도 양자는 동일인일 것이다.

가 상당했다는 것을 보여준다. 헬라어는 지중해 연안의 대도시들, 특히 동 부의 도시들 간의 일종의 공용어였다.

유골단지를 사용하는 사람은 대개 귀족이나 재력가였는데 그들은 본래 (동부) 지중해 지역 출신의 이스라엘 사람들이었다.[23] 예루살렘이 성전 때 문에 국제도시가 된 도시이니만큼 이들이 굳이 예루살렘에 와서 거주하는 이유는 말할 것도 없이 거의 대부분 종교적인 동기에서였을 것이다. 한편 그들의 하인들을 포함한 식솔들도 대개는 헬라 말로 이야기하는 사람들이 었을 것이다. 한편 헬라어 사용 상류층이 예루살렘으로 이주했던 것과 같 은 이유로 예루살렘으로 왔던 중간계층의 사람들도 있었다. 1장에서 바울 이 지중해 도시지역의 중간층 출신의 사람으로 헬라어 사용계층에 속했다 는 것을 이야기했는데, 바울처럼 중간층에 속하는 헬라문자 사용층 가운데

---

23 물론 소수의 개종자와 '하느님을 경외하는 자'도 포함되었을 것이다.

서도 예루살렘 이주자가 다수 있었을 것이다.

이런 것을 종합하여 마르틴 헹엘(Martin Hengel)은 당시 예루살렘 주민 가운데서 10~15퍼센트 정도는 헬라 말을 주로 사용하는 사람들이었다고 본다. 그는 그 수를 1만~1만 5000명이라고 추산하는데, 이 계산법은 당시 예루살렘의 인구를 10만 명이라고 산정해야 가능한 수치다. 하지만 이는 너무 과장된 추산이다. 고대 로마의 역사가 타키투스(Publius Cornelius Tacitus, 56~117)는 반로마전쟁(66~70년) 당시 예루살렘의 인구를 6만 명이라고 말했다. 성서학자 예레미야스(Joachim Jeremias)는 훨씬 더 적게 추산하여 2만 5000~3만 명으로 본다. 그렇다면 가장 적은 추산치를 제시하는 예레미야스에 따르더라도 당시 예루살렘에서 헬라어 사용층이 최소한 2500~4500명은 넘었을 것이다.

이 정도 되는 이들이 예루살렘에 거주했다면 필경 이들만의 공동체가 형성되었을 것이라고 가정하는 것은 전혀 무리하지 않다. 거주 지역, 상권, 교육 시스템, 그리고 무엇보다도 예배 등에서 예루살렘의 헬라어권이 형성되었을 것이라는 얘기다. 「사도행전」은 그런 이들이 모이는 제도적 공간을 리버디노(ribertinos)[24] 회당이라고 명명한다(6:9).

예루살렘의 예수공동체들

예수가 처형당한 직후 이 도시에는 적어도 두 개 이상의 예수공동체가 형성되었다. 「사도행전」 2장 2~13절은 성령 강림 때에 제자들이

---

24 리버디노는 '자유인'이라는 뜻의 그리스어 단어다. 아마도 예루살렘에 온 이민자들 중 하층계층이나 노예가 아닌 이들이 모인 회당이라는 뜻이겠다. 당연한 얘기지만 순례자나 이민자들은 하층민이 아니었다.

여러 언어로 예수를 설파했다는 설화를 담고 있는데, 이것은 이 도시에 여러 언어를 사용하는 다수의 예수그룹들이 있었다는 것을 암시한다.

> 불길이 솟아오를 때 혓바닥처럼 갈라지는 것 같은 혀들이 그들에게 나타나더니, 각 사람 위에 내려앉았다. 그들은 모두 성령으로 충만하게 되어서 …… 각각 방언으로 말하기 시작하였다. 예루살렘에는 경건한 유대 사람이 세계 각국에서 와서 살고 있었다.
>
> ―「사도행전」 2: 3~5

> 우리는 바대 사람과 메대 사람과 엘람 사람이고, 메소포타미아와 유대와 갑바도기아와 본도와 아시아와 브루기아와 밤빌리아와 이집트와 구레네 근처 리비아의 여러 지역에 사는 사람이고, 또 나그네로 머물고 있는 로마 사람과 유대 사람과 유대교에 개종한 사람과 크레타 사람과 아라비아 사람인데, 우리는 저들이 하나님의 큰 일들을 방언으로 말하는 것을 듣고 있소.
>
> ―「사도행전」 2: 9~11

이들 간에 교류가 있었는지 우리는 알 수 없지만, 있었다 하더라도 과장해서는 안 될 것이다. 서로 안면도 없었을 것이고, 어느 정도 알게 되었더라도 언어나 문화의 차이를 극복하고 긴밀한 소통을 이룰 만한 시간적 여유가 없었다. 일상에서 헬라어 사용층이 리버디노 회당을 중심으로 하는 독자적인 공동체를 이루며 생활했던 것처럼 여러 언어집단들이 각기 독자적인 공동체를 이루고 살았을 것이고, 그들 중 예수를 마음속으로 깊이 존경하게 된 이들이 이들 이주자 공동체 범주에 따라 형성되었을 것이며, 그 범주 너머로 소통이 이루어지기까지는 좀 더 시간이 필요했을 것이다. 아직은 그런 소통이 이루어지기엔 시간이 너무 짧았다. 아무튼 이들은 예루살렘의 유대교권 내부에 있는 아웃사이더 그룹들이었다.

이들 '비팔레스티나계 예수파' 가운데 우리는 헬라 말을 하는 예수공동체에 대해서만 알고 있다. 「사도행전」 6장 5절에 열거된 헬라 이름의 지도자들, "믿음과 성령이 충만한 사람인 스데반(Stephanos)과 빌립(Philippos)과 브로고로(Prochoron)와 니가노르(Nicanora)와 디몬(Timona)과 바메나(Parmena)와 안디옥 출신의 이방 사람으로서 유대교에 개종한 사람인 니골라(Nicolaos)", 이들 가운데 누구도 팔레스티나, 심지어 유대 출생은 아닌 것으로 보인다. 이들은 모두 (일시적이든 상시적이든) 예루살렘에 거주하고 있음에도 헬라식 이름으로 표기되어 있고, 그중 하나(니골라)는 비이스라엘 혈통임이 명시되어 있다.

그런데 「사도행전」 6장 1~7절에 의하면 예루살렘의 예수공동체는 팔레스티나 출생의 이스라엘인과 비팔레스티나 출생의 사람들이 두 개의 공동체가 아니라 하나의 공동체로 결속되어 있었고, 헬라 이름의 지도자들은 사도들을 보조하여 "헬라 말을 하는 이스라엘인들[25](1절)을 돕는 관리자 역을 맡은 사람들이다. 하지만 이것은 예루살렘에서 시작하여 지중해 지역 각 도시로 퍼져나가 형성된 예수공동체들(팔레스티나계와 헬라계)이 서로 잘 화합하여 '하나의 잘 짜인' 공동체로 존속하고 있음을 보이고 싶었던 「사도행전」 저자의 도식이 반영된 결과다.

그러나 실제로는 갑자기 등장한 이들 헬라계 예수파가 갈릴리 시골 출신의 추종자 그룹과 잘 화합하기에는 시간이 부족했다. 그들은 이제까지 예수를 직접 알지 못했던 이들이었고, 가치관에 있어서나 문화적 취향에서, 그리고 신분에 있어서 갈릴리 출신 예수그룹과는 너무나 달랐다. 그들은 갈

---

25 「사도행전」의 '유대인'을 '이스라엘인'으로 고쳤다. 그 자세한 이유에 대하여는 다음 절을 보라.

리부팅 바울

릴리 시골에서 유포되던 예수 이야기를 알지 못했거나, 알았더라도 단지 풍문으로만 들었을 뿐이었다. 그이가 예루살렘에 왔을 때에야 그들은 비로소 예수를 보았다. 하지만 그들은 그 며칠간의 모습에서 자신들이 찾던 의인의 풍모를 보았다. 어쩌면 이전에는 귀담아 듣지 않았던 이 시골 예언자의 얘기를 그때서야 주목하게 되었을지도 모른다. 직접 확인한 것과 소문으로 들은 것을 종합해서 그들은 예수가 의인이며 메시아일지도 모른다는 생각에 빠져들게 되었다. 그리고 각기 알고 있는 그이에 관한 정보를 서로 공유하고 생각을 나누면서 빠르게 예수 추종자가 되었다.

하지만 공안 상황 속에서 지하로 숨어들어 있던 예수 제자단과 만나기는 쉽지 않았을 것이고, 겨우 알게 되었다 하더라고 잘 결속된 공동체로 발전하지는 못하였겠다. 그보다는 예수 제자단과 헬라계 예수그룹은 각기 다른 네트워크를 통해 결속된 두 개의 예수 공동체로 공존했을 것이다. 특히 후자는 리버디노 회당의 멤버로 그 안에서 예수를 기리는 이들이었다.

박해, 그리고 복음의 세계화

예루살렘의 유대주의는 내적인 다양성을 지니기는 했지만, 대체로 혈통적 폐쇄성이 강했다. 팔레스티나계 야훼신앙의 또 다른 범주인 사마리아주의는 유대주의에 비해 훨씬 혈통주의가 덜 강했던 것으로 보인다. 유대주의자들은 사마리아인들이 혈통적 순수성을 잃어버렸다고 비난했다. 이러한 이해의 전제는 신명기적 역사가의 저작인 「열왕기하」이다.

그리하여 주님께서는 이스라엘의 모든 자손을 내쫓으시고, 그들을 징계하여 침략자들의 손에 넘겨주셔서, 마침내는 주님의 면전에서 내쫓기까지 하셨다. …… 그래서 이 날까지 이스라엘은 자기들의 땅에서 아시리아로 사로잡혀 가 있게 된 것이다. 이스라엘 자손을 사마리아에서 쫓아낸 아시리아 왕은 바빌론과 구다와 아와와 하맛과 스발와임으로부터 사람들을 데려와서, 이스라엘 자손을 대신하여 사마리아 성읍에 살게 하였다. 그러자 그들은 사마리아를 자기들의 소유로 삼았으며, 이스라엘 성읍들 안에 정착하여 살았다.

—「열왕기하」 17: 20~24

이 텍스트에 의존해서 유대주의자의 한 사람이자 친로마적인 역사가인 요세푸스는 사마리아인들을 페르시아와 메데의 이주민들을 가리키는 구다인들(Cuthaeans)과 동일시하고 있다(「유대고대사」 9, 14, 3). 물론 이 주장은 타당성이 없다. 「열왕기하」의 단정적 묘사에도 불구하고 사마리아 지방을 중심으로 하는 이스라엘국의 땅에는 여전히 많은 이스라엘 원주민들이 살았다.

아시리아 연대기에 따르면 기원전 733년과 722년에 포로로 끌려간 이스라엘국 백성의 총수는 4만 810명이다. 또 당시의 파괴 정도에 대한 고고학적 정보를 가지고 추산한 전쟁 사망자의 수는 5만 명 정도다. 당시 이스라엘국 인구가 35만 명 정도였다는 일반적인 추정치와 비교하면, 전쟁 이후 이스라엘국 영토에 생존한 이스라엘국 백성의 수는 26만 명이었다고 할 수 있다. 그중 상당수가 유민이 되어 다른 나라로 피신했다고 해도, 사망자나 유배민, 그리고 유민의 총수보다는 더 많은 이가 남아 있었다고 할 수 있다. 실제로 이스라엘국이 멸망한 이후에도 이스라엘 고유의 양식을 가진 도기들이 여전히 매우 많이 출토되었다.

그러므로 사마리아에 이스라엘 혈통이 씨가 말랐다는 유대주의자들의 주장은 타당성이 없다. 다만 사마리아와 이스라엘국은 공간적으로 폐쇄적

리부팅 바울

인 예루살렘과 유대사회에 비해 훨씬 더 다중적인 인종과 문화가 혼합되면서 발전하였다는 점에서 순혈주의가 발전할 사회역사적, 문화적 조건을 갖고 있지 않다.

반면 예루살렘은 사마리아와 경쟁관계에 있었지만 늘 사마리아보다는 후진적이었기에, 방어적인 반사마리아주의가 강했고, 이것이 폐쇄적인 지형적 특성과 맞물리면서 순혈주의가 발전하는 요인이 된다. 특히 바빌로니아에 의해 유배됐던 이들이 귀환하게 된 기원전 6세기 말 이후부터 기원전 3세기 사이[26]에 예루살렘과 유대사회는 순혈주의적 이데올로기가 지배적인 양상으로 조직되었다.

한편 어느 사회나 대체로 그렇지만, 유대주의는 여성과 남성 사이의 비대칭적인 위계성이 좀 더 강했다. 그리고 이러한 인종적, 성적인 폐쇄적 코드를 하나로 모으는 전체주의적 기호가 바로 '예루살렘 성전'이었다.

그런데 예루살렘에서 이런 배타주의에 있어서 가장 강성의 성전 신봉자들이 모인 장소의 하나가 바로 '리버디노 회당'이었다. 나고 자란 곳을 떠나 만릿길 먼 곳에 있는 종족적 신앙적 성지 예루살렘으로 찾아온 사람들의 모임이니 그들의 성전에 대한 충심은 누구와도 견줄 수 없이 강력했던 것이다. 그런데 그 안에 예수를 추종하게 된 소수의 사람들이 있었다.

「사도행전」 7장은 스데반의 순교 이야기를 다루고 있는데, 주목할 사실은 스데반이 반성전론(counter Templology)을 펴고 있다는 점에 있다. 여기서 요점은 현실의 성전(real Temple)과 본질적 성전(essential Temple)을 분리함으로써, 현재의 것을 상대화시키는 데 있다. 이것은 미가, 우리야, 예레미야, 쿰란의 '의의 교사', 세례자 요한, 그리고 예수 등 비주류 유대주의 전통에서 간헐적으로 등장해왔던 사상이다.

---

26 이 시기에 예루살렘과 사마리아 간의 종교적, 문화적 갈등이 제도화된다.

바로 너희 때문에 시온이 밭 갈듯 뒤엎어질 것이며, 예루살렘이 폐허더미가 되고, 성전이 서 있는 이 산은 수풀만이 무성한 언덕이 되고 말 것이다.

—「미가서」 3: 12

그런데 흥미롭게도 헬라계 예수그룹의 대표자라 할 수 있는 스데반에게서 그 사상이 승계되고 있다. 다음은 그가 처형당하기 직전 리버디노 회당의 대중에게 일갈하며 퍼부은 저주의 발언이다.

그런데 지극히 높으신 분께서는 사람의 손으로 지은 건물 안에 거하시지 않습니다. 그것은 예언자가 말하기를 "주님께서 말씀하신다. 하늘은 나의 보좌요, 땅은 나의 발판이다. 너희가 나를 위해서 어떤 집을 지어 주겠으며 내가 쉴 만한 곳이 어디냐? 이 모든 것이 다 내 손으로 만든 것이 아니냐?" 한 것과 같습니다.

—「사도행전」 7: 48~50

현실의 성전 체제를 부정하는 논법은 적어도 예루살렘에서는 가장 강력한 반체제 사상에 속한다. 왜냐면 성전은 현재의 사회 구조를 재생산하는 가장 강력한 상징이며 예루살렘을 국제도시로서 발돋움하게 하는, 예루살렘 체제의 핵심이기 때문이다. 흥미로운 것은 이러한 급진적 반체제 사상이 예수운동 그룹들 중 바로 헬라계로부터 나왔다는 점이다. 반대로 이러한 사상에 가장 공격적으로 반응한 이들 또한 헬라계 유대주의자였다는 점을 주목하라. 즉 리버디노 회당 안에서 헬라계 집단의 두 극단의 태도가 대립하고 있고, 이것이 이 회당에서 헬라계 예수그룹에 대한 강도 높은 박해로 나타났던 이유다.

다양성이 억압당하는 사회의 비주류 집단에서 광적인 양극단의 주장이 나타나는 예를 우리는 조정래의 대하소설 「태백산맥」에서도 볼 수 있다. 여기서 하층민 출신의 염 씨 형제(염상진, 염상구)는 극단의 두 입장을 대변하는 인물로 등장하고 있다. 마찬가지로, 「사도행전」이 우화처럼 그리고 있는 박해자 사울(바울) 대 순교자 스데반 사이의 극적인 대조도 바로 그러한 양상을 전형적으로 보여준다. 스데반은 리버디노 회당 사람들에 의해 투석형으로 즉결 처형되었다. 또한 사울(바울)은, 「사도행전」 묘사에 의하면, 헬라계 예수파들을 즉결 처분하는 행동대장의 경력을 가지고 있었다.

스데반의 처형을 기점으로 해서 헬라계 예수파는 사방으로 흩어졌다. 「사도행전」에 의하면 빌립은 유대인들이 이방인보다 더욱 이방인처럼 여기는 사마리아인들에게 복음을 전했고(8:4~13), 내시 혹은 고자 같은 비정상적 성을 특징으로 하는 사람에게도 전파했으며(8:26~34), 또 유대인들의 역사적 증오의 또 하나의 대상인 블레셋 사람들에게도 전했다(8:35~40). 가장 강성의 성전주의가 휘몰아치는 비주류집단 한가운데서 그러한 성전주의 속에 내포된 온갖 배타주의에 반대하는 가장 혁신적인 선교운동이 나타난 것이다.

빌립은 바울의 마지막 예루살렘 여행 때에 팔레스티나의 비이스라엘적 해안도시 가이사리아에서 다시 등장하는데(21:7~14), 여기서 그의 네 명의 딸이 예언자로 언급되고 있다. 「사도행전」에서 여성 지도자는 대개 남자의 후원자 정도로 묘사된다. 반면 여기서 네 딸들은 적극적인 의미의 지도자인 듯한 인상을 준다. 저자는 이것이 거슬렸는지, 아마도 전승을 변조시킨 듯이 보인다. 본문에서 그녀들이 언급되고는 갑자기 사라지고, 뜬금없이 '유대에서 내려온 아가보(Agabos)'라는 인물(21:10)이 바울의 최후에 관한 예언을 한다. 저자는 자신이 서술한 사도들의 행전에서 가장 핵심적 인물인 바울이 로마로 가서 최후를 맞게 되었다는 중요한 사실을 '여자들'이 예언했다는 걸 받아들이기 어려웠던 것일까? 중요한 역사적 정보를 여자가 증언했다면 그것은 통념상 신뢰도가 떨어지는 말이다. 그래서 흐름을 깨뜨리더라도 굳이 유대계 남자를 등장시켜 예언의 말을 하게 한 것이 아닐까?

아무튼 스데반에서 빌립으로 이어지는 「사도행전」의 이야기에서 시사되는 바, 이들 헬라계 예수파들은 유대주의 전통에서 볼 때 대단히 급진적인 다양성의 해방 복음을 전승시켰던 것 같다. 하여 박해는 그들에 의한, 그들을 위한, 그들의 복음이 다른 이들에 의한 복음보다 가장 적극적으로 국제화되는 계기가 됐다.

전향

「사도행전」에서 바울의 등장은 매우 극적이다. 말했던 것처럼 그

그림3 | 「사도행전」이 묘사하는 전향 시기 바울의 행적

는 스데반이 처형당할 때에 사람들의 옷을 보관하는 역할을 맡으면서 역사에 등장한다(7: 58). 하지만 그는 곧 비팔레스티나 지역에까지 진출하여 헬라계 예수 도당을 처벌하는 행동대장처럼 처신한다(8: 33; 22: 4·19). 이러한 디테일은 역사적 개연성이 전혀 없지만, 박해자로서의 경력은 그가 유명해진 「사도행전」 저술 시기(90~100년경)에도 널리 알려져 있었다. 바울 자신도, 구체적인 정황은 생략하고 있지만, "열성적으로 교회를 박해하"였다(「빌립보서」 3: 6)고 진술한다. 그런 점에서 그가 예수운동으로 전향하기 이전에 예수운동에 대해 매우 공격적인 사람이었음은 의심의 여지없다. 그가 어떤 방식으로 예수 운동에 적대적이었는지는 알 수 없지만, 분명 그는 '소문 날' 정도로 적극적인 위치에 있었다.

> 내가 전에 유대교에 있을 적에 한 행위가 어떠하였는가를, 여러분이 이미 들은 줄 압니다. 나는 하느님의 교회를 몹시 박해하였고, 또 아주 없애버리려고 하였습니다.
>
> ─「갈라디아서」 1: 13

「사도행전」 9장 1~19절[27]은 다마스쿠스로 가는 도상에서 모종의 전향 사건이 벌어졌다고 기록한다. 하지만 바울 자신의 증언에서는 그 상세한 내막은 알 수 없고, "(나보다 먼저 사도된 사람들을 만나려고 예루살렘으로 올라가지도 않았습니다. 나는 곧바로 아라비아로 갔다가) 다마스쿠스로 되돌아갔습니다."(「갈라디아서」 1: 17)라는 표현에서 시사되는 바, 이 도시 지역을 중심으로 해서 바울의 전향 사건이 벌어졌다는 점만 분명히 드러날 뿐이다. 즉 그는 예루살렘이 아니라 다마스쿠스에서 예수운동에 대해 적대적

---

27 22장 4~16절과 26장 9~18절에서도 같은 사건이 언급되고 있는데, 세부적으로는 다소 내용이 다르다.

이었으며 다시 열렬한 예수운동의 활동가로 돌변했다. 다마스쿠스는 바울의 예수운동 이력의 출발지다.

그의 인생은 이제 정반대의 방향으로 나아간다. 예수파에 대한 광적인 박해자에서 열렬한 예수운동가로 변신했다. 그리고 이제 그는 유대주의자들과 갈등을 일으켰다. 물론 이것은 이스라엘계 디아스포라 사회 안에서 벌어진 갈등이다. 이러한 야훼신앙 내부의 갈등의 한 축은 유대주의의 배타성과 관련이 있다. 하지만 그것은 유대주의를 넘어선다. 왜냐면 그는 유대인을 포함한 이스라엘인들에게 예수를 설파했을 뿐 아니라 비이스라엘 사람들에게도 예수를 전하는 자였기 때문이다.

후자에 관한 해석은 뒤로 미루고 여기서는 그가 이스라엘계 디아스포라 사회 내에서 활동한 사람이었으며, 그의 전향 또한 그 범주 안에서 일어난 것임을 확인하자. 전향 이후 그는, 「고린도후서」 11장 16~33절의 극적인 묘사에 따르면, 이스라엘 교포 사회에서 계속된 공격을 받았다. 그런 점에서 그의 변화는 개인적 회심의 차원을 넘어서, 이스라엘계 디아스포라 사회의 위험요소로서 해석되었음이 분명하다. 그런 점에서 그의 전향은 개인의 심리적 사건이 아니라 사회적 사건이다.

전향의 의미

이제 그의 전향의 의미에 관해 좀 더 이야기해보자. 바울이 유대주의와 갈등을 벌일 때마다 등장하는 단골 메뉴는 '율법 대 믿음/은혜'다.

여기서 바울이 반율법주의자라고 단정하는 건 금물이다. 에드워드 샌더스(E.P. Sanders)가 일련의 기념비적인 저술들에서 명쾌하게 보여준 것처럼,[28] 유대주의 속에는 '언약적 율법주의'(covenental nomism)가 중요한 축을

리부팅 바울

이루고 있다. 유대교가 율법지상주의 종교라는 세간의 생각과는 달리, 율법 준수의 의무보다 더 우선적인 것은 언약이라는 것이다. 즉 구원받기 위해 율법을 지키는 것이 아니라 먼저 언약으로 구원받은 이들이 언약 공동체의 일원으로서 율법에 따라 산다는 얘기다. 하여 율법은 의로워지기 위한, 곧 구원공동체의 일원이 되기 위한 '진입 조건'(getting in)이 아니라 구원 상태에 남아 있기 위한 '현상유지 조건'(saving in)이라는 것이다.

샌더스의 이러한 주장은 유대교와 기독교를 본래부터 적대적인 것처럼 생각해온 오늘의 기독교인들의 생각에 일침을 가했다. 이러한 생각의 근저에는 유대교는 율법지상주의 종교라는 편견이 있다. 이에 대해 샌더스는 유대교는 율법지상주의가 아니라 언약을 더 우선시하는 종교라고 주장한 것이다. 이런 관점의 연장선상에서 최근 던(James D.G. Dunn)과 나노스(Mark D. Nanos) 등은 바울을 유대교 내부의 개혁가로 해석한다. 바울 당시는 아직 기독교라는 종교가 탄생하기 이전이라는 점이 오랫동안 바울 연구자들 사이에서 간과되어왔다는 것이다.

바울 당시 그리스도 운동가들이 새로운 종교인 기독교의 활동가가 아니라 유대교 내부의 개혁가였다는 주장은 매우 중요한 관점이다. 하지만 이것을 위해 샌더스가 유대교와 바울 사이의 유사성을 강조하면서 언약적 율법주의를 이야기한 것은 심각한 오류가 포함되어 있다. 유대주의 연구의 대가인 제이콥 뉴스너(Jacob Neusner)가 지적하였듯이 1세기 중반의 유대주의를 통합하는 하나의 사상, 즉 언약적 율법주의를 이야기하는 것은 너무나 무리한 해석이다. 샌더스는 주로 1세기 말 이후의 문헌을 기초로 하여 이와 같은 엄청난 결론을 도출해내고 있지만 1세기에도 디아스포라 유대

---

28 그의 책 *Paul and Palestine Judaism* (1977)는 '언약적 율법주의'를 이야기함으로써 현대 바울 연구의 새로운 지평을 열어놓는 계기가 되었다. 그 외에 한글로 번역 출간된 『바울 율법 유대인』(1995; 영어 원본 1983)과 『예수운동과 하나님나라』(1999; 영어 원본 *Jesus and Judaism*, 1985), 『바울』(1999; 영어 원본 1991) 등이 이 주제의 주목할 만한 저술들이다.

주의는 단일한 유대주의가 아니라 다중적 유대주의(multi-Judaism)였고, 당시는 거의 5~6세기에 걸친 하나의 유대주의를 향한 도정의 첫걸음에 있었을 뿐이다.

생각해보라. 지중해 지역 간 교통과 통신이 절대적으로 미비하던 시절이다. 그런 상황에서 지중해 전역, 그 넓은 범위에 흩어져 살고 있는 이들이 무슨 수로 서로 통합된 신앙을 갖고 있었다는 것인가. 살고 있는 환경과 주위 사람들이 다름에도 이스라엘계 디아스포라 공동체들을 하나로 꿰는 신앙적 유사성이 가능하려면, 그러한 유사성을 보존할 수 있는 매체가 있어야 한다. 당시에 그러한 매체로 유일하게 가능한 것은 '글'이다. 글은 지역 간의 차이에도 불구하고 같은 문구를 보존할 수 있는 가장 강한 견고성을 지닌 매체다. 게다가 다행인 것은 그 당시 지중해 대도시들 간에는 헬라어라는 공용어가 있었다. 즉 번역으로 인한 의미의 변환을 겪지 않을 수 있었다. 하지만 지역 간의 문화와 경험의 차이는 같은 문구를 다르게 해석되게 할 수 있다.

그뿐이 아니다. 글의 강한 보존성으로 지중해 지역의 여러 이스라엘계 디아스포라 공동체들이 동일한 혹은 유사한 신앙을 가지려면, 그들이 같은 문서를 중요하게 여겨야 한다. 만약 각기 다른 문서를 중요하게 여긴다면 그러한 통합성은 상상하기 어렵다. 한데 유대주의가 바로 그러한 문헌적 통합을 모색한 시기는 바울의 시대가 아닌, 최소한 그보다 한두 세대 후대인 1세기 말 혹은 2세기 초다. 그리고 이러한 문헌적 통합이 어느 정도 실현된 것은 그로부터 거의 5~6세기 가까이 흐른 후이다.

실은 바울 시대로부터 거의 5~6세기가 지난 뒤, 그러니까 문헌적 통합이 완성되어 탈무드가 공통의 텍스트로 확정된 이후에도 모든 유대인들이 유대주의로 통합되어 있었다고 할 수 없다. 왜냐면 아직도 글을 읽는 사람의 수는 절대 소수이며, 인쇄본 문헌이 생산되기 이전이어서 문헌 자체가 대단히 값비싼 것이기에, 그 통합성이라는 것도 극소수 사람들만의 통합성이라고 해야 한다. 대다수의 대중은 지도자가 말로 읽어준 문헌을 '듣고', 그 해설을 '듣는' 것으로 유대주의에 대한 믿음을 갖게 될 뿐이다. 즉 대다수 대중은 아직 구술사회(oral societies)에 속해 있었다. 하여 비록 글 속에서는 통합된 유대주의가 존재했다 치더라도 소리로서 그것을 접하는 이들에게 글의 보존성은 훨씬 약하게 몸에 체화되었다.

아무튼 유대주의가 예루살렘 중심적 야훼주의 신앙이라는 점을 감안하면, 1세기에 팔레스티나와 지중해 지역 여기저기에 산개된 이스라엘인들의 신앙은 매우 다양했다. 종족적 배타주의에 있어서도 그러하다. 어떤 이들은 더 배타적이었고, 다른 이들은 덜 배타적이었다. 그리고 바울은 더 강한 배타주의적 성향을 지니는 이들과 갈등관계에 있었다. 그렇다면, 고전적인 바울 연구에서 일반적으로 가정되었듯이 그리고 최근 알랭 바디우가 『사도 바울』에서 주장했듯이 바울을 보편주의자로 해석하는 것은 거의 불가능한 상상에 지나지 않다.

한편 하나 더 주목할 것은 지중해 대도시에서 이스라엘계 디아스포라 회당을 유대주의적 공동체로 부르는 것은 적절치 않다는 점이다. 팔레스티나에서 유대주의와 사마리아주의 간에는 명백하게 분화된 전선이 있었다. 물론 종교적 상징과 기호들은 대단히 많이 중첩되어 있었음에도, 그 두 체제는 서로를 증오하는 방식으로 공존했다(적대적 공존).

반면 지중해 대도시 지역의 이스라엘계 디아스포라 공동체들은 팔레스티나에서처럼 어느 한편에 강하게 경도된 부류도 있었지만(전향 전 바울은 필시 그런 인물이었던 듯하다), 대다수는 절충적 태도를 취했다. 그런 점에서 이 시기 지중해 지역 대도시들의 이스라엘계 디아스포라 공동체를 유대 디아스포라 공동체라고 명명하는 것은 가당치 않다. 그것은 사마리아주의가 사라지고 유대주의만이 이스라엘을 대표하게 된 현대적 유대주의의 투영이며,

'만들어진 역사'에 다름 아니다.[29] 해서 디아스포라 공동체를 좀 더 포괄적 함의를 지닌 표현인 '이스라엘 신앙공동체'라고 부르는 것이 보다 타당하다. 그리고 그 내부에 유대주의자들과 사마리아주의자라는 소수파들이 있었다고 할 수 있다. 하지만 물론 다수는 어느 편에도 경도되지 않은 이스라엘인이었다. 하여 디아스포라의 이스라엘인들 사이에서 더 유대주의적 해석이 강화된 율법주의는 매우 특화된 이스라엘주의의 한 양상이라고 하지 않을 수 없다.

이런 맥락에서 바울이 대적했던 율법주의자들은 누구인지에 대해 살펴보자. 여기서 바울이 율법주의를 비판할 때 모든 디아스포라 회당의 이스라엘인들을 가정하고 있는 것이 아니라는 사실을 주지하는 것이 필요하다. 샌더스가 보여주었던 것처럼 많은 이스라엘인들은 경직된 율법지상주의를 신봉하지 않았다. 바울은 「갈라디아서」에서 결코 일반론을 펴고 있지 않다. 그는 여기서 '특정한' 유대주의적 세력과 대결하고 있다.

이를 위해서는 「갈라디아서」의 의인론에 대한 보다 구체적인 논의가 필요한데, 그것은 뒤에서 본격적으로 다룰 것이니 잠시 미루고, 여기서는 바울의 주장들이 대체로 수렴되는 논지의 형식에 대해 이야기하겠다. 「데살로니가전서」에서 묵시적 종말에 관해 이야기할 때나, 「빌레몬서」에서 노예와 주인의 문제에 대해 이야기할 때나, 혹은 「고린도전서」에서 남자와 여자, 혹은 방언 같은 은사에 대해 이야기할 때에 그는 언제나 그 구체적인 현장의 문제에 대응하는 방식으로 생각을 펼쳤다. 그의 주장이 재해석되고 일반화되어 하나의 상징적 코드로 다뤄지는 것은, 우리가 아는 정보로는, 그

---

29 이러한 논지들은 현대 서구에서 해묵은 반유대주의에 대한 자기 성찰을 담고 있다. 이른바 홀로코스트 이후의 신학의 맥락에 서 있는 것이다. 한데 여기에서 간과해서는 안 되는 사실은 서구의 반유대주의에 대한 자기 성찰은 현대 이스라엘의 배타적 민족주의와 의도하지 않은 동맹관계에 있다는 점이다. 즉 서구인들이 유대인을 적대시하고 학살했던 것에 대한 죄의식은 현대 이스라엘 민족주의가 팔레스타인들에 대한 적대와 학살을 방조하며 정당화하고 있다.

가 사망한 지 적어도 한 세대 후인 1세기 말 이후, 곧 바울위서의 시대다. 요컨대 그의 주장은 아직 하나의 새로운 종교의 흔적을 보여주지 않는다. 다시 말해 그는 최초의 기독교인이 아니다. 그는 여전히 이스라엘 신앙에 속한 사람이었다.

그의 주장은 이스라엘계 디아스포라 사회의 한 경직된 분파였던 유대주의에 대한 반론의 성격을 지닌다. 왜 그가 그런 반론을 폈는지에 대한 이야기는 뒤로 미루고, 먼저 확인해둘 것은 그의 반대는 디아스포라 회당 내부에서 벌어진 것이라는 점이다. 이것은 바울의 전향이 한 종교에서 다른 종교로의 개종을 의미하는 것이 아님을 뜻한다. 오히려 그의 전향은 디아스포라 회당 내에서 벌어진 어떤 세력, 그리고 그들이 대변했던 어떤 세계관, 인간관, 권력관 등을 둘러싼 논쟁의 지형 위에서 일어났다. 특정한 시선이 지배적인 담론 지형에서 그 반대편의 지형으로 생각과 실천의 축을 옮겨간 것, 바로 투쟁의 전선 이동, 바로 그것을 지칭하기 위해, 이 책은 김창락의 선례를 따라 '전향'이라는 용어를 사용한다. 즉 바울의 전향이 갖는 '정치적 의미'는 이와 같다. 그렇다면 이 정치적 의미 속에 함축된 '사회적 의미'는 무엇일까? 이 책의 다음 내용들은 바로 이 사회적 의미에 대한 나의 해석이라고 할 수 있다.

제3장

낯선 바울,
낯선 도시에서
길을 잃다

「빌립보서」 읽기

'루디아 여자'

　　로마의 군사도로인 에그냐티아 대로(Via Egnatia)를 따라 소아시아에서 마케도니아로 갈 때 에게 해를 건너 마케도니아의 육로로 이어지는 첫 번째 도시는 네압볼리(*Neapolis*)다.[30] 마케도니아와 그리스 지역을 향한 바울 일행의 첫 번째 선교 목적지는 네압볼리에서 북서쪽 15킬로미터 떨어진

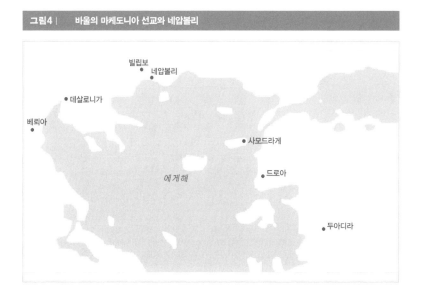

그림4 |　바울의 마케도니아 선교와 네압볼리

빌립보(*Philippi*)다.

빌립보에서 며칠을 묵으면서 이스라엘인들의 회당을 찾았다. 하지만 그들이 알게 된 것은 회당(*syunagoguē*)은 없고 이스라엘인들의 프로슈케(*proseuchē*)가 성 밖의 지각티스(*Zigaktis*) 강가에 있다는 사실이었다. 「사도행전」 16장 13절에서 "유대 사람이 기도하는 처소"로 번역된 '프로슈케'는 이스라엘인들의 결사체가 조직되지 못한 곳에서 형성된, 일종의 비공식적 예배처를 말한다.

> 거기에서 빌립보에 이르렀다. 빌립보는 마케도니아 지방에서 으뜸가는 도시요, 로마 식민지였다. 우리는 이 도시에서 며칠 동안 묵었는데, 안식일에 성문 밖 강가로 나가서, 유대 사람이 기도하는 처소가 있음직한 곳을 찾아갔다. 우리는 거기에 앉아서, 모여든 여자들에게 말하였다. 그들 가운데 루디아라는 여자가 있었는데, 그는 자색 옷감 장수로서, 두아디라 출신이요, 하느님을 공경하는 사람이었다. 주님께서 그 여자의 마음을 여셨으므로, 그는 바울의 말을 귀담아 들었다.
>
> ─「사도행전」16: 12~14

안식일에 그곳에서 루디아(*Lyudia*) 여자를 포함한 여성들 몇을 만났다. 여기서 루디아가 이 여성의 이름인지는 의문의 여지가 많다. 「사도행전」 16장 14절을 직역하면 "사람들이 '루디아'라고 부르는(*onomati*) 여인"으로 묘사되어 있다. 그녀는 소아시아 서부의 도시 두아디라(*Thyatira*) 출신으로서

---

30 오늘날엔 카발라(Kavala)라는 이름으로 그리스 영토에 속해 있고 데살로니가 광역도시에 편입된, 꽤 큰 도시지만, 바울이 살던 1세기 지중해 세계에서는 마케도니아의 빌립보에 속한 중급의 위성도시였다. 인근의 항구도시인 데살로니가의 위세에 눌려 상대적으로 발전이 지체된 탓이다. 그럼에도 당대에는 군항(軍港)이 있는 도시로서 정치군사적 위상은 결코 작지 않았다.

그림5 | 고대 리디아 제국

'자색옷감 장수'였다. 두아디라의 유적지에서 발굴된 한 비문에 의하면 이 도시에는 많은 염색업 길드가 조직되어 있었다. 특히 로마제국에서 황제의 옷의 원산지로 알려진 '자주색 옷감'으로 유명한 도시였다. 한데 두아디라는 과거 루디아 왕국의 영토였다. 그렇다면 "루디아라고 부르는 여인"이라는 표현은 '루디아 사람으로 알려진 여인', 곧 '루디아 여자'라는 뜻일 것이다. 그렇다면 그녀는 루디아 지역의 두아디라에서 온 여성으로 두아디라 산(産) 자주색 옷감을 빌립보의 상류층에게 판매하는 고급 상인이었을 것이다. 또한 그녀는 "하느님을 경외하는 사람"이었다.[31] 즉 그녀는 이스라엘 사람이 아니라 이방인으로 이스라엘 사람들의 신앙을 경외하고 그들을 후원하는 사람이었다.

---

31 "하느님을 경외하는 사람"에 대하여는 이 책 4장을 참조하라.

그녀와 그녀의 가족은 바울로부터 세례를 받았다(「사도행전」 16: 15). 이것은 오늘날의 세례와 같은 의미의 개종을 뜻하는 것은 아니다. 앞의 2장에서 보았듯이 아직 '그리스도'는 새로운 종교의 상징이 아니라 이스라엘 신앙권 내의 한 분파의 상징이었다. 그녀는 바울이 전한 그리스도에게서 깊은 감명을 받았고 그의 가르침을 좀 더 받겠다는 표시로 세례를 받은 것이겠다. 또한 바울 일행을 자기 집에서 체류하게 했고, 나아가 빌립보의 예수 공동체가 모이는 장소로 사용하게도 했던 것 같다(16: 40).

그녀 덕분에

마케도니아라는 생면부지의 땅에서 바울 일행이 직면한 가장 큰 걱정거리는 '낯섦'이었다. 이제까지 바울은 가는 곳마다 이스라엘인들의 회당을 찾아서 거기에서 활동을 시작했다. 한데 이 도시엔 회당이 없다. 또 소아시아나 시리아 지역은 바울이 많이 겪어본 곳이니 그 지역 사람들의 생태에 대해서 꽤 알고 있다고 자부했고 해서 사람들에게 다가가는 데도 자신이 있었다. 한데 마케도니아나 그리스는 전혀 모르는 곳, 한번도 가본 적이 없던 낯선 땅이다.

이곳 사람들에게 도대체 어떻게 그리스도를 전한단 말인가. 더구나 이스라엘 신앙을 알지 못하는 사람들인데 말이다. 아니 실은 좀 더 원초적인 걱정에서 그는 자유롭지 못했다. 지역을 알고 사람들의 생활방식을 알려면 최소한 몇 달은 머물러야 하겠지만, 소아시아에서 가져온 많지 않은 여비로 긴 체류를 할 수는 없는 일이다. 어디서 묵어야 할지 막막했다. 또 생계를 어떻게 마련할지도 걱정이었다.

한데 루디아 여자가 모든 것을 해결해주었다. 묵을 집도 생겼고 일터를

리부팅 바울

찾지 않아도 되었다. 또 사람들을 어떻게 만나 그리스도를 전할지 걱정하지 않아도 되었다. 부유한 상인인 그녀는 바울 일행을 위해 모든 조력을 아끼지 않았다. 특히 고위층 인사들과도 친분이 있던 그녀의 인적 네트워크 덕에 다른 데서는 좀처럼 만날 수 없었던 유력인사들도 후견인으로 삼게 되었던 것 같다.

> 모든 성도가 여러분에게 문안합니다. 특히 황제의 집안에 속한 사람들이 여러분에게 문안합니다.
>
> —「빌립보서」 4: 22

여기서 "황제의 집안"은 "카이사르의 집 사람들"(hoi ek tēs Kaisaros oikias)을 의역한 것이다. 카이사르를 영어식으로 읽으면 시저다. 그는 기원전 49년부터 로마의 종신 독재관이 되어 공화정 시대의 마지막 통치자인 동시에 사실상 1인 치하의 로마 시대를 시작하는 첫 번째 통치자였고, 그것을 막아보려는 공화주의자인 브루투스와 카시우스 등에 의해 기원전 44년 암살당한 사람이다. 그런데 그는 정적을 포섭하는 수단의 하나로 자기 집안의 이름인 '율리우스'라는 이름을 주어 자신의 의사가족(pseudo-family)으로 삼았다. 해서 율리우스라는 이름은 로마공화정 말기 이후 제국 전체에 두루 퍼져 있었다. 이런 이유로 이 이름은 카이사르를 정치적으로 지지했던 제국 내 각 세력의 통치자이거나 유력인사들의 이름이 되었다. 그 밖에도 카이사르의 은혜를 입은 이들, 가령 가내노예나 병사들도 있었다. 이들 해방된 가내노예였건 병사였건, 아니면 지역 통치자였던 카이사르라는 이름의 사람들은 누구든 지역사회에서 결코 무시할 수 없는 자였다.

그런데 인용한 본문에서 보듯 바울은 '카이사르의 집 사람들'이 빌립보의 교인들에게 인사를 하고 있다고 전한다. 그것은 과거 바울이 빌립보에 있을 때 그들도 이 도시의 그리스도인들의 모임의 일원이었음을 암시한다. 또한 그 후에 이들은 다른 곳으로 옮겨갔고, 「빌립보서」를 쓸 당시에는 바울과 같은 지역에 있었다는 것을 의미한다.

하여 회당이 없는 도시임에도 루디아 여자 덕에 바울 일행의 활동은 순조로웠다. 한데 뒤에서 얘기하겠지만 「사도행전」 16장 16~40절에 따르면 바울 일행은 이 도시에서 얼마 안 되어 추방되어야 했다. 하지만 이 도시의 그리스도 공동체는 바울이 떠난 이후에도 바울과 지속적으로 관계를 맺었고 빠르게 성장하여, 3년쯤 후 바울이 「빌립보서」를 쓸 때에는 제법 잘 조직된 공동체 중의 하나였다(「빌립보서」 1:1).[32]

이것은 그가 떠난 이후 이 공동체를 이끈 지도자들의 활약이 빛을 발한 결과였을 것이다. 추측하자면 루디아 여자가 큰 역할을 했다고 보는 게 당연한 것 같다. 이 도시에 "회당이 없다"는 말에서 우리는 그리스도 공동체를 불편해하는 이스라엘 신앙권의 경쟁자도 없지만 동시에 바울에게 동화되어 바울 부재 시에 이 공동체를 이끌 만한 다른 지도자가 신속하게 등장할 여건도 안 되었다는 추론을 할 수 있다. 내부에서 그를 대체할 다른 지도력이 없었다면 바울이 추방될 때 알려지지 않은 바울 일행의 다른 이가 남아 있거나 혹은 추방 직후에 파송된 이가 있었을 수 있지만, 그렇게 본다 해도 최소한 그녀가 여전히 중요한 인물의 하나였음은 의문의 여지가 없어 보인다.

이런 추론을 뒷받침해주는 한 가지 가능성을 아래에서 인용한 구절에서 볼 수 있다. 이 텍스트는 빌립보에 대한 바울의 기억이 어떠했는지를 단적

---

32 바울이 빌립보에 짧게나마 체류하며 그리스도 공동체를 만들었던 시기는 대략 49~50년 사이의 어느 때로 보인다. 그리고 바울이 「빌립보서」를 쓸 때는 고린도에서 구금되어 있던 시기였다. 「사도행전」 18장 11절 이하에 의하면 갈리오가 이 도시를 통치하던 때인 52년 봄에서 53년 봄 사이에 소송에 휘말려 구금되어 있었다. 그렇다면 바울이 빌립보에서 처음 선교를 하던 때와 이 서신을 집필한 때 사이에는 거의 3년 정도의 시차가 있다.

리부팅 바울

으로 보여준다.

> 빌립보의 교우 여러분, 여러분도 아는 바와 같이, 내가 복음을 전파
> 하던 초기에 마케도니아를 떠날 때에, 주고받는 일로 나에게 협력한
> 교회는 여러분밖에 없습니다. 내가 데살로니가에 있을 때에도, 여러
> 분은 내가 쓸 것을 몇 번 보내어 주었습니다. 나는 선물을 바라지 않
> 습니다. 나는 여러분의 장부에 유익한 열매가 늘어나기를 바랍니다.
> 나는 모든 것을 받아서, 풍족하게 지내고 있습니다. 나는 여러분이
> 보내 준 것을 에바브로디도로부터 받아서 풍족합니다. 그것은 아름
> 다운 향기이며, 하느님께서 기쁘게 받으시는 제물입니다.
>
> —「빌립보서」 4: 15~18

여기서 보듯 바울은 이 도시에서 받은 후원이 특별했음을 오래도록 기억했다. 그들은 바울이 체류할 때뿐 아니라 그가 떠난 이후에도 지속적으로 그를 뒷받침했다. 그것이 물질적 후원에 방점이 있는 것은 "내가 쓸 것을"이라는 표현에서 드러난다.

한데 바울은 자기가 "선물을 바라지 않"는다고 말하면서, "여러분의 장부에 유익한 열매가 늘어나기를 바랍니다"라고 말한다. 받기만 하는 것이 아니라 대가를 돌려준다는 표현이다. 그런데 여기서 그 표현이 흥미롭다. "여러분의 장부"라는 표현은 "여러분의 로고스"를 번역한 것이다. '로고스'라는 단어가 일반적으로 물질관계의 기록보다는 좀 더 추상적인 기록의 함의를 갖고 있다는 것을 주지하자. 또 "유익한 열매가 풍성하게 맺다"라는 표현도 '당신들의 장부에 기재된 금액이 크게 늘어나다', 곧 '당신들이 부유해지길 바란다'는 의미를 적나라한 물질적 표현으로 말하는 대신 좀 더 우회적이고 좀 더 다의적인 방식으로 말한 것이다.

이것은 그가 빌립보 교우들에게 받은 만큼의 돈을 돌려줄 수 없는 사람이고, 대신 영적인 선물로 되갚을 수 있는 사람이기에 당연한 표현일 수 있다. 하지만 여기서 그가 '당신들의 후원에 감사하며 영적인 축복을 대신 드립니다'라고 말하는 대신, 마치 상인간의 거래를 반영하는 듯한 표현으로 말하고 있다는 점이 주목된다. 이것은 빌립보 교인들이 매우 상업적인 거래에 익숙하며, 그가 그들로부터 받은 후원이 주로 물질적인 것에 있음을 시사하고 있다. 그렇다면 이 표현은 빌립보에서 상인으로 잔뼈가 굵은 사람, 곧 루디아 여자를 염두에 둔 표현으로 추정된다.

한편 바울은, 아래의 구절들에서 볼 수 있듯이, 마케도니아와 그리스의 다른 곳, 예컨대 데살로니가와 고린도에서는 물질적 후원을 거의 받지 못했다.

> 형제자매 여러분, 여러분은 우리의 수고와 고생을 기억하고 있을 것입니다. 우리는 여러분 가운데 아무에게도 폐를 끼치지 아니하려고, 밤낮으로 일을 하면서 하느님의 복음을 여러분에게 전파하였습니다.
> —「데살로니가전서」 2: 9

> 우리는 우리 손으로 일을 하면서, 고된 노동을 합니다. 우리는 욕을 먹으면 도리어 축복하여 주고, 박해를 받으면 참고, 비방을 받으면 좋은 말로 응답합니다. …… 여러분은 나를 본받는 사람이 되십시오.
> —「고린도전서」 4: 12~16

여기서 그는 자기가 아무런 물질적 도움을 받지 못한 것을 자신의 사역이 갖는 자긍심으로 해석한다. 하지만 위의 빌립보 교우들에게 말하는 본문에서 시사되는 사실은 그가 자급자족의 선교를 추구한 것이라기보다는

리부팅 바울

후원받으며 선교할 여건이 안 되는 곳에서는 부득이하게 뼈저린 노동을 하면서 선교를 했다는 점이다. 다만 그는 그러한 노동을 자신의 선교의 강점처럼 강변하고 있다. 아무튼 이러한 자기 긍정적 해석에도 불구하고 그는 여러 곳에서 고된 경제적 난관을 헤치며 어렵게 선교활동을 펼쳐야 했다. 바로 이런 난관에서 시시때때로 어려움에 처해 있을 때마다 빌립보 교인들의 후원은 그에게 큰 힘이 되었다. 그가 경제적 어려움을 견뎌낼 수 있는 밑거름이었던 것이다. 그런 점에서 '빌립보 교우'라는 말 속에 암시된 '루디아 여자'의 존재는 마케도니아와 그리스에서, 아니 더 나아가 그의 선교 사역 전체에서 매우 중요한 의미를 지닌다.

아무도 기억하지 않았다

한데 여기서 의문이 드는 것은 이렇게 특별하면서도 든든한 후원자인 루디아 여자에 대해 바울은 한 번도 명시적으로 언급하지 않았다는 사실이다. 위에서 인용한 「빌립보서」 4장의 인용구에서 보았듯이 빌립보 교인들의 특별한 후원에 대해 감사하고 있는 맥락에서 필경 첫 번째로 꼽을 수 있는 후원자는 루디아 여자일 텐데도 바울은 그녀를 언급하지 않는다. 심지어 바울친서와 위서에 언급된 40여 명의 여성 동역자의 이름에서도 그녀는 빠져 있다. 나아가 초기 그리스도교 문헌들 어디에도 그녀의 이름조차 기억되어 있지 않다. 오직 부자에 대해 호의적이고 특히 여성 지지자들을 후원이나 보살핌의 역할을 하는 이로 묘사하는 경향이 있는 「사도행전」만이, 이름으로가 아니라, '사람들이 루디아 여자라고 부르는 이'라고만 언급할 뿐이다.

왜 그랬을까? 하나의 상상은 그녀가 '잠시만' 바울을 추종했다는 것이다. 곧 그녀는 바울의 경쟁자 혹은 적대자가 되었을지도 모른다는 것이다. 그랬기에 바울의 서신이나 그의 행적을 기억하는 사람들에게서 그녀가 기억되지 않았을 것이라는 얘기다.

좀 더 상상을 펼치면, 「사도행전」 16장에서 이야기하는 대로 바울이 시의 치안관들(stratēgos)에 의해 추방되는 사건(16:39~40)은 루디아 여자에겐 굉장히 부담스러운 일이었다. 도시의 상류층 인사들과 거래하는 고급 상인인 그녀에게 '도시를 소란하게 한 자'라는 혐의로 추방된 자와 관계가 있다는 것은 매우 치명적인 문제일 수 있기 때문이다. 해서 바울이 재판을 받을 때 그녀는 바울과의 일체의 관계를 단절했는지도 모른다. 해서 바울이 빌립보에서 활동하는 데 큰 힘이 되었지만 얼마 안 가 관계가 단절된 탓에 그녀는 바울의 동역자가 될 수 없었다는 것이다.

하지만 이런 상상은 「사도행전」의 묘사에 의해 부정된다. 16장 40절에서 바울은 추방될 때 그녀의 집에서 사람들과 작별인사를 나누었다. 여기에는 그녀가 바울이 추방될 때까지 그의 든든한 조력자였으며 이후 빌립보의 그리스도 공동체의 중심이 될 것임이 시사되어 있다. 또한 앞의 「빌립보서」 4장 15~18절에서 보았듯이 이 도시의 그리스도 공동체는 3년 후에도 그에게 후원을 계속했고, 더 후대에 집필된 「고린도후서」에서도 여전히 후원하는 공동체였다(8:1~3). 이 공동체의 이런 모습은 루디아 여자와 매우 어울린다.

두 번째는 바울은 재산이 넉넉한 이가 후원하는 것을 그다지 훌륭한 덕목으로 보지 않았다는 상상이다. 오히려 「고린도후서」 8장 2~15절처럼 '없는 이들의 나눔'을 강조했다는 것이다.

그들(마케도니아 여러 교회)은 큰 환난의 시련을 겪으면서도 기쁨이 넘치고, 극심한 가난에 쪼들리면서도 넉넉한 마음으로 남에게 베풀었

리부팅 바울

습니다. …… 지금 여러분의 넉넉한 살림이 그들의 궁핍을 채워주면, 그들의 살림이 넉넉해질 때에, 그들이 여러분의 궁핍을 채워줄 수도 있을 것입니다.

이것은 「빌립보서」 3장에 나오는 빌립보의 그리스도 공동체 내의 경쟁자에 관한 묘사와 대조되는 듯이 보인다. 그는 3장을 제외한 대부분의 구절들에서 빌립보 교우들을 아낌없이 칭찬하고 그들에게 감사의 마음을 전하며, 편지를 쓸 당시 감옥에 수감되어 있는 상황인데도 자기가 빌립보 교우들로 인해 얼마나 기쁨에 넘쳐 있는지를 말하고 있는 데 반해, 3장은 경쟁자에 대한 분노와 적개심으로 가득차 있다. 특히 3장 서두에 나오는 경쟁자에 대한 독설은 전체 편지에서 받은 느낌과 너무나 대조적이다.

> 개들을 조심하십시오. 악한 일꾼들을 조심하십시오. 살을 잘라내는 할례를 주장하는 자들을 조심하십시오.
>
> —「빌립보서」 3: 2

해서 많은 연구자들은 「빌립보서」의 일부 구절들과 3장은 본래의 「빌립보서」와는 구별되는 다른 편지였다는 가설을 제시하였다. 이 주장의 타당성에 대해서는 보류하고 나는 한 통이든 2~3통이든 간에, 하나로 묶여 있는 현재의 「빌립보서」에서 이 공동체의 상황을 상상할 것이다.

아무튼 바울은 이 공동체 내의 자신의 경쟁자를 '경쟁심과 허영으로' 선교 사역에 임하는 자(「빌립보서」 2: 3)라고 규정짓는다. 한데 이것을 굳이 루디아 여자와 연결시키는 것도 불가능한 상상은 아니다. 루디아 여자가 뼛속까지 상인이라고 한다면, 그녀는 일상 속에서 모든 것을 '경쟁적 관점'에서 대하는 것이 몸에 밴 사람일 수 있다. 또 그녀가 귀족과 거래하는 고급 상인이니만큼 그녀의 생활 구석구석이 '허영'에 찬 것으로 비추어질 가능성이 있다. 특히 바울처럼 자기 절제에 엄격한 바리새적 생활이 뼛속까지 스며들어 있는 이라면 더욱 그렇게 생각할 여지가 있다.

그렇다면 이런 추정도 가능하다. 바울이 빌립보에서 추방될 때까지, 만난 지 불과 얼마 안 된 그때까지는 그녀와 바울은 서로 동지적 관계였지만, 수년이 지나 「빌립보서」를 쓸 당시에 그들은 서로 다른 생활태도 때문에 갈등하는 사이가 되었을 수 있다. 일상적 태도의 차이는 세월이 갈수록 깊어질 수 있기 때문이다.

거기에는 3장 2절에서 언급된 '악한 일꾼들'이 개입되었을 수 있겠다. 그들은 할례를 주장하는 이들이니 유대주의자일 가능성이 농후하다. 회당이 없는 이곳에 이스라엘 신앙권에 속하는 그리스도의 공동체가 세워졌다는 소식을 듣고 인근의 유대주의자들이 이 도시의 공동체 안으로 들어와 바울을 비난했을 수 있고, '하느님을 경외하는 사람'인 루디아 여자가 이들 편에 서게 되자 바울과 갈등을 빚게 되었을지도 모른다. 그렇다면 이제 바울은 저들 유대주의자들을 비판하면서 동시에 루디아 여자도 비난할 필요가 있었을 것이다. 이때 바울이 사용한 그녀에 대한 비난점은 '경쟁심과 허영에 차 있다'는 것이겠다.

그러나 바울은 '재산이 넉넉한 이'를 결코 고깝게 보지 않았다. 「빌레몬서」는 서두에서 이 편지의 수신자를 "사랑하는 우리의 동역자 빌레몬과 …… 우리의 전우인 아킵보와 그대의 집에 모이는 교회"라고 묘사한다. 빌레몬은 가내노예를 소유한 부자였고, 아킵보는 빌라를 소유하여 집에서 그리스도 집회를 열게 해준 사람이다. 또 고린도에서도 그리스보라는 빌라의 소유자가 바울계 공동체의 지도자의 한 사람이었고(「고린도전서」 1: 14) 에라스도라는 시 재무관으로 종사하는 이도 있었다(「디모데후서」 4: 20). 요컨대 바울은 가진 것 없는 이들이 한푼 두푼 모아 이웃을 위해 쓰는 공동체의 활동

리부팅 바울

에 대해 말하곤 했지만, 실제로 바울계 공동체의 지도자들은 재산에서나 신분에서 보통의 사람들보다는 좀 더 높은 이들이 많았다. 바울은 결코 그들을 박대하거나 소홀히 여기지 않았다. 그러므로 이것은 루디아 여자가 언급되지도 않고 이름도 거명되지 않는 이유가 될 수 없다. 또한 위의 「빌립보서」 4장 15~18절의 텍스트에 대해 이야기했던 것처럼 「빌립보서」에는 이 여성이 감추어진 채 드러나 있다. 어쩌면 바울에게서 그녀는 여전히 중요한 동지이지만 그는 그녀가 공공연히 드러나지 않도록 보호할 필요가 있었을지도 모른다.

바로 그것이 내가 생각하는 세 번째 가능성이다. 즉 그녀가 고급 상인으로 시의 상류층과 관계하는 사람이었기에 바울 일행은 그녀를 특별히 보호할 필요가 있었다는 것이다. 그것은 바울의 활동이 갖는 정치적 위험성 때문이다. 아래에서 이야기하겠지만 실제로 바울은 이 도시에서 소요를 일으킬 우려가 있는 자로 기소되었고 추방되었다. 하여 나는 이 세 번째 가능성의 관점에서 바울 일행의 빌립보 추방 사건에 대해 살피고자 한다.

프뉴마 퓌토나 들린 여자

어느 날 우리가 기도하는 곳으로 가다가, 귀신 들려 점을 치는 여종 한 사람을 만났는데, 그는 점을 쳐서, 주인들에게 큰 돈벌이를 해주는 여자였다.

—「사도행전」 16: 16

바울 일행이 프로슈케로 가던 길이었다. 「사도행전」 16장에 의하면 그날 바울은 두 명의 여자를 만났다. 한 사람은 그로 하여금 빌립보 선교를 가능하게 했던 여인이었고, 다른 사람은 그로 하여금 빌립보를 떠나지 않으면 안 되게 했던 여인이다. 앞의 사람은 루디아 여자였고, 뒤의 사람은 '점치는 귀신 들린 여자'다.

'점치는 귀신'의 그리스어는 프뉴마 퓌토나(*pneuma pyuthōna*)다. '퓌톤'(*pyuthōn*)이 '점쟁이 영'을 뜻하고 '퓌토네스'(*pyuthōnes*)가 '복화술사'를 가리키는 단어임을 감안하면, 프뉴마 퓌토나는 복화술처럼 입을 움직이지 않고 말하면서 점을 치는 행위, 그 행위의 배후에 도사리고 있는 영적 존재를 의미하는 것이 아니었을까 추측된다. 이것은 그녀 자신이 말하고 있는 게 아니라 그녀를 사로잡고 있는 영, 곧 프뉴마 퓌토나가 말하고 있다는 인상을 준다.

그런데 그녀는 '주인들'에게 고용되었다. 여러 주인이 그녀로 인해 돈을 벌고 있다. 아마도 점술사 조합의 운영진이 그녀를 포함한 많은 점술사들의 점술행위로 돈벌이하고 있는 사정이 여기에 반영되어 있는 것 같다. 16절에 의하면 그녀는 파이디스케(*paidiskē*)다. 한글 성서본에서 '여종'으로 번역되어 있는 것처럼, 파이디스케는 인신이 타인에게 예속되어 있고 스스로는 그 예속상태를 벗어날 수 없는 존재를 의미한다. 곧 그녀는 영적으로는 프뉴마 퓌토나에 예속되어 있고 몸은 조합 운영자들에 예속된 자다. 필경 그녀는 한 점술사 조합으로 팔려간 노예였을 것이다. 이 조합 운영자들은 이렇게 팔려온 점술사들의 점술행위로 많은 수입을 올리고 있었다.

점성술(astrology)은 별을 관찰하며 사람들의 운명과 세상의 이치를 해석하는 일종의 고대의 학문에 속한다. 「마태복음」 2장 1절의 동방에서 온 박사들(*magoi*)은, 그들이 "별이 나타난 때를" 물으면서 메시아가 탄생할 땅을 찾아 왔다는 2장 7절의 본문에서 시사되듯, 점성술가였다. 한편 대중점술 가운데도 놀라운 자기 수련을 통해 습득된 능력으로 점술을 행하는 이도 많았다. 하지만 「사도행전」 16장 16절의 프뉴마 퓌토나 들린 여성의 점술 능력은 교육이나 자기 수련을 통해 습득된 자질이 아니다. 그녀가 복화술을 하듯 말하는 것은 고도로 훈련된, 기획적 행위가 아니라 스스로를 통제하지 못함으로써 나타나는 몸과 발성의 부조화 현상이다. 이것은 그녀가 일종의 비정상적인 정신과 신체 상태에 놓여 있다는 것을 뜻한다.

현대 사회는 이런 류의 사람들을 정신질환자 범주로 분류하여 그들의 독특한 행위나 발성을 하나의 의미를 담고 있는 언어로 취급하지 않는다. 이런 문화적 틀 아래서 이 여종과 같은 이는 스스로는 아무런 의미도 창출하지 못하는 '비존재적 존재' [33]다. 그것은 마치 우리의 민법에서 정신적 질환이 있는 이를 금치산자나 한정치산자로 규정하고 그이들의 행위의 법적 권리를 제한하는 것에서 상징적으로 드러난다. 여기서 금치산자나 한정치산자 같은 민법상 행위무능력자의 행위는 법률적으로 무의미하며, 단지 법률적 대리인을 통해서만 의미 있는 행위로 간주된다.

그러나 고대사회는 비정상적 정신과 신체 상태에 놓여 있다는 사실 자체가 신의 어떤 암시일 수 있다고 믿는 문화적 틀을 갖고 있다. 이런 사회에서 그들의 행동이나 발성은 그이 자신이나 다른 사람들에게 의미 있는 것이 된다.

사실 신체나 정신 기능의 장애를 가진 이들 가운데는 다른 감각기능이 놀랍도록 발달한 경우가 종종 있다. 필경 고대의 점술가들 가운데 적지 않은 이들이 이렇게 장애로 인해 비상하게 발달한 감각기능의 소지자들이었을 것이다. 그들은 이러한 비상한 능력을 스스로 언어화하거나 다른 매개적 장치들을 통해 언어화함으로써 신령한 존재가 되었다.

---

33 '비존재적 존재'는 사람들에 의해 존재가 부정됨으로써 존재를 인정받는 자를 뜻한다. 가령 '불법 체류 중인 외국인 이주 노동자'는 존재하지 않는 자처럼 법적으로 아무런 보호나 혜택을 받지 못한다. 하지만 그렇게 노동자들의 권리 규정에서 배제된 자가 됨으로써 그이들은 일터에서 일할 수 있는 기회를 얻는다. 우리 사회는 이러한 외국인 이주노동자를 비존재적 존재로 만드는 사회적 시스템의 암묵적 공모자가 됨으로써 그이들의 값싼 노동력의 대가를 향유한다.

「사도행전」16장 16절의 프뉴마 퓌토나 들린 여성은 단번에 바울을 알아보았다. 여기서 그녀의 신령한 감지 능력이 드러난다. 그녀는 이날 이후 몇 날 며칠을 계속 쫓아다니며 주변 사람들에게 소리쳤다. "이 사람들은 지극히 높으신 하느님의 종들인데, 여러분에게 구원의 길을 전하고 있어요." (「사도행전」 16: 17~18)

지각티스 강가에서 루디아 여자가 바울이 존경받을 만한 예언자임을 알아차린 것처럼 빌립보의 어느 길가에서 만난 프뉴마 퓌토나 들린 신령스러운 여자 또한 바울을 단박에 알아차렸다. 한데 말했듯이 이 두 여자의 알아차림은 바울에게 정반대의 결과를 초래했다.

프뉴마 퓌토나와 빌립보

이 얘기를 하기 전에 먼저 '프뉴마 퓌토나 들린 이'에 관한 사회적 현상과 그 맥락에 관한 하나의 상상을 펴보자. 프뉴마 퓌토나 들린 이는 공교롭게도 「사도행전」 16장, 바울의 빌립보 행보에 얽힌 이야기에서만 등장한다. 왜 하필 빌립보일까?

물론 우연일 수 있다. 어디서나 있을 수 있는 사람이고, 어디서나 바울 같은 낯선 이에게 다가가 그이에 관한 비밀을 폭로하는 일이 있을 수 있다. 이런 사람들은 특별한 감각이 발달한 대신에 사회성은 대단히 약하곤 하다. 그러니 알아차린 것을 숨기고 거래하는 수완가가 못 된다. 하여 사람들 앞에서 말하는 그이의 행위는 그것으로 인해 누군가가 난처해지든, 불편해하든 상관치 않는다. 바울에게도 그런 일이 일어났고, 한 번이 아니라 여러 날 계속되었다. 그리고 그 일이 일어난 곳이 다름 아닌 빌립보다.

나는 여기서 빌립보라는 도시와 이 사건의 연관성에 대해 하나의 상상을 펴고자 한다. 왜냐면 정신적 장애는 그 사람의 개인사적 사건으로 볼 수 있지만, 한편으로는 그 사회의 집단적 체험과 그로 인한 사회적 기억 현상과 연관될 수도 있기 때문이다. 또한 정신적 장애가 특별히 신령스러운 모습으로 받아들여지는 것도 그 사회의 집단 기억과 무관하지 않을 것이기 때문이다.

바울이 빌립보에 당도하던 때부터 불과 90여 년 전(기원전 42년)에 이 도시는 엄청난 재앙을 겪었다. 브루투스와 카시우스가 이끄는 공화군이 안토니우스와 옥타비아누스가 이끄는 부대와 바로 이 도시에서 치열한 전투를 벌인 것이다. 결과는 두 공화군 지도자가 자살하는 것으로 종료되었는데, 이때 양군의 전사자 수가 무려 2만 명에 육박했다. 기원전 1세기 중반, 당대의 세계에서 가장 '잘 훈련된' 로마 정규군끼리의 전투에서 피해가 이 정도였다면 그 전투의 치열함이 어느 정도였는지 짐작할 만하다.

한데 이 전투의 치열함에 관해 묘사하는 많은 이야기들과 이미지들에서 예외 없이 간과되는 사실은 그 치열한 전투가 벌어진 빌립보의 주민들이 가져야 했던 기억과 상처에 관한 것이다. 이 전투는 순전히 로마의 권력투쟁의 산물임에도 그런 정치사적 맥락과는 전혀 무관한, 심지어 이들 군대의 지휘관과 병사들의 사적 연고도 전혀 없는 땅인 빌립보에서 벌어졌다.

양편 군인들은 주민들을 마구 동원해서 전투를 보조하게 했을 것이고, 식량이 될 만한 것은 뭐든지 징발했을 것이다. 또 상대편을 향해 무차별적으로 화살을 퍼부어댔을 것이고, 육박전이 벌어지면 자기편이 아니면 아무에게나 칼을 휘둘러댔을 것이다. 온몸이 살육의 피로 뒤범벅된 병사들은 극도의 흥분상태에서 사람이건 동물이건, 남자건 여자건, 노인이건 아이건, 닥치는 대로 죽여댔고, 집들을 불사르고 파괴했을 것이다.

양군의 진영은 성문 밖이었지만, 실제 전투는 성 안 구석구석까지 어디든 가리지 않고 벌어졌다. 그 무자비한 살육의 시간이 지나고 무수한 시신들이 집안에서 마당에서 거리에서 썩어갔고, 식수원은 피로 물들었고 썩은 살점들로 오염되었다. 하여 신속한 전후 처리가 필요했는데, 그것은 온전히 주민들의 몫이었다. 사람들은 군인들의 채찍질을 당하며 바스라질 것 같은 몸으로 그 잔해들을 치워야 했다.

한데 이런 혹독한 전쟁의 경험이 치유될 틈도 없이 빌립보는 로마 제국의 주요 도시의 하나로 빠르게 변모했다. 그 과정에서 도시명이 두 번이나 개칭되었으며, 그때마다 도시의 통치세력과 시민층의 급격한 이동이 있었고 제국 내에서 갖는 도시의 정치적 위상 또한 변모했다. 그러면서 이 도시는 다시 마케도니아를 대표하는 도시의 하나로 빠르게 부상했고 경제도 다시 활기를 띠게 되었다.

그러나 도시의 성공이 주민의 성공으로 직결되는 것은 아니다. 도시명이 개칭될 때마다 각기 다른 로마 군대의 퇴역병이 대거 이주해 와 도시의 지배층과 시민층을 차지했으며, 그때마다 많은 시민들이 몰락의 위기에 내몰려야 했던 것이다. 그리고 그때마다 밀려나는 귀족과 시민에 딸린 평민과 천민층은 덩달아 더 바닥으로 내쳐졌고, 신흥 지배층에 엮인 사람들은 기회를 얻었다. 요컨대 기원전 42년 이후 한 세기에 걸친 이 도시의 발달사는 주민의 집단적 트라우마와 치유 과정을 수반하지 않은 채 진행되었고, 그 누구도 이 격변의 역사 속에서 안전을 보장받지 못한 채 변화를 견디며 생존에 급급한 삶을 살아야 했다.

그렇다면 이 도시 주민들 전체가 위험수위를 훨씬 넘어선 높은 스트레스 상황에 놓여 있었을 법하지 않은가. 어쩌면, 전쟁과 그 이후의 격변을 겪은 많은 사회들에서 흔히 볼 수 있듯이, 이 도시의 동네 구석구석마다 정신줄 놓아버린 이들이 나타났고, 그나마 힘겹게 자신을 지키고 있던 대다수 주민들은 급변하는 사회의 불확실성을 견뎌내기 위해 안간힘을 써야 했을 것이다. 하여 바울이 방문할 당시 빌립보에 그 삶의 불확실성과 각박함을 견뎌내는 하나의 수단으로 대중점술에 대한 사회적 수요가 대단히 높았을 것이라고 가정하는 것이 무리한 상상은 아니다. 그런 이유로 이 도시에는 점치는 광인들이 특별히 많았고, 그들의 점술을 산업화한 조합들이 적잖이 조직되었던 것이라는 얘기다.

근데 여기서 하나 더 주목해야 하는 것은 이들 점치는 광인들을 사람들이 신령스럽게 여겼다 해도, 그들이 사람들과 소통하기는 매우 어려웠다는 점이다. 다른 이들의 말을 잘 듣지 않고 자기 말만 반복해서 중얼대듯 되풀이해 말하기도 했고, 다른 이가 사람들에게 이야기하는 중에 불쑥 끼어들어 맥락에 맞지 않는 말로 사람들의 대화를 방해하기도 했다.

어쩌면 프뉴마 퓌토나 들린 그녀도 그랬을지 모른다. 그녀는 몇 날 며칠을 바울 일행을 따라다니며 "이 사람들은 지극히 높으신 하느님의 종들이에요. 그분들이 여러분에게 구원의 길을 전하고 있습니다"라고 외쳐댔다. 그것은 바울이 얼마나 비범한 사람인지를 알아차린 점술가의 예언행위라고 할 수 있지만, 바울이 사람들에게 뭔가를 얘기할 때마다 되풀이해 불쑥 던지는 이런 말은 바울에게는 자신의 사역에 대한 방해로 느껴졌을 것이다. 하여 바울은 '귀찮아서' 그녀에게 들러붙은 귀신을 쫓아냈다(「사도행전」 16: 18).

귀신을 쫓아낸 것이 그녀가 안타까워서가 아니라 귀찮아서라니. 한 번이 아니라 몇 날 며칠을 그녀로 인해 방해받는 것이 얼마나 곤혹스러웠는지 이해할 수 없는 것은 아니지만, 그럼에도 냉정하게 평가하면 바울은 아직은 낯선 도시 빌립보에서 그리스도의 복음을 전하겠다는 생각에 몰두한 나머지 자기 앞에 다가온 사람의 고통을 미처 살피지 못했다. 또한 그녀의 고통 뒤에 가려진 빌립보 사람들의 고통을 짐작하지 못했다. 그런 점에서 바울의 빌립보 선교는 실패였다. 그는 빌립보에서 길을 잃었다.

아무튼 바울이 만난 여자는 전쟁의 트라우마로 영혼이 파괴된 사람 중

하나였다. 그런데 그 도시의 자본은 그런 이를 이용해서 돈벌이를 하고 있다. 그리고 시민들은 그것을 소비하고 있었다. 파괴된 영혼으로까지 세일즈해야 하는 여자, 그런 도시에서 바울은 바로 그런 이들의 해방을 뜻하는 복음을 전한다. 비록 바울은 그 여자를 이해하지 못했고 귀찮아했지만, 그 도시는 그런 죽임의 시스템을 교란시켰던 바울을 위험한 존재로 여겼다.

빌립보 추방 사건, 그리고 바울의 성찰

「사도행전」 16장 19절에 따르면 이 일로 그녀의 '주인들', 곧 조합 운영자들이 바울 일행을 붙잡아 관청에 고소했다. 그녀의 점술 능력을 무력화시켰으니 그들의 관점에서 보면 바울 일행은 정당한 업무를 공공연히 방해한 자들이었다.

> 그 여자의 주인들은, 자기들의 돈벌이 희망이 끊어진 것을 보고, 바울과 실라를 붙잡아서, 광장으로 관원들에게로 끌고 갔다. 그리고 그들을 치안관들 앞에 세워 놓고서 "이 사람들은 유대 사람들인데, 우리 도시를 소란하게 하고 있습니다. ……" 무리가 그들을 공격하는 데에 합세하였다.
>
> ―「사도행전」 16: 19~22

저들의 고발 내용은 바울 일행이 '도시를 소란하게 하고 있다'는 것이다. 이것은 점술업이 이 도시의 공적 산업의 하나로 간주되고 있다는 점을 전제한다. 게다가 대중이 들고 일어나 바울 일행의 소행을 비난하는 시위를 벌였다는 것은 점술업이 이 도시의 대중사회에 얼마나 깊게 스며들어 있는

지를 보여준다. 앞서 보았듯이 거기에는 90여 년 전에 벌어진 전투, 그 참혹한 사태로 인한 집단적 트라우마와 이후 펼쳐진 도시의 격변의 역사와 관련이 있다. 또한 그렇게 해서 광범위하게 확산된 점술이 산업화되면서 이 도시의 자본 재생산 메커니즘의 한 축을 이루게 되었다.[34]

이런 사정을 낯선 이들이 알아차리기엔 그들의 빌립보 체류 기간은 너무 짧았다. 바울이 루디아 여자를 만나고 본격적 선교활동이 시작될 무렵 또 다른 여자, 프뉴마 퓌토나 들린 여자와의 만남은 그를 뜻하지 않은 사건에 말려들게 했고 결국 추방당하는 일로 귀결된 것이다. 하여 이 일로 인해 불과 며칠 만에 끝난 이곳에서의 그의 활동은 한마디로 실패작이었다.

다시 문제를 원점으로 돌리자. '루디아 여자'는 익명의 존재로 남아 있다. 왜 그런가? 바울 일행이 프뉴마 퓌토나 들린 여자의 점술을 무력화시킨 사건은 바울 개인에게도 사람의 고통을 읽지 못한 채 말로만 해방을 떠들어댄 것의 실패를 의미했지만, 동시에 도시의 당국자들과 심지어 도시의 주민들에게도 바울이 전한 그리스도의 복음이 위험한 것임을 각인시키는 계기가 되었다. 하여 그의 가르침을 받아들인 사람들도 덩달아 위험해졌다. 루디아 여자는 그렇게 된 상황에서 남겨졌다. 그리고 이 사건으로 그녀는 드러나지 않는 사역자가 되었을 것이다. 한데 바로 이러한 '드러나지 않는 사역'이 빛을 발했다. 얼마 후 빌립보에는 바울이 자랑해 마지않는 훌륭한 그리스도 공동체가 든든하게 섰던 것이다.

이런 공동체에게 보낸 바울의 편지인 「빌립보서」에서 그는 길이 남을 만한 '그리스도 찬가'(2:6~11)를 노래한다.

---

34 점술의 산업화에 관한 논의는 나의 상상이다. 한편 이 도시의 가장 중요한 자본 재생산의 요소는 금·은광 산업이다. 하지만 금·은광 산업이 마케도니아의 필립포스 2세 이후 계속된 이 도시의 핵심 산업이라면, 점술은 기원전 42년 이후에 주요 산업으로 부상하게 되었다는 것이 나의 논지다. 만약 점술의 산업화가 크게 활성화되지 않았다면, 점술가 한 사람을 무력화시킨 것으로 '주인들'(나의 해석에 따르면 점술조합의 관리자들)이 그렇게 민감하게 반응하지 않았을 것이고, 그런 일로 그 도시의 대중이 대대적으로 시위를 벌이지도 않았을 것이다.

그는 하느님의 모습을 지니셨으나,

하느님과 동등함을 당연하게 생각하지 않으시고,

오히려 자기를 비워서 종의 모습을 취하시고,

사람과 같이 되셨습니다. 그는 사람의 모양으로 나타나셔서,

자기를 낮추시고, 죽기까지 순종하셨으니,

곧 십자가에 죽기까지 하셨습니다.

그러므로 하느님께서는 그를 지극히 높이시고,

모든 이름 위에 뛰어난 이름을 그에게 주셨습니다.

그리하여 하늘과 땅 위와 땅 아래 있는 모든 것들이

예수의 이름 앞에 무릎을 꿇고,

모두가 예수 그리스도는 주님이시라고 고백하여,

하느님 아버지께 영광을 돌리게 하셨습니다.

—「빌립보서」 2: 6~11

이것이 이 서신을 쓸 때 비로소 생겨난 것인지 그 이전에 이미 존재했던 것인지, 또한 만약 후자가 맞다면 그것이 바울 자신의 것인지 아니면 다른 이들에 의해 널리 사용되었던 것인지 알 수 없지만, 분명한 것은 「빌립보서」의 맥락에서 그리스도 찬가는 '자기 자신을 비웠다'(*heauton ekenōsen*)라는 7절의 어구를 핵심으로 한다. 즉 바울이 강변하는 그리스도의 진수는 하느님의 '겸손'(*tapeinphrosunē*, 3절)에 있다는 것이다. 요컨대 하느님의 '자만'(*keodochia*, 허영, 3절)이 위대한 결과로 귀결된 것이 아니라 '겸손'이 위대하다는 것이다.

이것은 필경 바울의 자기 성찰이 내포된 그리스도 고백문이었을 것이다. 그 자신이 아무것도 이루지 못한 채, 남은 이들에게 짐만 덧씌우고 떠났음에도 빌립보에서 훌륭한 그리스도의 공동체가 만들어진 것을 보면서

리부팅 바울

깨달은 그의 성찰적 고백이 함축되어 있다는 것이다. 약한 자들을 위한다는 자만심에 가득 차서 큰 소리로 복음을 설파할 때 자기의 사역을 방해하는, 실재하는 약자인 프뉴마 퓌토나 들린 여자를 귀찮아하고 그녀의 악령을 쫓아내겠다고 호령하던 자기 자신의 '자만'에 대한 성찰이다. 또한 이 고백문에는, 비록 부유한 귀부인이자 그리스도 공동체의 유능한 지도자의 한 사람임에도 자기 이름을 드러내지 않으면서 '겸손'하게 훌륭한 공동체를 만들어낸 루디아 여자의 모습에서 깨달은 그리스도가 담겨 있다. 루디아 여자는 바울에게 이 그리스도 찬가의 진정한 의미를 깨닫게 해준 사람이었다는 얘기다.

빌립보와 서울 사이, 제도가 성찰하라

마지막으로 첨언할 것은 기원전 42년 이후 빌립보의 역사에서 착안한 2000년대 서울의 한 단면에 관한 것이다. 말했듯이 그 무렵 빌립보는 심각한 스트레스의 사회였고, 그 가운데 적지 않은 이들이 정신줄을 놓았다. 지금의 서울 역시 극도의 스트레스로 각종의 중증 병리현상을 드러내고 있다.

독일 카를스루에 조형예술대학(HfG Karlsruhe) 교수인 한병철이 쓴 문제작 『피로사회』는, 비록 그는 이 책에서 독일의 사례에 주목하고 있지만, 서울의 이러한 병리현상을 해석하는 중요한 실마리가 된다. 이 책에서 그는 오늘 우리가 사는 후기자본주의 사회를 '피로사회'라고 부른다. 이는 일종의 문명사적 진단으로, 미셸 푸코(Michel Foucault)가 말한 근대적 '규율사회'에서 후기근대로 이행한 사회의 양식이라는 것이다. 한병철은 푸코의 규율사회가 감시에 의해 '해서는 안 된다, 할 수 없다'는 내면의 목소리를 통해 자기를 규율하는 부정성의 사회인 데 반해 피로사회는 '할 수 있다'는 자기 긍정적 믿음으로 성과를 향해 질주하는 사람들의 사회라고 해석한다.

그런데 이러한 무한 긍정의 자의식으로 무장하여 성공을 향해 질주하는 사회는 모든 사람을 잠재적 낙오자로 만든다. 자기가 진정으로 원하면 이루어진다는 믿음에도 불구하고, 사람들은 언제나 갈망해마지 않던 성공에 도달하지 못함으로써 자신의 바람이 진정성이 없다는 자괴감에 빠지고, 자기의 믿음으로부터 스스로를 소외시키게 되는 것이다. 해서 거의 모든 사람들은 심한 심리적 압박감을 감내하게 되며, 그중 일부는 병증을 드러내게 된다. 몸이 과도한 스트레스 조절에 실패하여 무력감에 빠지고 우울 증상을 드러내며, 종종 면역체계가 약화되어 당뇨나 심장질환 등 각종의 신체적 질병으로 이어지곤 한다는 것이다.

한데 한병철 식의 피로사회론은 부분적으로만 타당하다. 신자유주의적 긍정의 정신이 사회를 휘몰아치면, 사람들은 그 시대정신에 맞춰 몸과 정신이 온통 '소진'(burn-out)되기까지 자기 자신을 불태운다. 그러나 노동중독에 걸릴 만큼 쉼 없이 자기계발에 매진하는 생활에도 불구하고 그것으로 성공한 이들은 극소수다. 아니 실은 거의 모두가 실패자 혹은 잠재적 실패자라는 위기감과 상실감에서 자유롭지 못하다. 그리고 그중 적지 않은 이들이 '소진성 우울장애'(depressive disorder for burnout syndrome) 같은 증상에 시달리고 있다. 그런 점에서 한병철의 피로사회론은 중요한 점을 지적한 셈이다.

하지만 그보다 더 심각한 것은 자기를 소진시킬 노동의 기회조차 누리지 못하는 이들이 훨씬 더 많다는 점이다. 특히 한국의 노동 배제의 상황은 전 세계적으로 매우 악명 높다. 한데 이들 노동 배제의 상황에 내던져진 이들은 더 잘 병에 걸리고 더 많이 죽는다. 자기긍정에 기초한 성과주의에 몰두하다 자기 자신이 소진되어버리는 것이 아니라 궁핍과 미래에 대해 희망을 가질 수 없는 상황에서 무력해지고 우울증상을 드러내며 면역체계가 악화되어 각종 질병에 노출된다는 것이다.

이런 사람들은 기초생활수급자제도 같은 사회복지의 수혜자가 되기를 원한다. 하지만 어느 사회든 사회복지제도가 보호할 수 있는 대상보다 보호받으려는 대상이 훨씬 많기 마련이다. 한국은 그러한 사회복지의 비대칭성이 가장 극심한 나라에 속한다.

그러므로 수혜자가 되는 이들을 선별하는 일은 사회부조형 복지제도를 운영하는 데 있어 매우 중요하다. 특히 제도적으로 보편복지가 아니라 선별복지를 추구할 때 선별의 문제는 중요한 문제가 된다. 하여 선별을 위해 까다로운 조건이 붙는다. 한데 이 조건들은 부정성의 지표들이다. 덜 가졌고, 더 무능력하고, 도움을 받을 다른 통로가 더 결여되어 있다는 것을 입증하는 지표들이다. 수혜자가 되려는 이들은 이런 부정성의 지표들에 따라 자신의 '결핍'을 증명해내야 한다.

요컨대 사회복지제도는 자기긍정이 아니라 자기부정을 통해 자기 자신이 규정되는 이들에게 수혜를 베푸는 시스템이다. 이렇게 무수한 자기부정을 통해 자기가 규정된 이들은 자신의 현실에 주눅 들어 있고 막막한 미래에 절망한다. 그럼에도 소비사회의 부풀려진 욕망들은 그들의 영혼 속으로도 예외 없이 파고들어간다.

이러한 존재의 불일치 속에서 사람들은 욕망을 억제하는 자기관리보다는 욕망의 대체물에 더 탐닉하게 마련이다. 술과 담배에 찌들고, 탐욕스런 식습관에 매이고, 심지어는 마약을 상습 복용하기까지 하며, 친구, 이웃, 가족에게 폭력을 휘두르며 때때로 범죄자가 된다. 하여 이들은 건강도 악화되지만 범죄에 노출될 확률 또한 더 높다.

최근 우리 사회에 이른바 '묻지마 범죄'가 도처에서 일어나고 충격적인 (아동) 성범죄가 연이어 터지면서 이들에 대한 법률적 응징을 강화하려는 여론이 빗발치고 있다. 이미 신자유주의 정책의 일환으로 서구에서 제도화된 '형사국가화' 현상이 한국에도 나타나고 있는 것이다.

형사국가란 위험한 자를 거의 종신에 가깝게 격리 수감하는 방식으로 치안을 유지하려는 제도화를 뜻한다. 이것은 비단 범죄자에 한정한 것은 아니다. 영화 〈마이너리티 리포트〉(Minority Report, 2002)에서 그려내고 있는 범죄 없는 미래사회의 모습은 범죄 행위가 없어도 범죄를 저지를 잠재적 요인이 있다는 이유로 그이들을 체포 구금하는 제도가 정착된 사회다. 하지만 이것은 결코 미래사회적 상상이 아니다. 인권의 유린을 감수하더라도 범죄 없는 청정사회를 위해 '예방적 치안 시스템'을 무리하게 작동시키려는 비뚤어진 사회적 욕구는 이미 우리 사회 주변에서 넘실거린다. 이민자, 빈민, 성소수자, 특정 이념이나 종교의 신봉자 등을 잠재적 범죄자[35]로 간주하는 일은 결코 드문 일이 아니다.

이미 1세기 중반에 바울은 이러한 비뚤어진 욕망의 제도화를 문제 제기하였다. 유대주의자들이 강변하는 '율법'을 통한 야훼 백성의 청정화 프로젝트가 그것이다. 바울이 보기에 이것은 이스라엘 사회의 주변부 사람들을 잠재적 죄인으로 만들어 자존적 주체가 될 수 없게 하는 배제주의적 신앙의 장치에 다름 아니었다. 이 책의 6장에서 집중적으로 다루고 있는 「갈라디아서」에서의 바울이 바로 그런 논지를 보여준다.

그러나 아직 이런 생각이 농익지 않았던, 그리고 이스라엘계 이민자들이 거의 없어 유대주의와의 싸움에 별로 신경 쓰지 않아도 되었던 「빌립보서」에서도 그는 유사한 논지를 펴고 있다. 여기서 그는 그리스도 공동체 안에 시기심과 질투심으로 복음을 전하는 자들에 대해 경계한다(1:15~18). 앞

---

35 범죄행위 이전에 그이들을 범죄자로 간주하는 제도를 함축하는 '잠재적 범죄자'라는 표현은 '그들의 존재 자체가 죄인'이라는 주장에 다름 아니다. 그런 점에서 잠재적 범죄자는 '존재론적 범죄자'로 고쳐 써도 무방하다.

에서 보았듯이 그의 이러한 경계에는, 그가 비판하고 있는 다른 이들만이 아니라, 자기 자신에 대한 성찰도 들어 있다.

앞 장(이 책 2장)에서 보았던 것처럼 바울의 전향은 유대주의를 비판하며 거기에서 떠나 그들이 배제하려던 이들의 편에 서서 활동한다는 의미이다. 한데 빌립보에서 만난 프뉴마 퓌토나 들린 여자와의 만남에서 그는 전향 이전의 자기 모습을 보아야 했다. 사람들의 구원을 외치면서도 그 사람을 애틋이 여겨서가 아니라 남보다 더 열렬한 사도임을 스스로에게 입증하기 위해서, 곧 시기심과 질투심의 동기에서 그는 그리스도를 선포했던 것이다.

한데 프뉴마 퓌토나 들린 여자 앞에서 그리스도의 길을 잃었던 빌립보의 바울의 모습을 2000년대 서울의 시민인 우리들에게서 다시 한 번 보게 된다. 약자에 대한 돌봄을 얘기하면서도 눈앞의 약자가 저지른/를 위험성을 과장하고 그를 적대시함으로써 정의를 실현할 수 있다고 생각하는 일이 우리에게 낯설지 않다는 것이다. 그 한 예가 '아동 성폭력 범죄'에 대해 악마 담론이 부상하고, 그런 이들을 영원히 격리시키는 것으로 사회 청정화가 실현될 수 있다는, 이른바 형사국가적 여론이다.[36]

한병철은 피로사회의 대안으로 성과의 예외지대를 설치하는 행위를 얘기한다. 예컨대 안식일이 그렇다. 이미 1951년 유대교 사상가 아브라함 요슈아 헤셸(Abraham Joshua Heschel)이 안식일을 그렇게 해석하였다. 6일간의 창조는 신이 공간을 점령하여 생산적 세계를 만들어간 것처럼 자본주의 사회에서 6일간의 노동은 공간을 점령하는 생산적 창조의 과정이다. 한데 신이 그 행위를 멈추고 쉼을 선택한 시간이 안식일이다. 하여 그날 사람들은 노동을 멈추고 자기를 성찰하라고 그는 권한다.

---

36 권인숙·이화연, 「성폭력 두려움과 사회통제―언론의 아동 성폭력 사건 대응을 중심으로」, 『아시아여성연구』 50/2 (2012), 85~118쪽을 보라. 이 글은 최근 아동 성폭력 범죄가 어떻게 과장되고 있으며, 그 범죄자들을 강력하게 처벌하는 것으로 우리 사회가 더 안전해질 수 있다는 여론이 전개되는 것의 문제점을 지적하고 있다.

한데 안식일에도 쉼을 선택하는 것이 불가능한 사람들이 있다. 그들은 까딱하면 안식일뿐 아니라 모든 날을 그렇게 보내야 하는 사람들이다. 그런 이들을 형사국가는 잠재적 범죄자로 취급한다.

그런 이들에게 안식일은 성찰의 시간일 수 없다. 이에 대해 예수는 안식일을 성찰하며 보내라고 하는 대신 안식일 자체를 성찰하라고 일갈한다. "안식일이 사람을 위하여 생긴 것이지, 사람이 안식일을 위하여 생긴 것이 아니다."(「마가복음」 2: 27) 성과사회에서 소진되어 잠재적 범죄자의 대열로 추락하지 않으려 하기보다 그런 사회를 근본적으로 성찰하라는 것이다.

낯선 바울이 말하는 '몸의 부활' 정치학

「데살로니가전서」 읽기

바울스럽지 않은 바울의 텍스트

　주님이 명령을 내린다. 천사장이 그 명을 받들어 소리를 내지른다. 그러자 좌우의 나팔수들이 거대한 나팔을 힘껏 불기 시작한다. 하늘에서 울리는 그 소리는 순식간에 세상을 가득 메운다. 그러자 죽은 이들이 살아나기 시작한다. 그리고 살아 있는 이들도 하늘로 이끌려 올라간다. 그런데 하늘을 가득 채운 산 자와 죽은 자들의 행렬이 저편 끝에서 좌우로 나뉘기 시작했다. 주가 오고 있는 것이다. 그이들은 거기에서 주님을 영접한다.

　「데살로니가전서」4장 16~17절에는 마지막 때의 부활이 이렇게 청각적이기도 하고 시각적이기도 한, 한 편의 판타지 영화처럼 그려져 있다. 하여 이 강한 인상을 남기는 묘사 덕분에 주의 재림과 산 자와 죽은 자의 부활을 묘사하는 숱한 그림들은 이 텍스트에서 기본적인 상상력을 빌려 왔다. 더욱이 바울은 자신의 다른 서신들에선 이런 시청각적 서술을 보여주지 않았다. 요컨대 이것은 바울스럽지 않은 바울의 텍스트다. 이 글은 바로 이 '바울스럽지 않은 바울'의 시청각적 부활 판타지 속에 함축된 역사를 살피려 한다.

충성스러운 도시

오늘날 그리스의 제2의 도시인 데살로니가(Thesalonica)는 본래 (그리스가 아니라) 마케도니아의 유명한 항구도시였다. 알렉산드로스 대왕(재위 기원전 356~323)의 부친인 필립포스 2세(Philippos II. 재위 기원전 359~336)가 마케도니아의 통치자가 된 기원전 359년 이전까지 이 나라는 내륙에 갇힌 약소국이었다. 이에 그는 항구도시를 갖고자 동쪽으로 영토를 확장해갔고, 몇 개의 항구를 갖게 되었다. 그 연장선상에서 알렉산드로스 대왕이 사망한 이후 마케도니아의 통치자가 된 카싼드로스(Kassandros. 재위 기원전 305~297)는 기원전 315년 데살로니가를 병합하여 지중해 무역을 위한 거점도시로 삼았다.³⁷ 비록 이때는 마케도니아가 제국으로서의 면모를 상실한 뒤여서 이 항구도시는 국가 발전의 견인차가 되지는 못했지만, 이후 데살로니가의 도시로서의 위상은 급격히 높아졌다. 알렉산드로스 대왕이 제국 각처에 세운 70개의 폴리스들인 '알렉산드리아'들과 그 밖의 여러 폴리스들 간에 이루어진 국제무역으로 지중해 전역과 메소포타미아와 인도를 잇는 국제경제가 한창 활황국면에 있을 무렵 탄생한 국제도시 데살로니가는 지중해를 대표하는 도시의 하나로 발돋움했다.

해서 이 도시는 여러 인종이 만나고 여러 사회의 물품들이 들어오고 나가는 다양성의 도시가 되었다. 다인종이 드나드는 도시에는 으레 수많은 신

---

37 카싼드로스는 마케도니아의 대장군 안티파트로스(Antipatros, 기원전 397~315)의 아들이고, 알렉산드로스 대왕의 이복누이 테살로니케(Thesaloinke)의 남편으로 기원전 305~297년에 마케도니아의 군주였다. 카싼드로스가 정복하여 세운 이 항구도시의 원래 이름은 온천으로 유명했던 도시를 시사하는 '뜨겁다'는 뜻의 테르마(Therma)였는데, 카싼드로스가 자기 아내의 이름을 따서 데살로니가(테살로니카)로 개명한 것이다. 이 도시는 빠르게 발전하여 곧 마케도니아 지역에서 최고의 경제적 도시가 되었고, 로마시대에는 정치적 중심지로 부상하였다. 그리고 비잔틴 시대에 이르면서 콘스탄티노폴리스에 이어 제2의 도시로 발돋움했다. 현재는 그리스의 제2의 도시다.

리부팅 바울

그림6 | 데살로니가와 지중해

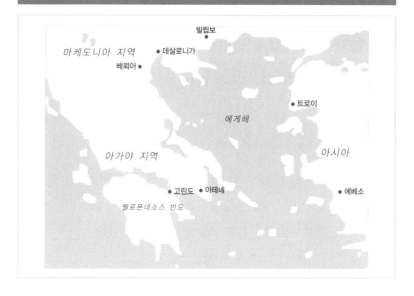

전들이 세워지기 마련이다. 늘 기후의 변화로 생사의 고비를 겪으며 사는 선원들에게 신은 절대적인 존재였다. 하여 그들은 저마다 자기들의 수호신에게 경배를 드렸다. 심지어, 세계 곳곳을 드나들면서 온갖 신들을 접하며 살다 보니, 적지 않은 이들은 자기들이 아는 모든 신들에게 제물을 바치기도 했다. 한편 신전들 외에도 수많은 종교적 결사체 조직들도 세워졌다. 그중에는 이스라엘인들의 회당들도 있었다.

기원전 2세기 중반에 이 도시는 지중해의 새로운 패권국 로마에 병합된다. 특히 율리우스 카이사르가 빌립보(*Philippoi*) 대신에 데살로니가를 마케도니아 속주의 수도로 지정하였다. 마케도니아의 다른 어떤 도시보다 부유하고 전략적으로 중요하기는 했지만, 오랫동안 이 나라의 수도였던 빌립보 대신 데살로니가를 수도로 삼은 것은 이 도시의 운명에 중대한 변화를 야기했다. 로마군을 전역한 수많은 퇴역군인들과 로마시민들이 대대적으로 이곳으로 이주했고, 토착 엘리트 가운데 많은 이들이 로마에 대한 충성심을 기준으로 교체되었다. 결국 이 사건 이후 데살로니가는 인근 대도시들 가운데 로마에 가장 충성스러운 도시가 되었다.

고발

「사도행전」 17장 1~9절에 따르면 데살로니가의 한 이스라엘 회당에서 바울이 3주간 활동하는 중에 유대인들에 의해 시당국에 고소당하게 되었다고 한다. 기소 내용을 이 본문은 이렇게 표현한다.

> 세상을 소란하게 한 그 사람들이 여기에도 나타났습니다. ……그 사람들은 모두 예수라는 또 다른 왕이 있다고 말하면서, 황제의 명령을 거슬러 행동을 합니다.
>
> —「사도행전」, 17: 6~7

이스라엘계 이민자들 중 특히 율법에 대한 근본주의적 열정으로 불타 있던 '유대주의자들'[38]이 여기서는 흥미롭게도 정치적 어법으로 바울을 공격

---

38 이스라엘계 디아스포라 사회를 거점으로 활동했던 바울은 이 디아스포라 사회의 소분파인 그리스도파의 교회들에게 편지를 쓸 때 이스라엘인을 대개 '유대인'으로 표기했다. 그것은 유대인들의 일반적인 어법으로 보인다. 가령 남한 사람들이 일본의 한국계/조선계 사람들을 가리켜 무심코 재일한국인'(또는 '재일동포')이라고 부르는 경우와 비슷하다. 이때 재일한국인/조선인들 중 다수는 다소는 거리낌이 있어도 그냥 그 느낌을 표시하지 않고 새겨서 듣는다. 반면 그 표현에 불쾌감을 표하는 이들이 있다. 그들은 대개 '재일조선인'이라는 강한 자의식을 가진 이들일 것이다. 그런 점에서 재일한국인'(또는 '재일동포')이라는 자의식을 강력하고 배타적으로 주장하는 집단과 '재일조선인'이라는 명칭을 자의식의 중심으로 둔 이들이 있고, 그 밖의 다수의 사람들은 그 표현에 큰 신경을 쓰지 않는다. 요컨대 자이니치('재일'. 이 단어는 재일한국인과 재일조선인을 포괄하는 명칭이다)라는 큰 범주의 일본에 거류하는 한국인/조선인이 있고 그 내부에 재일한국인을 강조하는 남한주의자와 재일조선인을 강조하는 북한주의자가 있다고 할 수 있다. 이와 마찬가지로 이스라엘계 디아스포라 사회에는 유대주의자와 사마리아주의자 등 공격적 배타주의자들이 있고, 그 표현에 개의

리부팅 바울

하고 있다. 이런 행동은 이 도시 통치자만이 아니라 도시의 시민층 대다수가 친로마적 성향이 유난히 강했다는 사실을 감안해야만 더 잘 이해될 수 있다. 또한 시민층에 속했던 이 도시의 이스라엘계 디아스포라 공동체의 엘리트들도 로마에 대해 유난히 우호적이었다. 하여 친로마 성향이 매우 강했던 '유대주의자들'은 바울의 행보에서 정치적으로 문제가 될 소지가 많다는 것을 다른 도시의 '유대주의자들'보다 더 기민하게 읽어낸 것이다.

빌립보 시도 친로마 성향이 강했지만 동시에 마케도니아의 수도였던 탓에 반로마적 기조도 강했다. 해서 거기에서 바울 일행이 겪은 고초는 (로마에 대한 정치적 태도 문제가 아닌) 시장 교란의 혐의 때문이었다(「사도행전」16: 16~40. 이 책 3장 참조). 반면 데살로니가에서는 동일한 바울의 행보가 정치적 기소의 명분이 되었다. 이스라엘계 디아스포라 공동체 내부에서 일어난 일이다. 그나마 이름이 거의 알려지지 않은 떠돌이 예언자가 벌인 사소한 행보에 지나지 않았다. 이런 정도의 일은 제국의 도시들 곳곳에서 수없이 많았으니, 다른 도시들에서는 심각한 문제거리로 생각되지 않았다. 하지만 이 도시는 달랐다. 그리스도가 진정한 메시아라는 말("내가 여러분에게 전하고 있는 예수가 바로 그 그리스도이십니다"—「사도행전」17: 3)이 기소자들에 의해 그가 다른 왕을 주장했다는 것으로 해석되자 이 말 자체만으로 그를 기소하는 명분은 충분했다. 그런 발언이 이 도시에선 문제가 될 것임을 대부분의 도시 주민들은 알고 있었고, 그곳의 '유대주의자들'도 예외가 아니었다.

이들의 기소에 따라 시 당국은 로마에 적대적인 행동을 할 것으로 보이는 바울과 그의 추종자들을 체포하고자 했다. 다행히 바울 일행은 도시를 빠져나와 남쪽 아가야 지방(Achaia)의 아테네로 피신했지만(「데살로니가전서」3: 1),[39] 바울을 지지했던 야손(Iasōn)과 여러 사람들은 당국에 의해 끌려가

치 않는 대다수 이스라엘인들이 있었다. 그런 점에서 나는 이 책에서 바울이 표현하는 '유대인'을 문맥에 따라서 '이스라엘인'과 '유대주의자'로 구분하여 표기하고 있다.

심한 고초를 당했다(「사도행전」 17: 6).

이것은 「데살로니가전서」의 내용을 이해하는 데 큰 도움을 준다. 즉 바울은 데살로니가의 이스라엘계 디아스포라 공동체 내에서 활동했으며, 그 공동체 내의 순혈주의적 강성파인 '유대주의자'들은 바울에 대해 커다란 반감을 갖고 있었다. 바로 이들이 바울을 당국에 고발했고, 그 혐의는 소요를 일으킬 위험이 있다는 것이다("세상을 소란하게 한 그 사람들"—「사도행전」 17: 6). 왜냐면 바울은 로마군에 의해 '이스라엘인의 왕'을 자처한 혐의로 처형당한 예수라는 이를 왕으로 섬기는 자이기 때문이다.

여기서 하나 더 이야기할 것은 '유대주의자'에 관한 것이다. 그가 활동한 곳 어디서든 '유대주의자들'은 바울과 그의 추종자들을 적대시했다. 데살로니가에서도 예외가 아니다. "여러분도 여러분의 '동족'에게서 똑같은 고난을 받았습니다."(2: 14) 이 구절은 바울의 적대자가 '유대주의자'이고, 바울의 추종자들은 그들의 동족, 즉 이스라엘인임을 시사하고 있다.

한데 이 책 제2장에서 보았듯이 이들 '유대주의자들'이 순혈주의적 요소를 매우 중요하게 여겼다는 점은 의심할 여지가 없다. 그런 점에서 '유대주의자들'은 '사마리아인들'과의 관계를 극도로 싫어했다. 문제는 '이방인들'이다. 이들이 살고 있는 곳이 유대 땅이 아니니 이방인들과 항상 반목할

---

39 「사도행전」 17~18장을 보면, 바울 일행의 행보는 '데살로니가→베뢰아→아테네→고린도'로 이어진다. 바울은 베뢰아에서 실라(바울 친서에서는 실루아노로 표기)와 디모데를 남겨두고 아테네로 떠났으며, 그 후 고린도에 있을 때 실라와 디모데가 바울 팀으로 합류했다. 한데 「데살로니가전서」 3장 2절과 3장 6절에 따르면 디모데는 바울의 지시로 데살로니가에 갔다가 바울 일행에게로 돌아왔다고 한다. 그렇다면 이 두 이야기는 서로 겹치면서 보완하고 있다. 즉 바울이 데살로니가에서 베뢰아로 도주한 뒤, 계속되는 데살로니가 사태로 다시 아테네로 옮겨갈 때 실라와 디모데를 베뢰아에 남겨두었으며, 그중 디모데를 데살로니가로 잠입시켰다. 그리고 바울이 아테네에서 고린도로 옮겨가서 1년 6개월이나 그곳에 머물러 있었고, 그때에 실라와 디모데가 바울 일행에게로 돌아왔다. 한편 「사도행전」 18장 12절에는 바울이 고린도에 있을 때 아가야 속주 총독이 갈리오였다고 한다. 한데 델피(Delphi)에서 발굴된 한 비문에 따르면 아가야 총독 갈리오가 언급되어 있다. 그 비문은 클라우디우스 황제 제 12년에 델피 시민들에게 전한 메시지를 담고 있다. 그리고 갈리오의 총독 재임기는 고작 1년이었다. 그렇다면 클라우디우스 제12년에 바울이 고린도에 있었고, 아마도 그 무렵에 「데살로니가전서」를 썼던 것으로 보인다. 그 시기는 대략 기원후 52년으로 추정된다.

리부팅 바울

수만은 없다. 그럼에도 유대주의자들은 이방인들과의 관계에 최대한 소극적이었다. 요컨대 그들은 이방인들과 매우 선별적인 관계를 맺었다. 가령 받아들일 만한 이방인과 아닌 사람들을 나누는 것이다. 이에 대하여는 다음 장(5장)에서 좀더 이야기하겠다.

또한 이런 분파주의자들은 자신들의 생각을 타인에게 주장할 수 있는 부류임은 의심할 여지가 없다. 그런 사람들은 대개 어느 정도의 학식과 재력을 갖춘 이들이다. 극빈층이나 노예 등이 이런 분파주의자가 될 가능성은 별로 없다. 다만 그런 이들은 자신의 주인 혹은 지도자에 이끌려 행동집단이 되었을 수 있다. 어쩌면 「사도행전」 17장 5절의 "거리의 불량배들을 끌어 모아다가 패거리를 지어서 시내에 소요를 일으키고……"는 '유대주의자들'의 영향권에 있는 하인 혹은 하층민에 속하는 이스라엘 사람들 혹은 개종자들에 관한 얘기였을 수 있다.

그렇다면 '유대인들'은 이스라엘 교포사회에서 중류층 이상에 속하는 분파주의자 그룹이라고 규정할 수 있다. 바로 이들이 바울을 당국에 고발했다. 그리고 바울은 구속되기 전 탈출하여 베뢰아(Beroia)와 아테네를 거쳐, 52년 어간에 1년 반 동안 고린도에 머물렀고, 그 시기에 데살로니가의 예수 집단에게 편지를 썼다. 그것이 「데살로니가전서」다.

이유

그렇다면 '유대주의자들'은 왜 바울을 적대했을까? 무엇보다도 바울의 메시지가 유대주의적 순혈주의와 대척점에 있기 때문이다. 바울 일행은 '이방인들'에게도 그리스도를 전하였고 그들도 그리스도의 뜻에 따라 구원을 받을 것이라고 선포했다. 여기서 '이방인들'은 말할 것도 없이 비이스라엘 혈통의 사람을 가리킨다. 그러나 그 실상은 좀더 복잡하다.

우선 유대주의자들은 같은 동족임에도 사마리아인들을 혈통적 순수성을 지키지 못한 자들이라고 비난했다. 심지어는 갈릴리 사람들을 "이방 사람들의 갈릴리"(「마태복음」 4: 15)라고 비난하기까지 했다. 여기에 이두메아(에돔) 사람들도 배제했고,[40] 세관원과 죄인들, 매춘녀, 병자 등, 부적절하다고 평가되는 이들도 제외했다.

갈릴리는 과거 군주국 시대에는 이스라엘국에 속해 있었다. 하지만 유다국 출신 사제 가문인 마카베오 집안이 건국한 나라인 하스몬 왕국(기원전 135~63)의 정복군주인 알렉산드로스 얀나이(알렉산더 얀네우스, *Alexandros Yanai*, 재위 기원전 103~76)에 의해 병합된 이후에는 유대 지방 못지않게 유대주의에 경도된 땅이 되었고, 이두메아는 유다국 초기의 수도(헤브론)가 있던 지역이기도 했을 만큼 오랫동안 유다국의 일부였다. 그럼에도 바울 당대의 유대주의자들의 근본주의적 순혈주의 성향은 사마리아는커녕, 갈릴리와 이두메아까지도 배제하고자 했던 것이다.

한데 이스라엘계 디아스포라 공동체에는 적지 않은 이방인 개종자들이 있었고, 또 '하느님을 경외하는 사람들'도 많았다. 소아시아 서부 내륙에 위치한 도시로 에베소에서 동쪽으로 145킬로미터 떨어진 아프로디시아스(*Aphrodisias*)는 로마제국에 매우 우호적인 부유한 도시였는데, 이 도시에서 최근 발굴된 이스라엘계 디아스포라 회당의 비문에 표기된 126명의 인명은 아마도 이 회당 건립에 기부금을 낸 이들의 명단일 것이다. 한데 이들은 세 부류로 분류되어 있다. (1) '유대인', (2) '개종자', 그리고 (3) '하느님을 경외하는 자'라는 뜻의 '테오세비오스'(*theosebios*)가 그것이다. 여기에서 개종

---

40 이두메아, 즉 에돔 족속은 유다국 중심의 동족주의 담론에서 모호한 위치에 있다. 즉 그들은 선뜻 동족으로 받아들여지지는 않으면서도 딱히 이방족속으로 간주되지도 않았다. 이런 모호한 유다 중심의 이스라엘주의로서의 에돔에 대해 보려면 나의 책 『인물로 보는 성서 뒤집어 읽기』의 「둘째 마당: 축복을 타고난 아들과 축복을 빼앗긴 아들_에서와 야곱」을 보라.

자와 '테오세비오스'가 구분되어 있다는 점은 개종하지 않은 이방인 중 이스라엘계 디아스포라 회당에 우호적인 사람들이 있었음을 뜻한다. 한데 이 비문에서 '테오세비오스'가 전체 명단의 43퍼센트인 54명이나 되고, 그중 9명은 도시 원로원 의원이었다. 그렇다면 '테오세비오스'는 이방인이지만 이스라엘의 전통을 존중하고 그들의 회당에 기부금을 냈으며 정치적, 사회적으로 이스라엘계 디아스포라 공동체의 후견인 역할을 하던 사람들이었다는 것을 의미한다.

「사도행전」에는 '하나님을 경외하는 자'라는 뜻의 다른 단어들이 등장한다(phoboumenos ton theon 와 sebomenos ton theon). 고넬료(10:1), 루디아(16:14), 디디오 유스도(18:7), 데살로니가의 이방인 예배자들(17:17) 등이 그들이다. 여기서도 이들은 자산가들이거나 도시나 군대의 관리들로, 이스라엘계 디아스포라 공동체의 중요 인물로 보인다.

이와 같이 이스라엘계 디아스포라 공동체는 이방인에 대해 폐쇄적이지 않았다. 아니 오히려 매우 포용적이었다. 그런데 이들 해외 이스라엘 집단 가운데 한 분파인 유대주의자들은 이방인에 대해 다분히 폐쇄적이었다. 그렇다면 아프로디시아스 시의 이스라엘 공동체에는 유대주의자들이 별로 없었던 탓일까. 그렇지 않고서야 회당에 세워진 커다란 비석에 버젓이 거의 40퍼센트 이상이나 되는 테오세비오스, 곧 하느님을 경외하는 이방인들 명단이 새겨져 있다는 걸 어떻게 이해할 수 있을까. 한데 열성적인 유대주의자들을 가리키는 바리새파의 한 사람이면서 로마황제의 열렬한 추종자가 되었던 요세푸스 자신이 그랬듯이 유대주의자들도 이방인에 대해 맹목적으로 적대한 것만은 아니다. 「사도행전」 17장의 '유대주의자들'도 이방인들인 데살로니가 시 당국자들에게 바울 일행을 고소하였다. 이는 이 도시의 유대주의자들이 이방인들과 적대관계에 있다고 단정할 수만은 없다는 것을 뜻한다.

이것을 해명하는 한 가지 가능성은 특정한 부류의 우호적 이방인이 있었다고 가정하는 것이다. 그들은 이스라엘 전통을 존중해주는 이방인, 특히 돈이나 권력을 통해 이스라엘계 디아스포라의 후견자가 될 수 있는 이들이다. 아프로디시아스 시의 이스라엘계 디아스포라 회당의 테오세비오스(그리고 「사도행전」의 하느님을 경외하는 사람들이라는 뜻의 두 용어들)가 가리키는 그런 이들 말이다. 이들에 대해서 '유대인들'을 포함한 이스라엘인들 대다수는 매우 우호적으로 대하였다.

다시 본론으로 돌아가보자. 데살로니가의 '유대주의자들'이 이방인에게 포교하고 구원을 전하는 바울 일행을 용납할 수 없었다면 구원받아서는 안 되는 저들 이방인들은 도대체 누구라는 말인가? 나는 위에서 이미 대답을 한 셈이다. 테오세비오스, 곧 '하느님을 경외하는 자'가 아닌 이방인들에 대해서 '유대주의들'은 포용적으로 바라보지 않았다. 즉 가난하고 비천하며 정치적 위상도 없는 이방인, 더구나 이스라엘 전통을 존중하지 않는 이들에게 구원을 선포하는 것은 잘못된 행위라는 것이다. 그 밖에 '유대주의자들'이 배제하는 또 다른 이들이 있다. 혈통으로는 이스라엘에 포함될 수 있으나 '사마리아인들'같이 '유대주의자들'과 대척관계에 있던 종족, 심지어는 이두메아인이나 갈릴리인처럼 순혈주의 관점에서 반쪽 이스라엘이라고 폄하되는 이들도 적극적 포용의 대상이 아니다. 그리고 세리나 죄인, 매춘녀 같은, 공동체에 의해 부적절하다고 판정된 사람들도 물론 배척의 대상이었다. 이들 사회적으로 비천한 이스라엘 사람들은 이방인이나 진배없는 자들이라고 할 수 있겠다. 이들은 율법에 신실하지 않은 자들이라고 규정된 사람들이기 때문이다.

'유대주의자들'은 그런 폐쇄적 기준을 가장 엄격하게 주장하는 이스라엘 교포사회의 분파였다. 그들이 보기에 저들에게 그리스도의 구원을 가르치고 다니는 바울은 용납될 수 없는 자였다. 한데 흥미롭게도 이들은 바울을 이스라엘계 디아스포라 회당의 규율에 따라 처벌하는 대신, 당국에 고소하는 방식으로 처벌하고자 했다. 회당 내에 바울을 지지하는 이들이 적지 않았기 때문일 수도 있지만 더 개연성 있는 해석은 순혈주의를 공공연히 거스르고 있는 바울에게 가장 가혹한 적대 방식으로 공격하는 것이라고 보는 것이다. 아니 어쩌면 데살로니가의 이스라엘 회당 내에서 바울과 같은 생각에 동화될 수 있는 세력을 견제하기 위해 만만한 타지 출신의 떠돌이 예언자 바울을 표적으로 삼은 것일 수도 있다.

아무튼 바울은 '유대주의자들'에 의해 소요를 일으킬 우려가 있는 자라고 고발되었다. 이유인즉슨 예수라는, 왕을 자처했다가 로마에 의해 처형당한 국사범을 또다시 왕이라고 추종하는 자라는 것이다. 시 당국의 입장에서 볼 때 예수라는 이는 실제로 십자가형으로 처형당한 자였고, 바울을 추종하는 자들 속에는 많은 하층민들이 있었으니 위험해 보이기도 했겠다. 하지만 무엇보다도 당국자들의 경기(驚起)를 불러일으키게 했던 것은 로마황제가 아닌 다른 왕을 주장한다는 얘기였을 것이다. 그곳이 데살로니가였기 때문이다. 말했듯이 이 도시는, 당국자들은 물론이고 시민층 거의 모두가, 로마황제에 대해 마치 일본인이 천황을 생각하듯이 깊은 경외감과 애정을 품고 있었기 때문이다.

하여 바울은 이 도시에서 위험분자로 기소되었다. 유난히 로마제국에 충성심이 강했던 도시 당국자의 입장에서, 바울이 실제로 소요를 획책했든 아니든,[41] 이런 행보는 치명적인 문제를 안고 있는 것으로 해석되었고, 데살로니가 시민들의 시선에서도 당연히 위험한 자임에 틀림없었다.

---

41 바울은 혁명가의 기질이 다분히 있었고 당시 예수 운동은 이스라엘에서 유래한 혁명당파의 하나였지만, 이 도시에 당도한 지 단지 3주 만에 정치범으로 기소될 만한 행위를 했을 것 같지는 않다.

몸의 부활

바울과 그의 측근들은 발 빠르게 그 도시를 빠져나와 남쪽의 오래된 도시 아테네에 당도했다. 하지만 일부 동료들은 체포되어 모진 고문을 당했고 심지어는 죽기까지 했던 것으로 보인다. 바울은 그런 정황을 어느 정도 알고 있었다. 동지들이 죽거나 심한 고문을 당하고 있는데, 자기만 빠져나온 것에 그는 필시 심한 자괴감에 빠졌을 것이다. 해서 다시 데살로니가로 들어가고자 했다. 그러나 그렇게 하지 못했다. 동료들의 만류 때문이겠다. 하여 얼굴이 알려지지 않은 또 다른 바울의 측근인 디모데가 그 도시로 잠입해 들어갔다. 무엇보다도 '유대주의자들'의 협박과 회유에 고통당하고 있던 예수파 공동체가 어떤 상황에 있을지가 궁금했고, 또 그들이 예수에 대한 신앙을 포기하게 될까 걱정했던 것이겠다. 다행히도 디모데로부터 들은 정보는 공동체는 굳건히 믿음을 지키고 있었다는 것이다(「데살로니가전서」 3:2~6).

하지만 바울은 디모데로부터 공동체의 내적 동요에 관해 전해 들었던 모양이다. 전향자는 거의 없었지만 마음이 흔들리고 있다는 얘기다. 죽은 이들이 하나둘씩 늘어가면서, 산 자들은 몸과 마음에 깊은 상처가 새겨졌다. 하여 그이들은 그 참혹함 속에서 기도하였다. '도대체 다시 오신다던 주님은 언제 오신단 말인가?' 바로 이것이 바울로 하여금 「데살로니가전서」를 쓰게 했던 직접적 이유였다.

> 주님의 날이 밤에 도둑처럼 온다는 것을, 여러분은 자세히 알고 있습니다. 사람들이 "평안하다, 안전하다" 하고 말할 그때에, 아기를 밴 여인에게 해산의 진통이 오는 것과 같이, 갑자기 멸망이 그들에

게 닥칠 것이니, 그것을 피하지 못할 것입니다.

—「데살로니가전서」 5: 2~3

그는 말한다. 죽은 자들이 곧 일어날 것이라고. 그때가 정확히 언제인지는 알 수 없지만, 사람들이 '평안과 안전'을 되뇔 바로 그때 주님이 올 거라고 말이다. 이런 답변을 이야기하는 바울의 묘사는, 앞서 보았듯이, 다른 데서는 볼 수 없는 독특한, 시청각적인 판타지 형식으로 되어 있다. 그런데 흥미로운 것은 이러한 묘사가 무언가를 '패러디'하는 표현이라는 점이다.

말했듯이 기원전 2세기 중반, 카이사르가 마케도니아를 점령하고 데살로니가를 이 지역의 수도로 삼은 이후 이곳은 인근 도시들 중 가장 열렬히 로마를 지지하는 도시가 되었다. 하여 카이사르가 왔던 것처럼 다시 로마 황제가 돌아올 때를 열망하는 대중 정서가 있었다. 나는 이 점에 착안하여 도시 대중 사이에서 유포되었을 법한 설화 하나를 상상해내었다. 바울과 그리스도 공동체가 그리스도 신앙을 표현하기 위해 사용했던 네 단어의 세속적 함의를 논거로 추론한 상상적 설화다.

'주님'이라는 뜻의 그리스어 퀴리오스(kyrios)는 지중해 동부지역에서는 통치자를 가리키는 극존칭 표현이다. 로마에 점령된 뒤 정치적 위상이 급상승한 데살로니가에서는 당연히 카이사르가 퀴리오스였다. 또 그를 잇는 로마의 황제들 또한 퀴리오스였다. 사람들은 새 황제가 과거 카이사르가 처음 왔던 때처럼 다시 돌아올 그날을 간절히 기대하고 있었다. 그날은 이 도시가 영광스러웠던 날이었고, 그날은 이 도시의 시민과 대중에게 행복한 시간을 선사한 날이었다. 시간이 흐르면서 이런저런 어려움이 닥치기도 했지만 그럴수록 사람들은 황제, 그들의 퀴리오스가 다시 돌아올 그날을 고대했다. 곧 '퀴리오스가 오신다'는 열망이 대중 사이에서 널리 유포되어 있었다.

'복음'이라는 뜻의 유앙겔리온(euangelion)이라는 단어는 황제의 등극을 환호하는 표현이다. 나아가 황제가 이곳 데살로니가로 행차하는 것, 그것이야말로 이 도시 대중에게는 유앙겔리온이었다.

'임재'라는 뜻의 '파루시아'(parousia)라는 단어는 바로 이렇게 고대해 마지않던 황제가 드디어 왔다는 것을 나타낸다. 그이가 오는 날 사람들은 자신들의 염원이 이루어질 것이라고 믿었다. 황제는 복을 갖고 오는 이라고 기대되었던 것이다.

하여 드디어 황제가 파루시아 한다면, 도시 관리들은 그이를 맞으러 시밖으로까지 나갈 것이다. 아니 그들만이 아니다. 사람들이 갈망했던 그이가 아닌가. 해서 온 도시 주민들이 모두 그리로 마중 나갈 것이다. 즉 황제의 파루시아를 맞이하러 나가는 전 도시적 의전행위, 그것을 나타내는 표현이 '영접'이라는 뜻의 아판테시스(apantesis)다. 그때 나팔이 울려 퍼지고, 영접하는 도시 주민들은 길을 만든다. 그리고 그 사이로 황제가 들어온다.

이런 설화가 있었을 법하지 않은가. 그런데 주목할 것은 바울은 이 대중 설화를 패러디하면서 '죽은 자의 부활' 얘기를 넣고 있다. 그리스의 도시들은 도시로 들어오는 가도(街道), 그 대로를 따라 공동묘지가 조성되어 있다. 말이 공동묘지이지 그곳은 시신들을 유기시키는 장소다. 거기에는 물론 황제에 의해, 황제의 이름으로 죽임당한 이들의 시신들도 널려 있었다. 그러니 이 패러디는 하나의 음울하고 이상한 이미지를 연상시킨다. 황제에 의해 죽임당한 이들이 살아나 황제를 영접한다는……

한데 바울은 이것을 그리스도의 재림으로 묘사하였다. 여기서 음울함은 다시 축제 장면으로 역전된다. 로마의 황제가 아니라 그리스도가 돌아올 때에 황제로 인해 죽임당한 이들이 구원받는다는 것이다. 그 구원은 체포되고 고문당하고 신체훼손형벌로 처형된 이들의 몸이 회복되는 모습으로 이루어진다. 몸의 부활의 상상은 바로 이런 갈가리 찢긴 육체가 깨끗하게 회

그림7 | 루카 시뇨렐리의 〈몸의 부활〉

루카 시뇨렐리(Luca Signorelli)의 〈몸의 부활〉(1499~1504)의 일부. 이 그림에는 갖가지 형상으로 훼손된 신체들이 회복되는 모습이 그려져 있다.

복된다는 바람과 맞물려 있다. 그리스도가 파루시아 하는 날, 그날 몸뚱이가 갈가리 찢겨진 채 이 길가에 내던져진 시신들이 깨끗하게 회복되어 먼저 주를 맞이한다는 것이다. 주의 재림이 있을 때 가장 먼저 재림을 맞이하는 자가 되려고 수만 리 먼 곳에서 예루살렘으로 와 정착했던 사람들이 무수히 많던 시절, 주의 재림을 맞이하는 이는 그런 경건한 순례자들이 아니라 갈가리 찢겨 죽임당해 길가로 아무렇게나 내던져진 자들이라는 얘기다.

여기서 하나 더 주지할 것이 있다. 그때, 그 재림의 때를 바울은 사람들이 '평안! 안전!'(eirene kai asphaleia)이라고 되뇔 바로 그때라고 한다.

한글 새번역성서본에는 "평안하다, 안전하다"로 되어 있는데, 헬라어 성서본에는 "평안, 안전"이라고, 두 개의 명사가 병렬로 나열되어 있다. 이것은 필경 제국의 이데올로기를 담은 선전 구호였다. 이 말이 도시 곳곳을 울려 퍼지면서 사람들은 로마 황제를, 평화를 선사하는 이, 안전을 제공해주는 이로 갈망하게 된다. 이 구호와 함께 사람들은 제국의 질서 속에 확고히 포섭되는 것이다. 한데 그런 '평안, 안전'의 구호가 울려 퍼지는 바로 그 순간, 주님의 재림이 있다. 그때는 황제로 인해 처절하게 난도질당한 이들의 육체가 되살아나고, 그로 인해 갖은 핍박을 받고 있는 이들이 하늘에 오르는 사건이 벌어진다. 바울은 바로 이 날을 이렇게 강변한다. 그날, 황제에게 회유당하지 않고 견디는 이는 황제가 주는 평안, 안전과는 다른 평안, 안전을 누리게 될 것이라고 말이다.

데살로니가와 서울

이런 바울의 시각을 경유하면서 우리는 데살로니가와 서울이 겹쳐지는 것을 느낀다. 1세기의 로마제국과 21세기의 지구제국이 세계의 평안과 안전을 준다는 메아리가 울려 퍼지는 주변부 메트로폴리탄 데살로니가와 서울은 서로 닮았다. 로마에 충성스런 도시 데살로니가만큼이나 서울도 지구제국의 질서에 충성스럽다.

세계 최대의 자본시장들인 뉴욕, 런던, 도쿄, 그리고 유럽중앙은행이 있는 프랑크푸르트, 이곳들보다도 더욱 지구적 제국의 논리가 판을 치는 곳이 바로 주변부 메트로폴리탄이다. 이곳에는 자본의 질서에 거스르는 이들이 무수히 죽어가고 있다. 자본의 추방령에 내몰려 스스로를 살해한 이,[42] 몸이 불이 되어 잿더미가 된 이,[43] 공장의 혹독한 질서 속에 살해당한 이[44] 등등. 그런 주검들이 도시 가도에 유령처럼 떠돌고 있고, 그 죽음을 기리며 메시아를 갈망하는 이들이 혹독한 자본의 질서 속에서 겨우겨우 숨 쉬며 하루하루를 살아간다.

주변부 메트로폴리탄의 하나로 지구제국의 중심을 갈망했던 도시 서울, 나아가 전 국토가 서울의 일부가 되고 있는 광역 도시국가 한국은 지구적 자본을 유치하기 위해, 아니 그 신적 존재를 영접하기 위해 사람들의 안전과 평안을 희생시키며 제도를 바꾸기까지 하였다(한미FTA가 그 예다). 그리고 그렇게 함으로써 궁극에는 평안과 안전이 도래하게 될 것이라고 떠벌렸다. 지구제국의 핵심 도시들보다도 더 열렬히 그 지구자본의 신봉자가 되고 그것을 신격화하기까지 했다.

그러는 사이 서울은, 아니 한국은 세계에서 가장 살기 어려운 저주의 땅이 되었다. 스트레스 체감 정도가 세계에서 가장 높은 나라이며,[45] 행복지수가 세계 하위권에 속한다.[46] 우울증 등 각종 스트레스성 질환이 만연하며, 어디가나 '힐링' 운운하는 치유담론이 넘친다.

해서 우리는 갈망한다. 그 끝이 어디에 있나요. 바울이 데살로니가의 그리스도인들에게 전해주었던 한 편의 편지는 이런 상황에 내던져진 우리에게 '부활'의 소망을 일깨워준다.

---

42 한국의 자살률은 OECD 국가들 가운데 단연 1위다. 인구 10만 명 당 자살자가 28.4명으로 OECD 국가들 평균의 2.5배이며, 2위인 헝가리의 19.6명보다도 훨씬 높다. 특히 막막한 생계로 인한 절망적 상황에 내던져진 이들의 자기포기가 가장 큰 비중의 자살 이유다.

43 용산의 남일당에서 사망한 다섯 명의 사람들처럼.

44 삼성전자에서 사망한 노동자들의 수가 56명이나 되고, 쌍용자동차의 해고자와 그 가족 가운데 사망한 이가 23명이나 된다.

45 한국인의 스트레스 체감 수준은 81퍼센트로, 2위인 오스트레일리아보다 4퍼센트나 높다.

46 178개국 중 한국은 102위다.

제5장

낯선 바울의
타자의 정치학

「고린도전서」 읽기

그리스보의 거실

그날은 빌라의 주인이고 이스라엘계 그리스 사람인 그리스보
(*Krispos*, 「고린도전서」 1: 14)의 거실에서 모였다. 그 자리에는 존경받는 가이오
(*Gaios*)도 있었고(「고린도전서」 1: 14), 스데바나(*Stephanas*)와 그의 식솔들(「고린

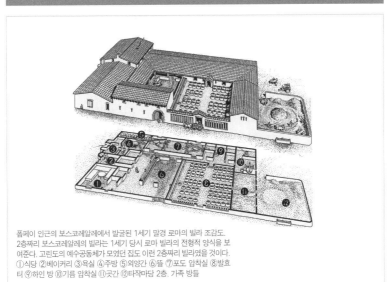

폼페이 인근의 보스코레알레에서 발굴된 1세기 말경 로마의 빌라 조감도.
2층짜리 보스코레알레의 빌라는 1세기 당시 로마 빌라의 전형적 양식을 보
여준다. 고린도의 예수공동체가 모였던 집도 이런 2층짜리 빌라였을 것이다.
①식당 ②베이커리 ③욕실 ④주방 ⑤외양간 ⑥뜰 ⑦포도 압착실 ⑧발효
터 ⑨하인 방 ⑩기름 압착실 ⑪곳간 ⑫타작마당 2층. 가족 방들

도전서」 I: 16)도 함께했다. 시의 재무관(oikonomos, the city treasurer)으로 일하는 에라스도(Erastos, 「디모데후서」 4: 20)가 조금 늦게 허겁지겁 당도하자 그리스보가 일어나 집회의 시작을 선언하고, 요즘 공동체 내의 분위기가 심상치 않아 걱정이지만 오늘 특별히 중요한 사람들이 많이 모였으니 공동체가 화합할 좋은 기회가 되기를 바란다고 말했다.

이어서 귀부인 글로에(Chloe)의 식솔 중 한 사람이 일어서서 에베소에 체류하고 있는 바울 사도가 그곳 사람들에게 복음의 감동을 불러일으키고 있다는 소식을 전하며, 아울러 교회 내의 분파주의가 바람직하지 않다는 사도의 가르침을 전하였다(「고린도전서」 I: 11).[47] 바울보다 더 위대한 사도들인 게바(베드로)나 아볼로(Apollos)의 가르침이 바울과 다르다는 주장을 폈던 몇몇 사람들과 그리스도의 가르침을 직접 받았다고 주장하는 이들(「고린도전서」 I: 12~17)은 그 말이 마뜩지 않았지만 모처럼 많은 이들이 모여 화합을 논하는 데 찬물을 끼얹지 않으려 애써 자제하고 있었다.

실은 그들이 분파를 만들고 서로 상대의 도덕적 흠집들을 들춰내며 헐뜯는 동안 방언하는 여자들(「고린도전서」 14장 참조)이 들고 일어나 머리에 쓴 너울을 벗어던지고(「고린도전서」 11: 13) 남편과의 성관계도 거부한 채 사도처럼 예언의 말을 했다(「고린도전서」 11: 5). 놀란 남편들과 분파 지도자들은 저 '시끄러운' 여자들을 제어하려고 했지만, 그럴수록 그녀들은 더욱 큰 소리로 방언과 예언을 쏟아냈다.

모든 게 뒤죽박죽되어도 마지막까지 흔들려서는 안 된다고 생각했던 가정의 질서가 교란되자 지도자들은 위기의식에 빠지게 되었다. 이것이 이날의 회합을 가능하게 했던 이유다.

---

47 바울이 데살로니가에서 공권력을 피해 도주해서 고린도에 이르렀고, 거기에서 체류하던 중(50~52년 경)에 「데살로니가전서」를 썼으며, 이후 에게 해를 지나 에베소에 와서 장기간 체류하는 중에 (52~55년 경) 고린도로 보내는 여러 서신들을 썼다.

리부팅 바울

가이오의 연설이 끝나자 그들은 서로 악수를 하고 기도를 한다. 이어서 식사가 시작되었다. 관행에 따라 모임 장소를 제공한 그리스보가 마련한 식사였다.

정찬이 끝나고 얼마 지나 브리스가와 아굴라 부부가 당도했다. 비교적 부유한 사람이었지만 천막 주문량을 맞추다 보니 하루 종일 고된 노동에 시달리다 지친 몸이었다(「사도행전」 18: 3). 그이들의 공장에서 일하는 노동자들 몇도 함께 당도했고,⁴⁸ 그 뒤를 이어 옆의 빌라에 있는 상점 노동자들도 속속 도착했다. 하루 종일의 고된 노동 탓에 몸은 땀에 절어 있었다.

거실을 가득 채웠던 식후의 향긋한 음식 냄새가 그들의 땀 냄새와 뒤얽히면서 역겨운 냄새가 되었다. 이에 몇 사람이 인상을 찌푸리며 늦게 온 이들에게 왜 이제야 왔느냐고 역정을 낸다. 하인이고 노동자들인 그들은 아무 말도 못하고 엉거주춤 서 있었다. 그러자 공동체 지도자의 한 사람이자 바울의 가장 절친한 동료이며 고린도의 그리스도 공동체를 만드는 데 혁혁한 공로가 있는 여성 브리스가가 '집주인'들의 태도에 버럭 화를 내며 반론을 편다. 주 안에서 주인과 종이 차별이 없다는 가르침은 무어냐고, 어떻게 자기들끼리만 식사를 하고 배고픔과 노동에 지친 사람들을 이렇게 홀대할 수 있느냐고 말이다. 다시 큰소리가 나고 언쟁이 벌어졌다. 갈등을 조정하고 화해의 자리를 만들고자 했던 주의 만찬 자리는 이렇게 또다시 싸움판이 되었다.⁴⁹

---

48 「고린도전서」 16장 19절에 따르면 브리스가-아굴라 부부는 '집주인'이었고, 그이들의 집은 공동체의 회합 장소로 사용되었다. 이는 그이들이 천막 제조 노동자라기보다는 노동자들을 고용하고 있는 천막 제조업체의 경영자임을 암시한다.

49 「고린도전서」 11장 23~34절에 따르면 고린도의 그리스도 공동체는 모임마다 성찬 나눔과 공동식사를 함께했고, 순서는 '빵의 축사→공동식사→잔의 축사' 형식이었던 것 같다. 한데 모임에 참석하는 이들이 시간을 맞추지 못하는 일로 인해 갈등이 벌어지자 바울은 집회에서 공동식사를 제외하라는 가르침을 준다. 이것은 다양한 계층이 모임을 공유했기 때문에 발생한 사건이다.

갈등의 축소판

「고린도전서」를 통해 본 고린도 시의 그리스도 공동체[50] 내에서 벌어진 갈등을 한 집회 자리로 응축해서 보여주는 가상의 이야기다. 「고린도전서」에 따르면, 이 갈등은 크게 세 층위를 지닌다. 하나는 공동체 지도자들 사이에서 벌어진 주도권 갈등이다. 그들은 바울파, 베드로파, 아볼로파, 그리스도파 등, 분파로 나뉘어 서로를 헐뜯고 상대방의 도덕적 흠집들을 폭로하고 있다. 바울파라고 주장하는 이들은 자기들이 바울에게 세례를 받았다고 떠벌렸다(「고린도전서」 1:15). 이렇게 각 파벌들은 자기들이 추종하는 이들과 사적 연계가 있으며, 그이들로부터 전수받은 특별한 지혜와 진리의 가르침을 갖고 있다고 주장했다(1:17). 즉 이 갈등은 누가 '큰 자'인지를 둘러싼 주도권 싸움의 성격을 지닌다.

두 번째 갈등 층위는 남편의 아내이기를 포기 혹은 유보하고 발언의 주체로 등장한 여성들로 인해 야기된 갈등이다. 여기서 그녀들은 '방언하는 여성들'이다. 방언은 낯선 신적 소리를 상징하는 것으로, 남성과 지배층의 언어 질서에서 배제된 이들이 공동체에 영향을 미치는 전형적인 대안언어 현상이다.[51]

이것은 여성이 관련된 두 개의 갈등 본문들을 결합시켜 이해하면 여성

---

50 바울은 이런 이스라엘 회당 네트워크의 하나의 가지(brench)로 모이는 그리스도 분파를 지칭하면서 '교회'(ecclesia)라고 부른다. 한편 1세기 말, 이스라엘계 회당 네트워크에서 그리스도 분파가 추방당하기 시작한 이후에 교회는, 더 이상 이스라엘 회당 사회의 한 분파가 아니라, 하나의 독자적인 종교 네트워크의 이름이 되었다.

51 종교현상학적으로 방언은 주류 언어에서 소외된 이들에게서 더 현저히 나타나는 탈언어적 종교언어 현상이다. 그런데 이런 종교언어는 종교적 영역에서 주류 담론의 권력 독점을 견제하는 대안언어의 역할을 한다. 즉 방언을 하는 이는, 비록 학력이나 신분이나 성별에서 열등한 사회적 위치에 놓여 있더라도, 종교 공동체에서 특권적 위상을 획득하곤 한다. 그런 점에서 방언은 특히 여성의 종교언어 현상이며, 그 여성에게 종교 엘리트가 될 수 있는 기회를 부여한다.

표6 | 고린도 예수공동체의 세 가지 갈등 양상

갈등 양상	주요 본문
공동체 지도자들 간의 갈등: 바울파, 베드로파, 아볼로파, 그리스도파	1장
남편 vs. 아내(특히 방언하는 여자)	7:1~16; 11:2~16; 14:1~25
부자 vs. 가난한 자	11:23~34

과 관련된 「고린도전서」의 갈등 양상이 좀더 구체화될 수 있다. 「고린도전서」 11장 2~16절은 결혼한 여자들이 머리에 써야 하는 너울을 벗어버리는 현상이 고린도의 그리스도 공동체에서 일어나고 있음을 암시한다. 바울은 예민한 반응을 보이며, 논리가 궁색하지만, 강한 반대의사를 표명하고 있다. 결혼한 여자는 머리에 너울을 써야 하며, 공동체 내에서 예언이든 강론이든 함부로 말하지 말라고 말이다. 가정 내에서 일어나는 남녀 간의 질서 해체가 공동체 전체의 통합을 깨뜨리고 있다는 남성 지도자들의 우려를 대변한 것이겠다.

한편 7장 1~16절에는 아내들이 성관계를 거부하는 현상이 암시되어 있다. 또한 여기에는 바울 자신이 평소 성적 금욕을 권장해왔음이 반영되어 있다. 그런데 이것이 문제가 되었던 것 같다. 즉 고린도의 예수 공동체의 일부 여성들이 신앙에 대한 열정이 넘쳐서 결혼한 여성임을 표시하는 너울을 벗어던지고 남편과의 성관계까지 거부하는 사태가 벌어진 것이다. 이에 바울은 대단히 방어적인 수습의 말을 해야 했다. 자신이 그토록 권장했던 금욕조차도 남편이든 아내든 자기 마음대로 해서는 안 되며 서로 협의하면서 하라고 말한다. 그런데 가족 내의 권력관계가 비대칭적인 상황에서 협의를 요구하는 것은 사실상 여성의 침묵과 순종을 종용하는 것에 다름 아니었다. 그러므로 남성과 여성 간의 갈등 근저에는 여성의 공적 활동에 대한 사회생태학적 논란이 게재되어 있다.

셋째는 주인 대 종, 부자 대 가난한 자의 갈등이다. 신분적, 경제적 차별이 엄존하는 사회에서 그러한 계층을 만나게 하고 새로운 공동체를 꿈꾸는 이들이 현실의 차별적 질서와 얽히면서 나타난 갈등이다.

그런데 이것이 고린도 시에 속해 있는 그리스도 공동체만의 고유한 갈등 양상이라고 단정하는 것은 금물이다. 그보다는 이 세 가지가 고린도 시 전체의 갈등을 집약해놓은 것이라고 하는 게 더 정확하다. 요컨대 고린도 시의 예수공동체의 문제는 고린도 시가 겪고 있던 문제의 축소판이었다.

고린도 시는 기원전 2세기 중반, 그리스의 아가야(Achaia) 지역의 도시국가들이 연합하여 벌인 반로마 항쟁에서 패배한 뒤 로마에 의해 잔혹하게 파괴된 도시였다. 두 차례에 걸친 포에니 전쟁에서 승리한 로마는 승리한 자가 누리는 피의 달콤함에 한껏 취해 있었다. 로마군을 이끄는 루키우스 뭄미우스(Lucius Mummius)는 아가야 연합군을 무찌르고 난 직후인 기원전 146년 고린도를 무자비하게 약탈했고, 남자들을 닥치는 대로 죽여댔으며 무수한 여자와 아이들을 노예로 팔아넘겼다.

무장 해제된 도시를 향해 왜 이런 잔혹한 파괴와 약탈이 필요했을까? 이에 대해 지중해 해상 무역의 경쟁자를 재기불능으로 만들려는 로마 원로원의 지시에 따른 것이라는 견해가 타당해 보인다. 왜냐면 아가야 연맹에 속하는 다른 도시들은 그러한 파괴를 면하였기 때문이다. 오직 지중해 해상 무역에서 가장 중요한 도시였던 고린도만이 그런 잔혹극의 희생양이 되었던 것이다. 아무튼 뭄미우스에 의한 파괴가 얼마나 참혹했는지는 이 도시가 이후 거의 한 세기 동안이나 잿더미 상태로 있었다는 데서 잘 드러난다.

기원전 44년 율리우스 카이사르(Julius Caesar)가 폐허가 된 이 도시를 재건했다. 이미 로마의 패권이 확고해진 상황에서 지중해 동부 무역을 보다

그림9 | 고린도와 지중해

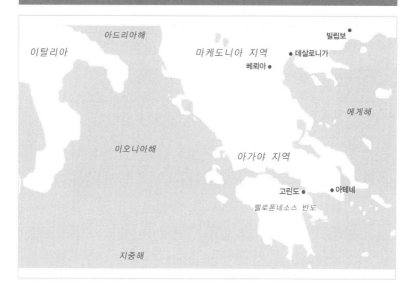

효과적으로 수행하는 데 고린도는 매우 유용했다. 동쪽으로는 에게 해를 통해 소아시아와 연결되고, 서쪽으로는 이오니아 해를 거쳐 이탈리아와 연결되는 독특한 지형이 갖는 경제적 가치 덕이다. 동서의 거리가 불과 8킬로미터에 불과한 이 항구도시를 이용하지 않으면 필로폰네소스 반도를 돌아가야 하니 시간이나 비용의 차이가 컸다. 카이사르는 이곳에 퇴역군인들과 로마시의 하층민을 이주시켰다.

에게 해 지역의 또 다른 유력 항구도시인 데살로니가는 고린도에 비하면 보잘것없었다. 데살로니가는 소아시아와의 무역에서 중요한 위치를 차지하고 있지만, 로마와 동부 지중해 사회들, 멀리는 페르시아, 인도, 중국을 연결하는 거대한 국제무역의 중간 기착지로서 고린도에 견줄 수는 없었다. 하여 고린도는 다른 도시와 비교할 수 없을 만큼 매우 빠르게 발전을 거듭했다.

한편 고린도는 전쟁으로 철저히 파괴되었던 도시라는 점에서도 그 어간에 혹독한 전쟁을 치른 적이 없던 데살로니가와 큰 차이를 보인다. 철저한 파괴와 국제도시로의 급속한 재건이라는 거대하고도 신속한 변화가 이 도시의 대로(大路)와 소로(小路) 구석구석에 아로새겨져 있었다. 거시적 범주에서 미시적 범주까지 속속들이 전통의 상당 부분이 붕괴되어버렸고, 새로운 것들이 서로 자연스레 융화되기엔 너무 빠른 속도로 유입되었다. 고대도시로서는 유례없을 정도의 빠른 인구 변동과 시공간적 변화 속에서 이 도시 거주민들은 탈전통화(detraditionalization)의 체험과 서로 다른 문화들이 뒤섞이며 나타난 혼종화(hybridization)의 체험에 적나라하게 노출되었다.

이렇게 탈전통화와 혼종화가 급격하게 진행되는 도시의 사람들 사이에서는 뿌리 뽑힘(rootlessness) 의식이 폭넓게 확산되기 마련이다. 전통적인 공동체성이 해체되거나 약화되고, 지배적 가치도 혼란에 빠진다. 정체성의 혼란 또한 심화된다. 대대로 이곳에서 나고 자란 사람들일지라도 그이들을 둘러싼 모든 것이 이렇게 바뀌고 있는데 어찌 태풍 같이 휘몰아치는 변화에 휘말리지 않을 수 있는가. 더구나 조상의 전통도, 종교도, 이념도, 통치자의 명령도 영원성을 상실한 사회가 아닌가. 이런 상황에서 사람들의 들썩이는 몸을 위탁할 곳은 아무 데도 없었다. 뿌리 뽑혔다는 의식은 고린도의 거의 모든 사람들의 공통된 체험이었다.

앞에서 말했듯이 카이사르가 폐허가 된 도시를 재건하면서 로마의 퇴역군인들과 로마시의 하층민들을 이주시켜 이 도시의 지배층과 시민층을 구성하게 했다는 점에서 이 도시는 제국에 대해 충성스러운 도시의 하나였다. 하지만 뿌리 뽑힘 의식이 유난히 강한 이 도시의 주민들은 비록 체제에 반대하여 반란을 일으키거나 제국에 대한 테러를 일으키는 일은 거의 없었지만, 그럼에도 사람들 사이에서는 끊임없는 대립과 갈등이 만연했다. 우선 너무 빠른 속도로 이주민들이 유입됨으로써, 수많은 이주민 종족들이 여러 집단을 이루고 있었는데, 그들 사이에는 반목이 끊임없이 있었다. 그런데 이런 반목에는 늘 종교가 연결되어 있었다.

종족집단 내부에서도 수많은 갈등이 있었다. 인구 이동이 특별히 많은 국제도시이니 만큼 수많은 떠돌이 예언자들이 들어왔고 그들을 추종하는 광신자들이 공동체를 들썩이게 했다. 그뿐이 아니다. 더욱 심각한 것은 계층 간의 갈등이 심하게 표출되고 있었다는 점이다. 뒤에서 좀더 이야기하겠지만 아우구스투스 황제의 팍스 로마나 선언 이후, 제국의 정복전쟁이 거의 사라지자 노예 공급 체계가 크게 위축됨으로써 노예 가격이 급상승하게 되었다. 이에 노예 노동력에 의존했던 이들이 노예 소유를 포기하는 사태가 속출했다. 아직 법이 미비한 상황에서 방면된 노예들이 들끓었다. 노예와 평민 사이의 경계에 선 자들이 대거 도시에 등장하게 됨으로써 노예와 평민 사이의 계층적 경계가 와해되었고, 이들 간의 계층 갈등의 심화로 이어졌다. 나아가 노예를 방면한 자산가들과 노예였던 이들의 관계도 흔들리면서 자산가 대 무산자의 갈등도 심화되었다.

또한 더욱 근원적인 문제는 가족 간의 통합도 흔들리고 있다는 점이었다. 고린도 시의 역동적인 변화는 일하는 여성, 성공한 여성의 등장을 낳았고, 이는 가정 안과 밖이라는 경계를 넘나드는 여성의 대두를 의미했다. 이것은 남성에 순응하지 않는, 고분고분하지 않은 여성이 나타났다는 것을 의미했다.

이러한 갈등들을 통합하는 질서의 작동은 미비한데 나날이 갈등의 양상은 복잡화되고 있었다. 사회의 구심성과 원심성 사이의 균형이 크게 흔들리고 있었던 것이다. 그러나 이러한 미시적 갈등들은 제국에 대한 도전으로 나타나지는 않았다. 요컨대 도시국가 고린도의 국가체제는 여전히 견고했지만, 사회의 통합(social integration)은 심각한 분열과 혼란 상황에 놓여 있었다는 것이다. 하여 앞서 말한 「고린도전서」에서 드러난 그리스도 공동체 내의 갈등 양상은 이 도시의 갈등의 축소판이었다.

'몸들'을 산 하느님

도시의 이런 사정을 염두에 두고 「고린도전서」의 구절 하나를 살펴보자. 여기에는 사회적인 뿌리 뽑힘 현상이 바울의 그리스도 공동체 속에 어떻게 반영되어 있으며, 바울이 그것을 어떻게 신학화하고 있는지가 드러나 있다.

여러분은 하느님께서 값을 치르고 사들인 사람입니다. 그러므로 여러분의 '몸'으로 하느님을 영화롭게 하십시오.

—「고린도전서」 6: 20

이 구절에서 바울은 몸에 관해 이야기하고 있다. '구속된 몸들'을 하느님이 비용을 치르고 샀다는 것이다. 바로 이들 '구속된 몸들'이 바울의 「고린도전서」의 수신자들이다. 이들은 누구일까?

말했듯이 고린도 시는 과격한 파괴와 급격한 발전이라는 특징을 갖는 도시다. 여기서는 탈전통화와 혼종화가 강하게 사람들의 체험을 규정하고 있었다. 이 도시는 많은 일자리가 생겨났고, 이는 일자리를 찾는 이들이 대거 이 도시로 몰려들었다는 것을 의미한다. 또한 이 도시의 탈전통화 현상은 노동시장에서는 좀처럼 볼 수 없는 이들이 일터로 진출하는 경우가 많았다는 것을 의미한다. 가령 규방에서 가사에 전념하던 여성이 노동시장에 진출하는 일도 많았다. 브리스가가 그 대표적 사례다. 또 글을 쓸 줄 아는 이들도 그랬다. 이들 중에는 기업인으로 성공한 이들도 있었다. 이렇게 이 도시의 노동시장은 다종족, 다계층이 서로 마주치는 장이 되었고, 그런 점에서 그들이 서로 잘 화합되지는 않더라도 언어의 혼융이 활발히 일어나는 장이 되었다. 요컨대, 현대적 매스미디어가 없던 시기임에도, 귀족층과 노동계층의 말이 섞이고, 남성과 여성의 말이 섞이는 현상이 흔히 일어났다.

한데 노동시장에서 가장 흥미로운 존재의 하나는 '해방노예'들이다. 특히 노예 해방에 관한 법적 절차를 거치고 노예해방세를 낼 수 있는 해방노예가 아니라 주인의 사적인 사정에 의해 무분별하게 내보내지는 노예들, 곧 '비공식적인 해방노예'들이 이 도시에 들끓었다는 점이다.

아우구스투스 집권 이후 '팍스 로마나'(Pax Romana)의 기치 아래 정복전쟁을 종식시키자 노예를 공급하는 가장 결정적인 통로가 사실상 사라져버리게 되었다. 물론 여전히 주요한 또 다른 통로가 있기는 하다. '유기된 아이'를 노예화하는 일이 만연했던 것이다. 하지만 유기된 아이(threptos)를 노예로 삼는 일은 꽤 많은 비용과 시간을 필요로 한다. 남자든 여자든 그들이 노동력을 갖추게 되려면 적어도 10년 이상의 시간이 들기 때문이다. 해서 전쟁포로 형식으로 당장 노동화할 수 있는 노예와는 달리 유기된 아이를 통한 노예 공급 체계는 노예 가격의 상승을 억제할 수 없었다.

이러한 노예 가격 상승 현상은 좀더 시장 사정에 민감한 도시에서 노예노동의 퇴화를 초래했다. 특히 정치적이든 경제적이든 빠른 변화를 거듭하는 고린도 시 같은 곳에서 몰락과 성공은 매우 흔한 현상이었다. 몰락한 이들은 노예를 팔거나 방출하고 있는데 성공한 이들은 노예를 구매하지 않는 현상, 그것은 정상적인 절차를 거친 해방노예가 아닌, 불법으로 방출된 노예가 대대적으로 등장하는 배경이 된다. 해방노예의 대부분은 이렇게 해서 역사에 등장한다. 신분은 노예인데 소유주가 없는 자들이다. 이들은 마치 유기견(遺棄犬)과 같은 존재가 되어 처절한 생존의 정글 속에 내던져진 '말하는 짐승'에 다름 아니었다. 그들이 도시의 하층 노동시장으로 대대적으로 유입되었고, 특히 빠른 속도의 변화를 거듭하는 고린도 같은 도시는 여느 도시보다도 훨씬 많은 해방노예로 들끓었다.

혈통으로도 피부색으로도 언어로도, 어느 하나 동질감을 발견할 수 없는 사람들로 들끓고 있는 도시. 이곳에선 공권력의 폭력뿐 아니라, 별의별 인연을 통해 형성된 수많은 공동체들의 박 터지는 경쟁에 의한 폭력이 난무했다. 사회 전체로서의 체제는 안정된 듯 보이지만, 사람들 개개인이 느끼는 상황은 힘의 원리만이 지배하는 지극히 불안정한 정글사회, 바로 그 것이었다. 사람들은 저마다 이런 사회에서 자신을 보호해줄 사적 연줄(personal network)을 만들었고, 해방노예나 난민 등 하층민들은 그 연줄망의 변두리에라도 속하고자 안간힘을 다했다.

이런 고린도의 사회적 환경에서 유력한 사회적 연줄망의 하나인 이스라엘계 디아스포라 회당의 일원이 된 사람들 중, 소수종파로 모이기 시작한 그리스도 공동체의 사람들을 향해 바울은 '몸'에 관해 이야기하고 있는 것이다. 그는 이 서신의 수신자들을 일종의 '노예'로 비유하고 있다. 그런데 소유주가 하느님이다. 하느님이 그이들을 값을 치르고 샀다는 것이다. 해방노예의 경험을 가진 이들이라면 이 말이 누구보다도 절절하게 '은혜'로 체감되었을 것이다.

또한 뿌리 뽑힘의 자의식으로 살아야 했던 이 도시의 다수 불안계층의 사람들은 자신의 불안을 해방노예의 존재론적 불안과 연결된 언어로 표현하는 것이 낯설지 않았다. 주인이 방출함으로써 정글 같은 세상에 아무것도 없이 내던져진 노예처럼, 세상에 아무렇게나 내던져진 자, 주님이 없는 자라는 해방노예적 자의식으로 자신을 해석하고 있었던 것이다. 그런 이들에게 몸을 위탁할 곳이 생겼다는 것이 얼마나 큰 축복인가. 해서 바울은 이렇게 말한다. "당신들의 몸은 하느님이 사들였으니, 모두들 자기 몸으로 주님을 영광스럽게 하시오."

리부팅 바울

타인이 되다

그런데 그들이 하느님을 영광스럽게 하기는커녕 서로 반목하고 있었다. 이 소식을 접한 바울이 공동체에 보낸 장문의 서신이 바로 「고린도전서」다. 9장 16~27절은 이 서신 전체에서 제시된 바울식 대안의 응결체다.

> 내가 복음을 전할지라도, 그것이 나에게 자랑거리가 될 수 없습니다. 나는 어쩔 수 없이 그것을 해야만 합니다. 내가 복음을 전하지 않으면, 나에게 화가 미칠 것입니다. …… 그리하면 내가 받을 삯은 무엇이겠습니까? 그것은, 내가 복음을 전할 때에 값없이 전하고, 복음을 전하는 데에 따르는 나의 권리를 이용하지 않는다는 그 사실입니다. 나는 어느 누구에게도 얽매이지 않은 자유로운 몸이지만, 많은 사람을 얻으려고, 스스로 모든 사람의 종이 되었습니다.
>
> 유대 사람들에게는, 유대 사람을 얻으려고 유대 사람같이 되었습니다. 율법 아래 있는 사람들에게는, 내가 율법 아래 있지 않으면서도, 율법 아래에 있는 사람을 얻으려고 율법 아래 있는 사람같이 되었습니다. 율법이 없이 사는 사람들에게는, 내가 하나님의 율법이 없이 사는 사람이 아니라 그리스도의 율법 안에서 사는 사람이지만, 율법 없이 사는 사람들을 얻으려고 율법 없이 사는 사람같이 되었습니다. 믿음이 약한 사람들에게는, 약한 사람들을 얻으려고 약한 사람이 되었습니다. 나는 모든 종류의 사람에게 모든 것이 다 되었습니다. 그것은, 내가 어떻게 해서든지, 그들 가운데서 몇 사람이라도 구원하려는 것입니다.
>
> 나는 복음을 위하여 이 모든 일을 하고 있습니다. 그것은 내가 복음

의 복에 동참하기 위함입니다. …… 나는 내 몸을 쳐서 굴복시킵니다. 그것은 내가, 남에게 복음을 전하고 나서 도리어 나 스스로는 버림을 받는, 가련한 신세가 되지 않으려는 것입니다.

　내용인즉슨, 이스라엘인이든 이방인이든, 율법주의자든 이스라엘 율법을 모르는 사람이든, 자신은 바로 그 사람 각자처럼 되고자 한다는 것이다. 자신을 비우고, 이스라엘인이기도 하고 이방인이기도 하며, 율법주의자이기도 하고 율법의 문외한이기도 한 사람, 그가 접한 사람 각각의 얼굴로 그가 되겠다는 것이다.

　이 단락의 마지막 구절 "나는 내 몸을 쳐서 굴복시킵니다."(27절)라는 표현은 그가 「빌립보서」에서 말한 그리스도의 모습과 겹친다. "그는 하나님의 모습을 지니셨으나, 하나님과 동등함을 당연하게 생각하지 않으시고, 오히려 자기를 비워서 종의 모습을 취하시고, 사람과 같이 되셨습니다. 그는 …… 자기를 낮추시고, 죽기까지 순종하셨으니……"(2: 6~8) 빌립보에서의 실패의 체험으로 얻은 낮아짐의 그리스도론이 여기서는 개인적 체험을 넘어서 공동체 윤리로 발전하였다.

　타인이 됨으로써 그에게 구원을 가져다주었다는 그리스도의 진리, 바로 그것이다. 즉 이것은 '살림의 진리'다. 살림, 곧 죽임 반대편의 것은 세상의 모든 것을 압도하는 근본적 진리, 세상의 모든 현상을 압도하는 놀라운 현상에 있는 것이 아니라, 그 모든 것을 비우는 것, 오히려 그런 진리에 대한 확신을 버리고 단지 허망한 것에 지나지 않는 것처럼 보이는 타자의 모습으로 되는 것에 있다는 것이다.

　그런데 여기서 주지할 것은 이것은 제국의 질서의 정반대에 있는 것이라는 점이다. '제국'은 타자를 정복하고 약탈하여 비워버리고 그 속에 자기를, 자기에 대한 선망을 채워버리는 체제다. 바로 고린도 시가 그랬던 것처

　　　　　　　　　　　　　　　　　　　　리부팅 바울

럼 말이다. 그런 점에서 이 체제는 '타자 살해'의 질서다. 하여 제국의 질서
아래서 타자들은 세상 속에서 보이지 않고 들리지 않으며, 나아가 존재가
박탈됨으로써 존재 자체가 사라지는 자가 된다. 또 이런 제국의 질서 아래
서 생존을 추구했던 사람들, 특히 고린도 시의 구성원들은 타자 살해의 질
서 속에서 타자가 되지 않으려고 갖은 애를 썼다. 그런 상황에서 그이들이
고안해낸 것이 자치결사체 시스템이다. 제국이나 지역정부에 의한 안보의
체제가 잘 작동되지 않기 때문에 스스로 자기들의 안보의 체제를 만들어낸
것이다. 한데 이들 안보의 체제들은 예외 없이 그 결사체 내부에서 타자 배
제의 시스템을 작동시켰다. 주인이 되고자 하였고 이스라엘인이 되고자 했
으며 남자가 되고자 했다. 주인다움, 이스라엘인다움, 남자다움의 질서가
그것이다. 그런데 주인이 될 수 없는 자, 이스라엘인이 될 수 없는 자, 남자
가 될 수 없는 자는 어떻게 할 것인가? 이에 바울은 자기는 바로 그런 '될
수 없는 자'가 되겠다고 한다. 곧 스스로 타자가 되겠다는 것이다.

바울은 여자가 그리고 노예가 되는 데에는 실패했다. 해서 그는 자기가
이해할 수 없는 여성들의 행동을 향해 폭언을 서슴지 않았다. 머리에 너울
을 쓰고 남편에 귀속하라고 했고, 여성 혹은 민중의 방언의 소리를 들으려
하기보다는 그 부작용만을 강조했다. 그는 여전히 남성의 시선에서 여성의
진취적 항거를 비판했다. 또 도망한 노예에 관해 이야기하는 「빌레몬서」에
서 그는 노예 대 주인의 이분법을 해체하는 급진주의자이기보다는 현실적
질서를 인정함으로 인해 얻는 유용성에 안주했다.

하지만 그가 실패했다고 해서 그의 제안이 실패한 것은 아니다. 그의 제
안에 따라 행동하고자 하는 우리 역시 다르지 않다. 우리도 열렬히 주장한
다고 해도 결코 진정 타인이 되지는 못할 것이다. 그럼에도 그의 가르침은
귀속할 곳을 잃은 채 본향을 갈구하며 살아가는 우리에게, 타자 배제의 체
제에 안주하려는 욕망을 성찰하게 하는 그리스도 윤리가 될 것이다.

탈전통성과 혼융성의 도시 고린도와 서울, 그 사이

　　빠른 산업화를 거친 뒤에 더 맹렬한 속도로 이어지는 정보화 시대의 과격한 탈근대 체험에 노출된 서울, 그리고 확대된 서울로서의 한국, 그 속에서 살아가는 사람들은 안주할 본향이 없다.

　　모든 것을 잿더미로 만들어버린 참혹한 전쟁 이후 "초가집도 없애고 마을길도 넓히"면서 시작된 탈전통화의 행보는 모든 고향을 낯설게 했다. 심지어 "마누라 빼고는 모조리 갈아치워라"라는 이건희의 말처럼 쇄신의 칼날은 이제 자기 자신을 향해서도 날아들었다. 매순간 교환가치를 최대화하기 위한 몸의 쇄신을 통해서만 무한경쟁의 시대를 살아가는 최적의 육체가 될 수 있다. 하여 순간순간 최적의 몸이 되기 위해 자기를 비우고 다양한 것들로 채워 넣어야 한다.

　　여기서 이 '다양한 것들'이란 모든 다양한 것이 아니라 교환가치를 최적화할 만한 그런 다양성들이다. 가령 흑인에게 상품을 팔기 위해 흑인이 되고 여성에게 팔기 위해 여성이 되며 아이에게 팔기 위해 아이가 되라는 것, 그런 변화무쌍한 다양성의 몸, 혼융적 육체가 되라는 것이다. 이렇게 낯선 것과 익숙한 것의 뒤섞임을 의미하는 혼융성은 하나의 법칙을 갖는다. 다양한 것이 섞이되 그렇게 함으로써 교환가치가 최대인 몸이 되어야 한다는 것이다. 그렇지 못한 혼융성은 무가치한 것이고 무의미한 것이다. 유일한 가치와 의미는 교환가치의 최대성의 원리에 맞물린다.

　　성서의 '고린도'라는 은유는 바로 이러한 세계의 추세를 상징한다. 그곳은 무자비한 파괴와 초고속의 발전이라는 압축적 변화의 흐름 속에서 뿌리뽑힌 자들의 땅이며, 본향을 잃은 자들의 도시다. 그 속에 사는 사람들은 통합되기보다는 서로 반목하고, 상생하기보다는 승자독식의 정글사회를 만들어내는 공범자가 되었다.

하지만 그것만은 아니다. '고린도'에서는 노예가 주인과 맞장 뜰 수 있는 담론의 공간이 생겼다. 방언하는 여자들처럼, 소수자가 다수자의 언어를 통해 말하는 것이 아닌, 소수자 자신의 언어로 그 질서에 도전할 수 있는 기회가 제공된 장이 생겨나고, 질서는 그 장을 충분히 봉쇄하지 못한다. 그런 곳이 '고린도'이기도 하다. 바울은 그 질서 해체의 장 하나를 설립했다. 그것이 교회다. 고린도 시의 가치 창출 메커니즘과는 다른 가치가 발생하고 소통하는 장이다.

고린도의 교회 역시 고린도 시의 일부이기에 도시의 탈전통성과 혼융성이 내포하는 모순과 혼란을 그대로 닮았지만, 그 속에는 고린도 시가 추구하는 주류 가치로서의 탈전통성과 혼융성과는 다른, 소수파적 탈전통성과 혼융성이 추구된다. 바울에 의하면 그것은 '타인이 되다'라는 말로 요약된다. 표면상 이건희의 '모든 것을 쇄신하라'라는 가르침과 맞물리는 듯한 표현이지만, 그 내막은 전혀 다르다. 도시가 추구하는 가치 창출 메커니즘을 거스르는 혼융성의 메시지이기 때문이다. 즉 타인의 구매력을 유인하기 위해 자기를 비우고 타인이 되는 것이 아니라, 타인과 이웃이 되기 위해 자기중심적 주체가 아닌 이웃과의 상호적 주체가 되라는 것이다. 물론 바울은 그 주장을 충분히 급진화하지 못했다. 하여 어정쩡한 타협안을 만들어냈다. 그러니 우리는 바울을 따르되 그의 생각을 보다 철저하게 추구하는 신앙을 필요로 한다. 은유로서의 '고린도'는 바로 그러한 신앙운동을 내포하고 있다.

제6장

낯선 의인론이
내게 말을 걸다
I

「갈라디아서」 읽기

전향 시기인 36년에서 처형당한 시기로 알려진 62년까지가 바울이 박해를 무릅쓰고 예수의 사도로서 활동한 시기다. 이렇게 무려 25년 이상 꺼지지 않는 불꽃같은 삶의 열정을 불어넣어준 계기는 도대체 무엇이었을까? 그것은 자신이 그때까지 추구했던 유대주의적 율법주의가 배제해왔던 사람들 편으로의 돌아섬이고, 그에게 그것을 깨우쳐주었던 것이 바로 예수였다. 이 책 2장에서는 이 '돌아섬', 그 전향의 과정과 의의에 대해 이야기했는데, 여기서는 그 돌아섬이 구체적으로 어떤 사회 맥락과 연관되어 있는지를 이야기할 것이다. 그것을 위해서 주목할 신학적 주제는 '의인론'이다. 즉 여기서 다루고자 하는 것은 일종의 의인론의 사회학이다.

바울은 그리스도교 신앙 제도의 역사에서 항상 성서를 읽는 안경의 역할을 해왔다. 특히 죄인인 우리가 바른 행위를 통해 '의'를 획득한 것이 아니라 예수로 인해 의롭다고 인정받게 된 것이라는 주장은 아우구스티누스에서 루터로 이어지는 교회의 바울 이해의 핵이었고, 나아가 성서의 기본 사상처럼 받아들여져왔다. 이러한 해석을 신학자들은 '의인론'(혹은 '칭의론')이라고 이름 붙여 많은 연구물을 쏟아내왔다. 이 장에서 말하려고 하는 주제가 바로 이 의인론이다. 그러나 그의 신학의 핵심이니 성서의 기본 사상이니 하는 관점에서 의인론을 읽어내기보다는, 바울의 활동 현장에서 왜 이런 신학적 주장이 나오게 되었는지를 살피려는 데 초점이 있다.

우선 우리가 주지해야 하는 것은 의인론적 주장이 등장하는 구문들은 「갈라디아서」와 「로마서」뿐이라는 점이다.(그 외에 다른 텍스트들에는 희미한 암시 정도 외에는 발견할 수 없다.) 특히 바울의 현장 신학으로서 의인론은 「갈라디아서」의 연구를 통해서 해명해내야 한다. 갈라디아는 바울이 선교 사역에 적극 관여한 지역이니 그곳에서 주장한 의인론은 그의 실천과 가장 직접적으로 연관되어 있기 때문이다. 「로마서」는 그가 연관되어 있지 않았던 다른 현장의 문제에 개입하면서 의인론을 사용한다. 해서 이번 장에서는 「갈라디아서」에 집중해서 현장 신학으로서의 의인론을 이야기하고, 다음 장에서는 의인론의 또 다른 텍스트인 「로마서」를 통해서 바울이 펼친 의인론의 함의가 무엇인지를 살펴볼 것이다.

언술 구조

'행위가 아니라 믿음으로 의로워짐'이라는 것은 그리스도교 신앙, 특히 루터의 종교개혁 신앙에서 가장 핵심적인 신조다. 그런데 아래 [표 7]에서 보듯 '의'(義, dikaiosynē)라는 낱말은 제2성서(신약성서)에 91회 등장하는데, 이 중 바울의 친서에만 49회(54퍼센트)가 나온다. 이렇게 사용 빈도만 보더라도 '의'라는 단어가 바울의 신학에서 차지하는 위치가 얼마나 중요한지가 단적으로 드러난다.

그런데 바울은 '의'를 말할 때 종종 '~ 로부터'(ek) 또는 '~을 통한'(dia)이라는 전치사와 함께 사용한다. 이것은, [표8]에서 보듯, 'A의 상태에서 B의 상태로 변화된다'는 함의가 바울의 '의' 용법에 들어 있음을 보여준다. 이때 B에 들어오는 내용이 '의'인데, 바울은 이를 종종 '하느님의 의'(dikaiosynē tou theu)라고 부른다. 그리고 그 반대편인 A에는 '죄/죽음'의 상태가 있다. 그런데 바울의 '의'에 관한 주장에서 핵심은 'A⇒B'로의 상태 변화의 계기가 '무엇으로부터 비롯되는가'에 있다. 그에 의하면 그것은 '믿음'이다. 즉 '~로부터'와 '~를 통한'의 자리에 들어설 바울의 가장 전형적인 용어는 바로 '믿음'(*pistis*)이다.

표7 | 제2성서에서 '의'(*dikaiosynē*)의 사용 빈도							
로마서	33회	마태복음	7회	에베소서	3회	히브리서	6회
고린도전서	1회	누가복음	1회	디모데전서	1회	야고보서	3회
고린도후서	7회	사도행전	4회	디모데후서	3회	베드로전서	2회
갈라디아서	4회	요한복음	2회	디도서	1회	베드로후서	4회
빌립보서	4회					요한1서	3회
						묵시록	2회
바울 친서	49회	복음서와 사도행전	14회	바울 위서	8회	기타	20회

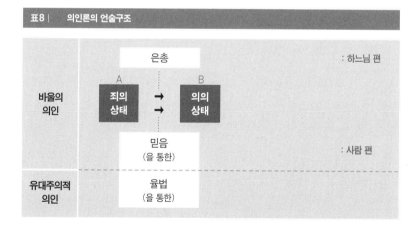

표8 \| 의인론의 언술구조

바울의 이 주장 반대편에는 '율법'이 있다. 즉 '율법을 통한 의'에 반대하기 위해 그는 '믿음을 통한 의'를 말한다. '믿음'이라는 단어는 제2성서에 총

243회 등장한다. 이것은 제2성서 어휘의 사용 빈도에서 65위에 해당하는 것이며, 특히 대명사와 고유명사를 제외한 명사 중에서는 14번째로 사용 빈도가 높다. 즉 제2성서의 가장 일반적이고 중요한 개념의 하나가 바로 '믿음'이라고 할 수 있다. 그런데 이 가운데 37퍼센트를 상회하는 91회가 바울(바울의 친서들)에 의해 사용되었다.[52] 즉 '믿음' 역시 바울의 주요 용어다.

바울은 '하느님의 의에 이르게 되는' 것은 율법이 아니라 믿음에 의해서라고 하며, 그것을 '은총'이라고 부른다. 왜 믿음이 은총이냐 하면, 율법을 열렬히 지켜서 의로워질 수 없는 이들에게 신이 의로워졌다고 '가상으로 인정' 해주었기 때문이다. 그것을 바울은 믿음이라고 말했다.

여기서 주목할 것은, 의롭다고 인정받은 몸을 갖게 된 이후에도 삶은 근원적으로 의로워진 것이 아니라는 점이다. 그러므로 여전히 애써 의를 '실천'할 필요가 있다. 그에 따라 하느님의 처벌과 보상이 뒤따른다. 심지어는 하느님을 버리는 자가 될 수도 있다.

하지만 그는 이것이 '율법을 통한 의'와는 다르다고 주장한다. 그렇다면 도대체 '믿음을 통한 의'라는 것은 무엇인가? 의인론을 이해하기 위해서는 바로 이 점을 알아내야 한다. 그 답을 찾기 위해 바울이 의인론을 펼치는 문맥을 좀더 상세히 살펴보자.

언술 전략

위에서 언급했듯이 의인론이 본격적으로 전개되는 것은 「갈라디아서」다. 이 서신은 대략 54년, 또는 55년경에 저술되었고, 소아시아의 중

---

52 그 밖에 높은 빈도로 사용된 문서로는 「디모데전서」 19회, 「히브리서」 32회, 「베드로전서」 16회다.

| 그림10 | 소아시아와 갈라디아(Galatia) 지방

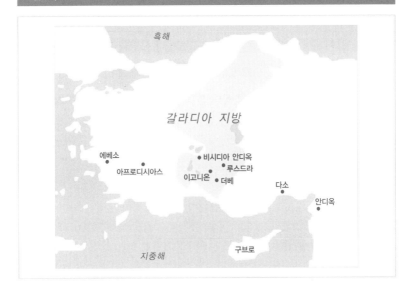

부 내륙의 갈라디아 지역에서 형성된 이스라엘계 디아스포라 공동체 내의 예수파 집단들에게 보낸 것이다(「갈라디아서」 1: 2). 오늘날 터키의 수도인 앙카라 시가 속해 있는 앙카라 주가 바로 갈라디아 지방이다. 이 지역의 이스라엘계 디아스포라 공동체에 관해 알려진 정보는 별로 없지만, 「갈라디아서」에서 추정되는 것에 따르면, 에베소나 아프로디시아스 같은 서부의 도시들처럼 유대주의적 성향이 특히 강했던 것으로 보인다.

바울의 의인론을 「갈라디아서」의 사회역사적 맥락과 관련해서 새롭게 해석한 기념비적 논문[53]에서 민중신학자 김창락 선생은, 흥미롭게도 바울이 의인론을 전개하는 본문 전후에는 '갈등의 상황'이 전제되어 있다는 것에 주목한다. 그 대표적 구절이 「갈라디아서」 2장 11∼21절이다.

---

53 김창락, 「바울의 의인론, 무엇이 문제인가」, 『새로운 성서해석과 해방의 실천』과 『다마스쿠스 사건—무슨 일이 일어났는가?』 (다산글방, 2002).

〔㉮: 11~14절〕 그런데 게바가 안디옥에 왔을 때에 잘못한 일이 있어서, 나는 얼굴을 마주 보고 그를 나무랐습니다. 그것은 게바가, 야고보에게서 몇몇 사람이 오기 전에는 이방 사람들과 함께 음식을 먹다가, 그들이 오니, 할례 받은 사람들을 두려워하여 그 자리를 떠나 물러난 일입니다. 나머지 유대 사람들도 그와 함께 위선을 하였고, 마침내는 바나바까지도 그들의 위선에 끌려갔습니다. 나는 그들이 복음의 진리를 따라 똑바로 걷지 않는 것을 보고, 모든 사람 앞에서 게바에게 이렇게 말하였습니다. "당신은 유대 사람인데도 유대 사람처럼 살지 않고 이방 사람처럼 살면서, 어찌하여 이방 사람더러 유대 사람이 되라고 강요합니까?"

〔㉯: 15~21절〕 우리는 본디 유대 사람이요, 이방인 출신의 죄인이 아닙니다. 그러나 사람이, 율법을 행하는 행위로 의롭게 되는 것이 아니라, 예수 그리스도를 믿는 믿음으로 의롭게 되는 것임을 알고, 우리도 그리스도 예수를 믿은 것입니다. 그것은, 우리가 율법을 행하는 행위로가 아니라, 그리스도를 믿는 믿음으로 의롭다고 하심을 받고자 했던 것입니다. 율법을 행하는 행위로는, 아무도 의롭게 될 수 없기 때문입니다. 우리가 그리스도 안에서 의롭다고 하심을 받으려고 하다가, 우리가 죄인으로 드러난다면, 그리스도는 우리로 하여금 죄를 짓게 하시는 분이라는 말입니까? 그럴 수 없습니다. 내가 헐어버린 것을 다시 세우면, 나는 나 스스로를 범법자로 만드는 것입니다. 나는 율법과의 관계에서는 율법으로 말미암아 죽어버렸습니다. 그것은 내가 하나님과의 관계 안에서 살려고 하는 것입니다. 나는 그리스도와 함께 십자가에 못 박혔습니다. 이제 살고 있는 것은 내가 아닙니다. 그리스도께서 내 안에서 살고 계십니다. 내가 지금 육

신 안에서 살고 있는 삶은, 나를 사랑하셔서 나를 위하여 자기 몸을 내어주신 하나님의 아들을 믿는 믿음 안에서 살아가는 것입니다. 나는 하나님의 은혜를 헛되게 하지 않습니다. 의롭다고 하여 주시는 것이 율법으로 되는 것이라면, 그리스도께서는 헛되이 죽으신 것이 됩니다.

여기에서 볼 수 있듯이 이 구절은 두 개의 소 단락으로 나뉜다. 11~14절까지는 안디옥에서 있었던, 바울 자신이 얽힌 한 사건에 관한 묘사 부분이고(㉮), 15~21절은 바울이 의인에 관한 자신의 견해를 펼치는 부분이다(㉯). 이때 ㉮에서 갈등 당사자는 '이스라엘인'[54]과 '이방인'(*ethnos*)이다. 문맥상 전자는 강자이고, 후자는 약자다. 여기서 바울은 약자인 이방인을 옹호하고 있다. 바로 이러한 문맥에 바로 이어서 ㉯에서 그의 의인신학이 등장하고 있다.

이쯤 되면 한 가지 문제가 해명된다. 즉 바울은 '이방인 대(對) 이스라엘인' 간의 갈등에서 약자인 이방인을 편들고 강자인 이스라엘인의 약자 포섭의 논리를 공박하기 위한 신학 이론적 논거로 의인론을 전개하고 있다는 것이다. 요컨대 바울의 의인론은 교리적 진술이 아니라 '논쟁을 위한 진술'이라는 것이다.

나아가 김창락 선생은 이 논쟁 진술이 '인권 옹호의 말'이라고 해석하고 있다. 여기서 현대의 '인권'과 '시민권' 개념을 비교하면 바울의 논지를 좀 더 명쾌하게 이해할 수 있다. 시민권이 주권을 인정받은 존재들의 권리를 말하고 있다면, 인권은 그러한 주권을 인정받지 '못하는' 존재들의 권리에

---

[54] 위에서 인용한 성서 본문에서 '유대인'으로 표기된 것을 여기서는 '이스라엘인'으로 고쳐 썼다. 그것은 앞에서 수차례 언급했던 것처럼 유대주의자들은 '이스라엘인'을 '유대인'으로 명명함으로써 이스라엘 디아스포라 사회를 유대주의적으로 포섭하고자 했기 때문이다.

관한 것이다. 그러므로 주권을 인정받지 못하는 존재인 '이방인'을 배제하는 '유대적' 순혈주의 논리에 대한 공박의 담론이 바로 바울의 의인론이라는 것이다. 요컨대 바울의 의인론은 현대적 개념인 인권문제와 대응하는 고대적 문제제기였다는 것이다. 그런데 이런 일종의 인권 논쟁의 도구였던 말이 교리로 돌변해 발전되어온 것이 그리스도교 신학의 의인론이었다. 즉 교회의 의인론은 바울의 왜곡이다.

바울의 의인론을 논쟁 도구로 해석한 것은 몇몇 학자들에 의해 이미 제기되어온 것이지만(W. Wrede, 1904 / A. Schweitzer, 1930 / K. Stendahl, 1976 등), 그것을 인권의 시각에서 해석한 것은 전적으로 김창락 선생의 공헌이며, 그런 점에서 민중신학의 소중한 자산이다. 하여 선생의 이 획기적인 해석은 의인론과 바울을 이해하는 새로운 길을 열어주었다.

하지만 선생은 의인론을 인권의 시각에서 정치화하는 공헌이 있지만, 그 배후의 깔린 권력의 주체 및 작용에 대해서는 많은 부분을 빈 칸으로 남겨놓았다. 또한 인권적 시각으로 바라본 '이방인'/'헬라인'의 정체에 대한 보다 세밀한 사회사적인 시각을 제시하지 못했다.

회당의 '이방인' 또는 '헬라인' — 의인론의 사회사

'이방인을 향해 할례로 상징되는 율법을 강요한다. 그래야만 진정 하느님의 의에 다가갈 수 있다.' 이런 주장이 정치적 함의를 지니면서 소통될 수 있는 가장 그럴듯한 장소(의인 담론의 장소)는 어디인가? 팔레스티나 내부의 이스라엘 사회에서도 그런 일이 있겠지만, 이것이 주된 현안이 되고 논쟁이 되는 곳은 말할 것도 없이 '해외'다. 해외 이스라엘 교포사회의 결속 공간인 '디아스포라 회당'에서 이것은 핵심적인 논쟁거리가 된다. 특히 유대주의자들의 영향력이 특별히 강한 회당에서 그렇다.

그런데 「갈라디아서」에서 '이방인'은 누구인가? 비이스라엘인 일반은 물론 아닐 것이다. "우리는 본디 유대 사람이요, 이방인 출신의 죄인이 아닙니다."(「갈라디아서」 2: 15) 이 구절처럼 누군가를 향해 '죄인'이라는 낙인을 손쉽게 붙일 수 있는 사람들이다. 거꾸로 말하면 여기서 이방인은 만만한 대상이다.

한데 이스라엘계 디아스포라 회당과 아무 관계도 없는 이들이라면 사실은 죄인이지만 하느님이 의롭게 여겼다는 바울의 말은 아무 의미가 없다. 또 (사마리아주의에 비해) 순혈주의 성향이 강해서 이방인인지 아닌지를 중요시하는 유대주의가 사람들의 생각과 삶에 중요한 영향을 미치지 않는 장(field)이라면 이방인을 죄인으로 취급하는 주장은 별 의미가 없다. 즉 여기에서 '이방인'은 (이방인 일반이 아니라) 유대주의가 강한 힘을 발휘하는 이스라엘계 디아스포라 회당과 연계된 약자들이다. 그렇다면 그들은 개종자로 회당 안에 들어온 자이거나 혹은 회당 안에서 불신실한 자로 배척된 자일 것이다. 전자는 혈통적으로 이방인, 즉 비이스라엘인일 것이고, 후자는 신앙적으로 유대주의적 신앙에 불충한 자일 것이다. 이에 대하여는 좀 더 논의를 진행하면서 살펴보자.

다시 앞으로 돌아가서, 위에서 인용한 본문에는 '이방인' 대 '이스라엘인'의 대립이 얘기되었는데, 그 논의의 결론격인 3장 28절에는 갑자기 '헬라인' 대 '이스라엘인'의 대립이 언급되고 있다.

> 유대 사람도 그리스 사람도 없으며, 종도 자유인도 없으며, 남자와 여자가 없습니다. 여러분 모두가 그리스도 예수 안에서 하나이기 때문입니다.
>
> —「갈라디아서」 3: 28

위의 인용 구절처럼 한글 새번역 성서는 헬레넨(*Hellēn*)을 '그리스 사람'으로 번역한다. 하지만 알렉산드로스 대왕 이후의 마케도니아 제국이 그리스를 넘어 세계적인 제국을 건설한 이후, 곳곳에 세운 폴리스들인 알렉산드리아들을 중심으로 광의의 그리스주의가 지중해와 메소포타미아 지역 일대에 폭넓게 퍼져 있었다. 현대 역사학은 이런 광의의 그리스주의를 헬레니즘이라고 부른다. 보다 구체적으로 헬레니즘은 알렉산드리아들과 같은 정치 경제적으로 중요한 대도시의 상류층 혹은 지배층의 문화였다. 해서 헬레니즘의 담지자인 '헬레넨'의 번역어로 지역적 함의가 강한 '그리스인'보다는 문화적, 계층적 함의가 강한 '헬라인'이 더 적합할 것이다. 그러므로 여기서는 '헬레넨'을 '그리스 사람'이 아니라 '헬라인'이라고 쓸 것이다.

'이방인'과 '헬라인', 이 두 표현은 바울에게서는 그 함의가 별반 다르지 않은, 교환 가능한 어휘다. 한데 이러한 어휘 교체는 꽤나 당혹스런 문제다. 왜냐면 '이방인'이라는 표현은 어느 종족 집단이 자기들의 '밖'에 있는 자들, 곧 귀속집단의 외부에 있는 존재를 부정적으로 묘사할 때 사용하는 어휘인데 비해, '헬라인'의 뉘앙스는 특정한 귀속성을 함축하고 있기 때문이다. 특히 헬라인 또는 헬라문화에는 헬레니즘 시대[55]나 로마 제국 시대에는 '고상한' 이들을 가리키는 사회적 선망이 담겨 있다. 헬라인이 모든 제국 시민 가운데 가장 부유한 부류를 가리키는 말은 아니었지만, 헬라문화의 표상인 헬라인은 품격 있는 부, 품격 있는 신분을 상징하고 있었다. 요컨대 종족적 함의를 띠고 있지는 않지만, 문화적 고상함의 함의를 지닌 표현이라는 것이다. 그런데 문제는 바울의 의인론 텍스트에서 헬라인은 고품격의 상징이라기보다는 '죄인'의 표상, 추함을 상징하고 있는 부류와 연관되어 있다는 점이다. '이방인'이라고 하면 이런 의미가 자연스러울 수도 있었는데,

---

55 헬레니즘 시대란 알렉산드로스 대왕 이후의 마케도니아 제국과 그의 후계자들이 세운 나라들이 지중해 지역의 패권을 잡고 있던 시대를 가리킨다.

'헬라인'은 뭔가 전도된 느낌이다.

아래에서는 「갈라디아서」 의인론의 결론부라 할 수 있는 3장 28절을, 그 전후 문맥과 함께 다시 한 번 인용하여 그 문제를 살펴보겠다.

> (26절)여러분은 모두 그 믿음으로 말미암아 그리스도 예수 안에서 하나님의 자녀들입니다. (27절)여러분은 모두 세례를 받아 그리스도와 하나가 되고, 그리스도를 옷으로 입은 사람들이기 때문입니다. (28절)유대 사람도 그리스 사람도 없으며, 종도 자유인도 없으며, 남자와 여자가 없습니다. 여러분 모두가 그리스도 예수 안에서 하나이기 때문입니다. (29절)여러분이 그리스도께 속한 사람이면, 여러분은 아브라함의 후손이요, 약속을 따라 정해진 상속자들입니다.

표9	「갈라디아서」 3장 28절의 두 범주의 사회적 존재들		
헬라인		이스라엘인	
여자 종(노예)	⇌	남자 자유인	
사회적 약자		사회적 강자	

28절은 세 가지 부류를 두 가지 범주로 나누고 있다. 〔표9〕는 그것을 보여준다. 여기서 '헬라인'은 여자, 노예와 같은 범주로 묶이고, 이스라엘인은 남자, 자유인과 한데 묶인다. 요컨대 '이스라엘인 대 헬라인'이라는 갈등이 단순히 종족적 문제로 환원되는 것이 아니라, 그 안에는 사회계층적 요소가 끼어들어 있다는 것이다. 헬라인/이방인 개종자가 모두 여성과 노예계급이며, 이스라엘인이 남성과 자유인뿐일 리는 없다. 그렇다면 바울의

의인론의 자리는 도대체 어떤 사회학적 함의와 관련되는 것일까? 도대체 이런 식의 대립적 범주화가 통하는 공간은 어디일까?

김창락 선생은 '갈라디아의 교회들'이라고 말했다. 이 견해는 바울 자신이 이 서신을 '갈라디아에 있는 여러 교회들'(1: 2)이라고 수신자를 명기했으므로 당연한 듯 보인다. 물론 이는 선생만의 생각은 아니고 바울 학계 일반의 생각이기도 하다. 한데 내가 보기에 문제가 그리 간단해 보이지 않는다. 왜냐면, 이미 앞에서 얘기했듯이, 바울 당시 교회는 막 태동하던 종파 집단으로, 아직 이스라엘계 신앙과 분리된 독자적인 제도나 조직을 갖고 있지도 않았고, 그렇게 인지되지도 않았기 때문이다. 오히려 독자적인 예수 공동체로서의 교회, 우리가 알고 있는 형태의 원형격인 제도로서의 교회는 80년대 이후, 성전이 붕괴된 상황에서 이스라엘계 신앙이 유대주의적 신앙으로 재정비되던 때에 탄생했다고 보는 게 더욱 역사적 개연성이 있다. 해서 에클레시아(*ekklēsia*)를 교회로 번역하더라도, 독자적인 종교로 제도화된 80년대 이후의 교회와 바울이 말하고 있는 교회는 같은 것이 아니다. 후자는 이스라엘계 디아스포라 사회의 한 분파적 집단의 자기 명칭이었다면, 전자는 회당처럼 하나의 종교를 가리키는 범주적 장소이자 범주 자체를 가리키는 표현이다.

70년 반로마 봉기의 실패와 더불어 예루살렘 성전이 붕괴되었다는 것은 이스라엘계 신앙인들에게 있어 심각한 위기가 아닐 수 없다. 이제 세계 각 지역에 형성된 이스라엘인, 특히 예루살렘을 특화된 성전으로 섬기는 '유대주의자들'은 어느 곳을 향해 기도하고 하느님의 도래를 염원해야 할까? 사제들, 특히 성전을 수호하던 대사제들은 온데간데없이 역사의 무대에서 퇴장해버린 상황이다. 이런 정신적, 신앙적 공황 상태에서 벗어나기 위한 노력이 다양하게 있었겠지만, 주목할 것은 80년 경, 팔레스티나 해안의 얌니아(구 야브네)에서 유대주의적 편향의 학자들인 바리새파 랍비들을 중심으

리부팅 바울

로 하는 일련의 운동이 유대주의적 신앙제도를 새롭게 탄생하게 했다는 사실이다.[56]

이러한 재유대주의화 프로젝트(re-Judaismic project)는 파괴된 예루살렘 성전 대신에 율법을 통해 사람들 개개인의 '몸을 성전화'하는 일종의 유대주의 신앙의 '몸의 정치'라고 할 수 있다. 그런데 대개 그렇듯이 이런 재구축의 노력이 효과적으로 성공하기 위해서는 '적'이 필요하다. 그리고 그 적은 단순히 외부에 있는 분명한 적이 아니라, 내면에 들어와 영혼을 유혹하는 '모호한' 존재여야 한다. 모호해야 내면의 적을 색출하기 위한 몸의 게임, 즉 규율의 정치가 가능해지기 때문이다. 이러한 내면의 적은 당연히 악령, 사탄일 것이다. 사탄은 외부에 있는 절대타자로 기억되지만, 동시에 '내면의 유혹자'로서 이스라엘인을 시험에 빠뜨리는 이로 간주된다. 그러므로 이 적의 유혹을 이겨내는 일이 신앙의 핵심 과제가 된다. 하여 이러한 신앙은, 마치 가룟 유다(Ioudas Iskariōth)에 관한 이야기처럼, 내부의 배신자를 색출하려는 욕망을 낳으며, 동시에 유혹을 이기는 영적 수련을 강화하려는 노력으로 이어진다. 이렇게 하여, 우리가 아는 한, 재구축을 도모하던 유대주의가 지목한 내부의 적, 그 일순위는 '나자렛 도당'이었다.[57]

바로 이 시기 이후 유대주의 성향이 강한 이스라엘계 디아스포라 회당

---

56 이렇게 해서 대두한 유대주의의 새로운 버전을 학자들은 종종 '랍비적 바리새주의'라고 부른다.

57 이것은 얌니아 중심의 유대주의 갱신파의 제2대 지도자인 가말리엘 2세가 팔레스티나와 디아스포라 사회의 모든 이스라엘인들에게 보낸 표준기도문의 제12항에서 '나자렛당'에 대한 저주문이 나오는 데서 확인된다. 서양의 많은 학자들은 이 구문이 후대에 유대교를 적대시하는 어떤 그리스도교도에 의해 조작된 것이라고 하는데, 그 근거가 분명하지 않다. 그럼에도 그들이 그렇게 해석하는 결정적인 이유는 역사적 근거라기보다는 현대 유럽인들의 유대인에 대한 죄의식 때문이다. 요컨대 서양의 학자들은 유대교와 그리스도교는 본래 갈등적인 종교가 아니었으나 후대에 일부 반유대주의적 그리스도교 분파에 의해 이 두 종파가 갈등관계였다는 조작된 해석이 제기되었다고 보는 경향이 있다. 그러나 우리는 모든 유대적 신앙 혹은 이스라엘적 신앙이 문제가 아니라 유대주의가 공격적 배타주의 성향의 종교로 재주체화하는 일련의 역사가 바로 그리스도교라는 종교를 낳는 계기였다고 주장한다. 그리고 표준기도문 제12항은 바로 그런 맥락에서 해석하는 게 타당하다고 보는 것이다.

그림 11 | 랍비적 유대교의 발생지 얌니아(야브네)

에선 예수를 추종하는 자들이 색출되고 체벌당하며 추방되는 사태가 벌어졌다. 「마태복음」이나 「요한복음」 등은 이러한 폭력적 상황에 적나라하게 노출되었던 예수집단의 뼈저린 배제의 체험을 담고 있다.

그런데 그로부터 거의 한 세대 이전인, 54/55년으로 추정되는 「갈라디아서」의 시대는 교회라는 말이 쓰이고는 있을지언정, 우리가 아는 방식의 제도화된 공동체로서 정착되지는 않았다고 보는 것이 타당하다. 추측건대 이 텍스트 속의 '교회'는 이스라엘계 디아스포라 사회로부터 아직 분리되지 않은 예수 추종자들의 분파적 모임을 지칭하는 표현이었을 것이다.

이런 사정을 감안하면 바울의 의인론을 인권투쟁의 관점에서 보는 김창락 선생의 해석은 그 빛을 더욱 발하게 된다. 아래에서는 그 속에 담긴 권력관계를 좀더 세밀하게 살펴보기 위해 바울 동시대의 이스라엘계 디아스포라 회당을 둘러싼 사회역사학적 상황을 이야기할 것이다.

158   리부팅 바울

거룩한 것과 속된 것 ─ 디아스포라 회당의 사회사

　　공화정 말기의 전쟁들은 엄청난 노예시장을 지중해안 도시 곳곳에 만들었다. 한때 제국 해안 도시 인근지역의 노동력의 거의 30퍼센트가 노예일 정도로 엄청난 노예가 정복지에서 도시들로, 그리고 도시 인근의 대농장으로 유포되었다. 그 밖에 전쟁경제는 교역을 엄청나게 활성화시켰고, 그것으로 인구의 이동이 대단히 활성화되었다. 해서 바울의 활동 공간인 로마 제국의 대도시 지역은 급속하게 인구가 늘었고 그야말로 여러 인종이 뒤섞여 있었으며 다층적이고 복잡한 계급/계층 구조를 이루고 있었다. 하지만 인구 통합을 위한 제도적 장치는 거의 없었다고 해도 과언이 아니다. 아니 당시의 사회적 통합 능력으로는 거의 불가능했겠다. 이런 상황은 무엇보다도 치안의 불안으로 나타난다. 미시적 영역에서는 무수한 불법과 폭력이 난무했다. 이에 사람들은, 계층적이든 인종적이든 종파적이든, 자신의 안전을 보장받기 위해 사적 결사체들에 의존하지 않을 수 없다. 해서 대도시들에는 많은 인종적, 종교적, 계층적 결사체들이 속속 생겨났다.

　　도시 행정당국은 이런 결사체들 간의 경합을 '체제의 현상 유지'에 위협이 되지 않는 한에서 허용했고 나아가 권장하기까지 했다. 왜냐면 도시의 사적 결사체들은 귀속 집단을 보호하는 일종의 사적 안전망이자 복지센터의 역할을 담당했고, 그러한 센터의 운영권을 차지하기 위해 도시 지역사회에 기부금을 출연하기도 했으며, 또한 원로원 의원에서부터 하위 행정직까지 수많은 관료들에게 뇌물을 바쳤기 때문이다. 하여 자치결사체는 정부가 영토 구석구석에서 할 수 없는 많은 것을 보충해주는 안보의 체계로서 기능했고, 지배자들이 이를 공인하고 권장하는 것은 통치의 유용한 기술이라고 할 수 있다.[58]

게다가 특정한 사적 결사체가 종족집단일 경우 본국의 통치자가 이들 해외 동포집단의 이익을 위해 동족집단이 존립하고 있는 도시에 거액의 기부금을 희사하기도 했다. 동족집단이 제국 내에서 사회적으로 유리한 지위를 차지할수록 자신의 권력 기반은 더욱 공고해질 테니 말이다. 헤롯이 제국의 유력한 도시들에 기부금을 준 것은 이러한 이유 때문이다. 결국 유력한 결사체들의 활동은 대체로 도시의 안정을 도모하는 데 순기능을 하였다고 할 수 있다.

이스라엘계 디아스포라는 1세기 경 로마제국 내에서 거의 500~600만 명에 달했다. 이것은 절대 수에 있어서도 대단히 많은 숫자이며, 특히 알렉산드리아 같은 도시의 경우 전 인구의 10~15퍼센트를 점하고 있었다. 이것은 이들 다수의 사람들을 통제하는 데 해외 이스라엘인의 자치결사체인 회당체제의 존재가 대단히 중요하다는 것을 의미한다. 그들의 결사체를 공식화함으로써 위험요소를 순화시키는 장치의 하나가 될 테니 말이다. 더욱이 이스라엘인 결사체는 제국 내 도시들의 다른 결사체들에 비해 그 인구 비율 이상의 특권을 보유하고 있는 경우가 많았다.

이스라엘계 디아스포라 결사체들이 누렸던 로마제국 내에서 대표적인 특권으로는 사법권, 제의 준수권, 조세 징수권 등이 있다. 당시 이스라엘계 디아스포라 회당은 예루살렘과 사마리아의 성전 제의를 신앙의 상징적 중심으로 여기고 있었지만, 그것만으로 회당의 질서, 그 질서에 포섭된 이스라엘인 사회 전체를 결속시킬 수는 없었다. 하여 독자적인 규범체계가 필요했고, 그것을 실효화하는 처벌과 보상의 메커니즘을 작동시킬 수 있는 자율적 기구이기도 했다. 이것은 이스라엘 신앙적 제의의 준수를 위해 다른

---

58 물론 그 반대의 역효과도 있었다. 지역에서 소요 혹은 반란이 일어날 때에도 자치적 결사체는 그 단위가 되기도 했다. 해서 일부 황제들은 칙서를 통해 자치적 결사체, 즉 콜레기아(*collegia*)를 해체하려는 시도가 있었다. 하지만 그것은 실현될 수 없었다. 왜냐면 대부분의 도시들에서 자치 결사체는 이미 체제를 구축하는 주요 요소의 하나였기 때문이다.

사회적 의무를 유보시킬 수 있는 자율성을 포함한다. 또 디아스포라 회당은 일종의 이스라엘인들 대상의 조세기구 역할까지 하였다. 이런 특권을 누리는 자치결사체는 로마제국 내에서는 이집트 출신자들의 공동체와 이스라엘 교포 사회가 대표적이었다.

요컨대 이스라엘계 디아스포라 회당은 많은 도시들에서 격조 있는 결사체로 제국 내 도시의 상류사회에 깊은 인상을 주었으며, 유리한 조건을 많이 향유한 결사체로 널리 인식되고 있었던 것이다. 이것은 한편에선 주변의 집중적인 질시의 대상이 되게도 했지만, 또 다른 한편에선 적잖은 개종자를 끌어들이는 매력적인 조건이 되기도 했다.

이스라엘계 디아스포라 회당은 도시 사회에 속한 또 하나의 사회였다. 그것은 디아스포라 회당의 일원인 각 사람이 외부의 다양한 주체들과의 연결망 속에 편입되어 있는 동시에 내부의 연결망에 포섭되어 있음을 의미한다. 즉 회당의 소속원은 '이중적 사회 계열'에 접속되어 있는 것이다. 미국의 한인교포 사회처럼 말이다. 언어에서부터 다양한 사회적 관계에까지 이중성이, 이중적 주체성이 이들의 존재를 복합적으로 규정하고 있다. 한데 현대의 미국처럼 사회를 안정되게 유지하는 질서체계가 잘 짜인 사회가 아닌, 거의 유일한 안전장치가 회당인 로마제국 내의 이스라엘계 디아스포라 사회는 그 이중적 계열성이 더욱 극적으로 분화된 모순적 주체를 낳았을 것이다. 아무튼 이런 이유로 이스라엘계 디아스포라 회당에 속한 사람의 사회적 위상은 중심-주변으로 분포된 사회적 계열이 중첩된 연결망 속에서 조명되어야 한다.

한편 중심-주변으로 분포된 사회집단은 이스라엘계 디아스포라 회당 체제라는, 느슨하게나마 통합된 연결망 속에 서로 엮여 있었다. 그것은 중심부 집단과 주변부 집단으로 분화되어 있었음에도, 이 체제 내의 사람들은 중심 집단의 가치를 내면화하면서 결속되어 있다는 뜻을 포함한다.

표 10	도시사회 이민자 엘리트의 이중적 귀속성		
		높은 귀속성	낮은 귀속성
	도시 사회	I	II
	교포 사회	A	A

표 11	이스라엘 이민자 엘리트의 이중적 언어 개념			
			I-A	II-A
헬라인에 대한 생각		교포 사회 외부의 '헬라인'	Positive	Negative
		교포 사회 내부의 '헬라인'	Negative	Negative

〔표10〕은 이스라엘계 디아스포라 사회의 중심부를 이루는 이민자 엘리트의 사회적 결속의 양상을 단순화시킨 것이다. 이 표에서 보듯 그들은 일반적으로 도시 중심부 사회와 잘 결속된 이들(I-A)과 보다 대립적인 이들(II-A)로 대별된다.

〔표11〕은 이러한 두 부류의 이스라엘 이민자 엘리트층이 '헬라인'이라는 개념어를 어떤 뉘앙스로 이해하고 있는지를 보여준다. 그룹 II-A는 이스라엘계 디아스포라 회당의 안에서든 밖에서든 '헬라인'에 대해 비판적인 생각을 가진 반면, 그룹 I-A는 회당 밖에서는 헬라인과 적극적이고 긍정적으로 관계를 맺는 한편, 안에서는 부정적인 편견을 가지고 있었음을 말해준다. 어느 경우든 회당 안, 즉 이스라엘계 디아스포라 사회 내부에서 '헬라인'은 폄하의 대상을 가리키는 용어였다는 것이다.

이스라엘계 디아스포라 회당 내부의 중심적 가치가 유대주의적 편향을 강하게 띠게 되면, 회당은 '유대주의적 이스라엘인다운 삶'(이하 '유대인다운

리부팅 바울

삶')을 과도하게 강조하게 된다. 한데 어떤 태도가 '유대인다운' 삶일까? 물론 율법을 충실히 지키는 자세가 그것이다. 이때 유대주의적으로 해석된 율법은 순혈주의적 배타주의의 성격이 현저히 강하며 할례와 전통 절기에 대한 충성도가 지나치게 강조되는 율법이다. 「갈라디아서」 4장 10절의 "날과 달과 계절과 해를 지키"는 행위나 5장 12절의 "할례를 가지고 선동하는 사람들" 같은 표현은 바로 '유대적' 배타주의가 유별나게 강한 신앙의 양상들을 가리킨다.

한데 이러한 율법적 충실성에는, 말할 것도 없이 사회적, 경제적 능력이 포함된다. 가령, 공동체가 당국에 지불해야 하는 조세나 기부금 등의 비용은 공동체 성원의 자발적 기부금을 통해 충당되었는데, 이는 남들보다 막대한 기부금을 지출할 수 있는 능력이 '유대인다운' 삶의 필요조건이었을 수 있음을 의미한다. 도시 당국자들과 만찬을 나누며 공동체의 이권을 대변할 만한 지식과 신분을 갖추는 것 또한 중요한 요소다. 즉 신분, 자산, 지식 등에서 고루 높은 수준의 사회적 위치가 회당 내부의 중심 가치를 구성하는 데 필요한 조건이라는 것이다.[59] 결국 회당은 '유대인다운 삶'을 사는 경건한 이스라엘 사람인 동시에 사회적으로 품격 있는 지위의 사람(남성)을 중심으로 편재된다.

한편 '개종'은 이스라엘인 사회의 품격에 동화된 이들 외에도, 적절한 사회적 안전망을 갖추지 못한 이들의 생존 전략의 차원으로도 설명할 수 있다. 마치 러·일 전쟁 당시 양대 강국 군대가 평안도 양민에게 만행을 저지를 때 군대의 폭력을 피해, 그리고 밥을 얻어먹기 위해 (사실상 미국의 영토였던) 교회로 피해 들어온 이들이 적지 않았던 것처럼 말이다. 이들을 선교사들은 '밥신자'라 부르며 '주변화'시켰고, 평양대부흥운동은 이들 주변

---

59 아프로디시아스 시의 회당터에서 발굴된 비문에 새겨진 '하느님을 경외하는 자'에 관한 제4장의 논의를 참조하라.

화된 대상을 중앙의 신앙제도에 충성하는 대상으로 종속시키는 계기적 사건이었다.

마찬가지로 '유대주의적' 편향을 강하게 띤 회당 중심부가 저들 하층의 개종자들을 '이방인' 혹은 '헬라인'이라고 부르는 것은, 그들에게 회당 구성원으로서의 '주권'을 부여하지 않고 '하위주체'(subaltern)로서 대상화하는 담론적 장치라고 할 수 있다. 회당 안에서 이런 호칭은 '유대인답게 살지 못 하는 자'를 가리키기 때문이다. 하여 저들은 회당체제의 변두리에 있는, 타인의 규정에 의해서만 존재가 규정되어야 하는 자인 것이다. 같은 맥락에서, 이스라엘 혈통을 가진 사람들 중에도 사회적 약자, 혹은 중심부 가치에 불충한 자를 처벌하는 용어로도 활용되었다. 요컨대 '유대인답지 못한 자'라는 규정은 종족적 차원을 넘어서서 광의의 사회적 차원에서 사용되었던 것이다. 그러므로 유대주의적 성향이 강한 회당 안에서 '헬라인'은 '유대인다운 삶'이라는 규준에 턱없이 못 미치는 이들, 종교적, 문화적, 사회적, 경제적으로 비천한 이들 모두를 지시하는 '비하적 표현'이다.

바로 이런 이스라엘계 디아스포라 회당에서 바울은 의인론을 편다. 그는 이스라엘계 디아스포라 회당의 유대주의자들을 향하여 사람들이 의로워지는 것은 율법에 의해서가 아니라 은혜에 의해서라고 강변한다. 아니 의로워진다기보다는 의롭다고 인정해준다고 한다. 그래서 은혜다. 그리고 이 은혜의 대상은 '유대인다운' 삶을 사는 이들만이 아니라 모든 이들이다. 주목할 것은, 여기서 그는 이 모든 사람을 이렇게 표현하고 있다는 점이다. "이스라엘인뿐 아니라 헬라인(이방인)도, 남자뿐 아니라 여자도, 자유인뿐 아니라 노예도 의롭다고 인정해준다." 그것은 종교적, 문화적, 사회적, 경제적으로 주권이 박탈된 하위주체 모두를 은혜의 공간으로 호출하는 선언이다. 하여 그들을 재주체화하는 신학담론이다. 그런 점에서 바울의 의인론은 '인권으로서의 신학'인 셈이다.

지구화 시대 의인론이 말해야 하는 것

사회적 양극화가 심화되고, 빈곤에서의 탈출이 거의 무망한 기대가 되어버린 사회에서 빈민은 단지 경제적으로 '가난한 사람'이 아니다. 그들 사이에서 가정폭력은 훨씬 더 빈번하고 이웃 간의 상호폭력도 만연한다. 상습강간범, 특히 아동성범죄자처럼 더욱 악질적인 성범죄자는 빈곤계층 출신자가 많고, 그들의 범행 또한 주로 빈곤층 밀집지역에서 더 많이 발생한다. 연쇄살인, 연쇄방화 현상도 마찬가지다. 아니 전체적으로 범죄율 자체가 빈곤층에서 훨씬 높다. 알코올중독자도 그렇다. 미국을 포함한 서양의 경우 마약중독율도 빈곤계층에서 더 심각하다. 자기 자신에 대한 테러인 자살의 경우도 예외가 아니다. 하여 많은 가난한 자는 사회의 악마적 혹은 혐오적 존재가 되고 있다.

이제 세상은 가난한 사람을 궁핍의 시각보다는 혐오의 시각으로 본다. 물론 과거에도 그런 경향이 많았지만, 근대사회 이후 그런 사회적 편견이 약화되는 추세가 있었다. 하지만 후기자본주의적 지구화 시대를 맞이하게 되면서 다시 사회는 예전의 편견의 질서를 더욱 체계화하면서 조직되고 있다.

지그문트 바우만(Zygmunt Bauman)의 '쓰레기가 되는 삶들'(Wasted Lives)[60]이나 조르조 아감벤(Giorgio Agamben)의 '호모 사케르'(Homo Sacer),[61] 그리고 민중신학자 안병무의 오클로스(*ochlos*)[62] 등은 사회적 상태와 사회적 가치가 서로 맞물리면서 특정 부류의 사람들을 비존재화하는, 나아가 악마화하는 담

---

60 지그문트 바우만, 『쓰레기가 되는 삶들』(새물결, 2008).

61 조르조 아감벤, 『호모 사케르』(새물결, 2008).

62 나의 글 「이름을 불러주기까지 그들은 '꽃'이 아니었다—안병무의 '오클로스론' 다시 읽기」, 『죽은 민중의 시대 안병무를 다시 본다』(삼인, 2006).

론과 제도를 현대사회에서 읽어낸 결과다. 그리고 그들은 그것을 고대사회에서 존재했던 사람들에 관한 담론과 유비시켰다. 호모 사케르는 고대 로마 사회에서 일체의 법적 권리를 박탈당한 자를 의미했다. 또 안병무의 오클로스는 「마가복음」의 용법에 따른 것으로, 종족이든 계급이든 모든 귀속성의 외부자, 즉 속해 있음이 자타(自他)에 의해 거절된 자를 뜻했다. 여기서 바우만과 아감벤, 그리고 안병무 등이 보았던 것은 현대사회에서 많은 빈민들이 악마적 존재가 되어가고 있는 현상이며, 그들이 말하고자 했던 것은 저들을 악마적 존재로 만들어가는 사회적 메커니즘이 무엇인가에 있었다.

우리는 이 장에서 바울의 의인론을 유사한 맥락에서 살펴보았다. 바울은 고대 로마의 대도시, 특히 이들 도시 내의 이스라엘계 디아스포라 사회에서 유대주의적 율법론이 작동되는 메커니즘을 비판하면서 그 신학의 담론적 효과는 사회적으로 비천한 사람들을 죄인화 하는 장치로 작동하고 있음을 밝혀냈다. 그러한 유대주의에 대한 바울의 비판론을 이 글은 '바울의 의인론'이라고 보았다. 그것은 오늘의 시대의 의인론이 보아야 하는 것은 무엇이고 말해야 하는 것이 무엇인지를 시사한다.

그러나 교회의 의인론은 바울의 신학적 해석을 탈역사화시켰다. 하여 사회적 비평으로서의 그 탁월성을 무장해제시켰다. 그 결과 교회는 빈곤의 현장에서 멀어졌고, 빈곤에 관한 악마화 시스템의 방조자가 되었으며, 나아가 교회의 신학은 그러한 시스템의 또 하나의 장치로 작동하고 있다는 점에서 바울의 의인론이 비판해 마지않는 유대주의적 율법론의 적극적 공모자가 되었다. 그런 점에서 바울의 의인론은 오늘의 교회의 해체론이며 새로운 교회가 무엇을 추구해야 하는지에 관한 또 하나의 비전이기도 하다.

제7장

낯선 의인론이
내게 말을 걸다
II

「로마서」 읽기

로마시의 소요

「갈라디아서」가 쓰인 이듬해 쯤 바울은 「로마서」를 쓴다. 로마의 이스라엘계 디아스포라 공동체에 보내는, 일종의 자기 추천서다. 여기에서 그는 다시 그 특유의 의인론을 설파한다. '갈라디아의 교회들'은 그가 잘 알고 있는 예수공동체였다. 그는 이들에게 「갈라디아서」를 써 보내면서, 갈라디아 도시들에 있는 이스라엘계 디아스포라 회당, 특히 그중에서 유대주의적 성향 속에 내포된 반인권적 배타주의에 대항하는 하나의 논쟁의 신학, 그 논리를 구성한 바 있다. 그런데 「로마서」에서는 무엇 때문에 그러한 논리가 필요했던 것일까.

우선 바울은 그때까지 로마에 가본 적이 없었다. 그가 로마에 간 것은 그의 생애 최후의 국면에서다. 그러므로 「로마서」를 쓸 당시 그는 소문으로만 그 도시에 관해 들었고, 또 소문으로만 그 도시의 이스라엘계 디아스포라 공동체에 관해서 알고 있었다. 특히 절친한 동료인 브리스가와 아굴라 부부를 통해서 그 도시에 관해 관심을 가졌겠다.

아굴라(*Akulas*)의 부인인 브리스가(*Priska*)는 「사도행전」에서는 브리스길라(*Priskilla*)로 표기되어 있다(18: 2·18·26). 아굴라는 그리스 본도(*Pontikos*) 출신의 이스라엘인이었고, 아내의 혈통은 알 수 없다. 이 부부는 이탈리아에서 천막 제조업자로 살다가 클라우디우스(Claudius, 성서 표기로는 글라우디오, 재위 41~54년) 황제의 추방령으로 고린도에 왔으며, 거기에서 바울과 동역자가 되었다고 한다(「사도행전」 18: 2~3). 흥미로운 건 이들이 제2성서(신약성서)에 나오는 여섯 번 중 네 번은 아내인 브리스가가 아굴라보다 먼저 언급되고 있다는 점이다(「사도행전」 18: 18 · 26; 「로마서」 16: 3; 「디모데후서」 4: 19 / 반면 「사도행전」 18: 2와 「고린도전서」 16: 19에서만 남편이 먼저 언급되고 있다.) 이것은 그리스도인들 사이에서 브리스가가 더 유명하고 영향력 있는 사역자였음을 의미할 것이다.

주목할 것은 그들이 클라우디우스 황제 때 이탈리아에서 추방되었다는 점이다. 이에 대한 일반적인 가설은 이렇다.: 로마시에 있는 이스라엘계 디아스포라 공동체 '내부'에서 소요가 발생했다. 이 소요는 이스라엘인과 그리스도인들 사이에서 벌어졌다. 이에 황제는 그리스도인들을 추방하는 것으로 사태를 진정시켰다.

로마제국 초기의 역사가 수에토니우스(Gaius Suetonius Tranquillus, 69~122년경)가 쓴 『황제전』(De vita Caesarum, 120년경)의 「클라우디우스의 생애」 편에 나오는 한 기록이 이런 해석의 근거다. 그는 여기서 클라우디우스 황제가 로마에서 이스라엘인을 추방한 것은 '크레스투스'(Chrestus)의 선동으로 야기된 소요 때문이었다고 말했다. 이때 추방당한 이스라엘인 중에 브리스가-아굴라 부부가 포함된 것으로 미루어 추정컨대 그들 추방자들이 그리스도인이었다고 해석했던 것이다.

그런데 수에토니우스가 알려주고 있는 정보에서 그 소요가 이스라엘인과 그리스도인 간에 벌어진 것이라고 추정할 근거는 없다. 이스라엘인들이 벌인 소요로 황제가 이스라엘인에 대한 추방령을 내렸다면 그것은 디아스포라 '내부'의 갈등 때문이라기보다는, 이스라엘인들이 주도하여 도시에서 발생한 사회적 소요 때문이라고 해석하는 것이 더 타당하다. 그리고 그 배후에, 흥미롭게도, 수에토니우스에 의하면 '크레스투스'라는 이름이 있다. 많은 학자들은 이 용어가 '크리스투스'(Christus), 즉 그리스도를 의미하고 있다는 데 견해를 같이 한다. 그렇다면 예수파가 주동이 되는 이스라엘인들의 모종의 집단행동이 있었고, 그것을 황제가 제압한 뒤 관련자들의 처형 등 실형이 있었으며, 혐의가 적거나 미미한 이들은 추방되는 일이 있었다고 보는 게 더 타당한 해석이겠다.

예수가 팔레스티나에서 30년대에 로마군에 의해 처형된 이스라엘인이었다는 사실을 감안하면, 제국 내 각 지역에 산개해 있던 이스라엘계 디아스포라 공동체에서 일어난 반로마적 집단행동에 예수라는 이름의 그리스도를 추앙하는 이들이 관여되어 있었다는 것은 개연성이 있다. 혹은 그런 반로마적 집단행동들을 당국은 그리스도 추앙자라는 혐의로 보았을 수도 있다. 물론 로마시에서도 마찬가지였을 것이다. 그렇다면 아마도 이것은 상당히 정치적인 집단행동이라고 보아야 하지 않을까. 그리고 반로마의 상징이 된 그리스도의 추종자들 가운데는 민중적 급진주의자도 다수 포함되었을 것은 미루어 짐작할 만하다.

황제 그리스도의 등장

49년 크레스투스의 소요로 일부 이스라엘인이 추방당한 지 5년이 지난 54년에 클라우디우스 황제가 죽었다. 그의 죽음이 황비인 아그리피나(Agrippina, 15~59년)의 독살로 인한 것인지는 불확실하지만, 그런 소문은 그의 말년의 치세가 여의치 않았다는 것을 뜻할 것이다. 하여 클라우디우스와 아그리피나 사이에서 난 아들 네로(Nero, 재위 54~68년)가 그를 이었을 때 선황제의 많은 포고는 흐지부지되었다. 브리스가와 아굴라가 로마로 되돌아올 수 있었던 것도 그래서 가능했을 것이다. 그리고 그사이, 그러니까 이 부부가 추방되어 고린도에서 머물던 때에 그들은 바울의 동료가 되었다.

바울이 「로마서」를 집필했을 때(55/56년경)는 네로가 즉위하고 얼마 되지 않아서다. 그리고 브리스가와 아굴라가 로마에 온 지 얼마 안 된 때다. 새 황제는 아직 어렸고(17세) 집권 기반이 탄탄하지 않았지만, 그의 측근에는 세네카(Lucius Annaeus Seneca, 기원전 4~기원 후 65년), 티겔리누스(Ofonius Tigellinus, ?~69년), 부루스(Sextus Afranius Burrus, 1~62년) 등 유능한 신하들이 포진하고 있었다. 그리고 즉위 직후 아르메니아를 침공한 서아시아의 대제국인 바르티아(Parthia)의 군대를 효과적으로 막아내는 데 성공함으로써, 군사정치적 업적도 있었다.

주목할 것은 이 새 황제는 전임자와는 달리 보다 친대중적 이미지를 강화하려는 데 특별히 많은 노력을 기울이고 있었다는 점이다. 그것은 그가 원로원과 대립각을 세우고 있다는 것을 의미했다. 원수정 이후 원로원은 지속적으로 최고 통치자의 경쟁자였다. 하여 황제들은 적지 않은 회유책을 쓰기도 했지만 다른 한편에서는 많은 원로원 의원들을 숙청했고, 속주 출신의 신흥귀족들을 원로원에 위촉하곤 했다. 네로 황제 치하에서 속주 출신으로 원로원 의원에 위촉된 이는 무려 42명이나 되었다. 선대황제 때 15명이었던 것을 감안하면, 무려 세 배 가까운 과감한 인적 교체 작업이라고 할 수 있다. 무엇보다도 그는, 도미티아누스 황제(Titus Flavius Domitianus, 재위 81~96년) 시대의 풍자시인인 유베날리스(Decimus Junius Juvenalis, 60~140년경)가 "대중은 빵과 서커스, 두 가지만을 열망한다"고 비아냥댄 것처럼, 대중을 적극적으로 만났고 대중의 지지를 호소하는 친대중적 정치를 폈다. 심지어 그는 로마 엘리트들이 그렇게 경멸했던 직업인 배우가 되어 친히 무대에 서기도 했고 노래를 작곡하기도 했다. 당대 명문가의 대표적 인물로,

철학자이자 법률가이고 행정가인 소 플리니우스(Gaius Plinius Caecilius Secun dus, 61~112년, 대 플리니우스의 조카)는 네로를 가리켜 '딴따라 황제'라고 조롱했다.[63]

또한 네로 황제는 제전과 검투를 포함한 축제를 대폭 늘렸다. 앞서 인용한 유베날리스의 비난은 이러한 대중적 축제의 일상화를 비판하는 것이었다. 하지만 그는 한 번도 매일 벌어지는 귀족들의 축제를 비난한 적이 없다. 그는 단지 대중이 즐기는 여흥만을 비난했다. 반대로 네로는 대중에게 축제를 통해 많은 음식과 여흥을 베풀었고, 이를 통해 대중은 잠시나마 부자의 향락적 생활에 동참할 기회를 얻을 수 있었다. 이 모든 것은 원로원에 대항하는 그의 일관된 정치의 일환이다.

아무튼 그 덕에 네로는 대중적 지지도가 대단히 높은 황제가 되었다. 그가 살해된 직후 잠시 집권했던 군벌들인 오토(Marcus Salvius Otho, 재위 69년 1~4월)나 비텔리우스(Aulus Vitellius, 재위 69년 4~12월)가 네로의 무덤에 참배하는 제스처를 취했던 것도 그의 대중적 인기 때문이다. 그의 치세기에 그리스 방문을 기획한 적이 있었는데, 그것도 그를 지지하는 로마의 대중들이 "황제여, 우리를 떠나지 마소서!"라고 외쳐대자 포기했다는 일화가 전해진다. 심지어 그의 대중주의는 속주지역까지 확산되어, 그가 죽은 뒤에도 서부 속주들의 대중 사이에서는 네로가 살아 있고 때가 되면 그가 되돌아올 것이라는 믿음이 널리 퍼져 있었다(네로 부활설). 요컨대 네로는 대중적 메시아론의 주인공이기까지 했다.

그런 황제가 즉위했고, 초기부터 아직 그리 과감하지는 않아도 그의 대중주의는 로마시 대중의 공간 구석까지 신속하게 퍼져나갔다. 귀족들과

---

63 유베날리스와 소 플리니우스는 도미티아누스 황제에 반대했던 귀족들로, 과거에 황위를 찬탈당하고 '악한 통치자'로 규정되어 버린 네로를 도미티아누스가 빼닮았다고 말하고자 네로에 대한 이런 악평을 남긴 것이다.

유력층들의 공간에서 살았고 그들 사이에서만 스캔들의 주인공이었던 다른 황제들과는 달리 그는 대중 현상의 주인공이었다. 요컨대 그는 '황제 중심의 대중주의'를 퍼뜨리고 있었다.

「로마서」의 의인론

그런 시기에 바울은 이 도시로 서신을 보낸다. 그리고 거기에서 자신을 소개하면서 「갈라디아서」에서 발전시킨 그 특유의 민중주의적 인권신학인 의인론을 설파한다. 그 내용은 그리스도야말로 진정한 민중주의자라는 것이다. 그것이 전혀 생소하지 않은 것은 불과 5, 6년 전에 그리스도 대중주의가 이 도시의 이스라엘계 디아스포라 공동체에 널리 퍼져 있었기 때문이겠다.

바울은 바로 그런 전(前) 이해를 가진 이들에게 그리스도 민중주의의 본질을 전하고 있다. 「갈라디아서」처럼 이스라엘계 디아스포라 공동체의 주변부에 포진한 이들에게도 조건 없이 은혜를 베풀어 높은 자나 낮은 자 모두에게 공평하게 '의' 곧 하느님의 정의를 나누어주는 것, 그런 이가 바로 그리스도라는 것이다.

이것은 황제의 메시아주의보다 더 '철저한 메시아주의'다. 황제가 '위에서 베푸는 그리스도'였다면, 예수는 '더 낮은 곳에서 더 낮은 자와 함께하는 그리스도'다. 하여 황제의 대중주의가 황제를 주체로 하고 대중으로 하여금 그의 지지자가 되게 하는 '수동적 메시아주의'라면, 바울의 그리스도는 대중 자신을 주체로 하는 '적극적 메시아주의'였다.

그러나 아마도 「로마서」가 염두에 두고 있던 주요 수신자는, 「갈라디아서」처럼 그런 밑바닥 대중이 아니라, 브리스가와 아굴라처럼 그리스도를 추종하는 이스라엘계 디아스포라 공동체의 일부 '엘리트'였던 것으로 보인다. 14장에 반영된 믿음이 '강한 자' 대 '약한 자'의 논쟁은, 연일 벌어지는 축제 음식 먹기를 거절하고 그 축제에 참여하지 않으며 이스라엘 신앙 절기와 그 음식만을 먹어야 한다고 생각하는 전통주의자가, 바울이 말하는 '약한 자'이고 그것에서 자유로운 이가 '강한 자'이다. 이는 이 책 6장의 〔표11〕의 I-A 대 II-A의 대립과 유사하다. 이 표가 이민자 사회의 엘리트들의 귀속의식에 관한 것임을 감안하면, 도시 사회와 교포 사회 모두에서 강한 귀속의식을 가진 '강한 자' 대 교포 사회에만 높은 귀속성을 가진 '약한 자'의 대립을 의미한다. 이때 전자가 그리스도를 추종하는 급진주의적 엘리트라고 한다면, 바울의 「로마서」의 수신자는 바로 이들, 로마시에 거류하는 이스라엘계 디아스포라 공동체 내의 그리스도파였던 엘리트 집단이라고 추정할 수 있다.

표12 | 「로마서」 14장의 '강한 자' 대 '약한 자'

		강한 자	약한 자
귀속의식	도시사회	높음	낮음
	교포사회	높음	높음

한편 그들은 클라우디우스 황제 때에 정치적 급진주의자로서의 경험을 가지고 있다. 하지만 바로 그런 급진주의가 공동체 전체의 위기와 환란을 초래했다. 해서 반란 이후 보복의 재앙을 겪은 사회에서는 반전(反戰) 논리 혹은 평화주의 논리가 강하게 발전하게 되었다. 바울이 「로마서」 13장에서 주장하는 황제의 권력에 대한 복종은 소극적인 비폭력주의자들의 논조와 닮았다. 하지만 그것은 궁극적인 저항의 포기가 아니다. 그보다는 '아직은

때가 아니'라는 종말론자의 잠정적인(전략적인) 비저항주의에 가깝다.(이에 대하여는 뒤에서 자세히 논할 것이다.)

결론적으로 우리가 바울의 의인론에서 주목하게 되는 것은 그의 민중주의가 정치적 저항에만 관심을 두거나 통치의 시각에서만 주목했던 기존의 민중주의와는 다르다는 점이다. 그의 민중주의는 대중의 밑바닥 경험에서 출발해서 그것의 가능성을 현장 신학으로 구현하려 하고 있다. 거기에서 오늘 우리는 시민권 중심의 민중주의가 아닌, 민중 인권론의 전거를 읽는다. 뒤에서 이야기하겠지만 「로마서」의 시민권 중심의 민중주의자들은 바울이 보기엔 정치적 모험주의를 추구했다. 반면 민중 인권론은 (이 책 6장에서 상세히 이야기한 것처럼) 민중의 생존권, 자존권을 무엇보다도 우선시하는 태도이다. 아래에서는 「로마서」에 담긴 민중 인권론의 구체적 내용에 대해 이야기해보자.

'권세에 복종하라'

도시 대중은 네로 황제에게 커다란 지지와 환호를 보냈다. 전임자들과는 달리 대중을 위한 여러 정책을 적극적으로 펼쳤던 덕이다. 아우구스투스(Augustus, 재위 기원전 27~기원후 14년) 때보다도 많은 공공건설사업을 벌임으로써 부를 재분배하는 데 힘썼고, 연극, 검투, 기타 축제 등 각종 대중문화 장려책을 통해 대중의 정치적 능동성을 강화하는 데 힘썼다. 또한 상인들의 농간에도 불구하고 곡물 가격을 낮은 가격으로 유지하기 위해 식민지로부터 들여오는 식량의 안정된 물류체계를 구축하는 데도 큰 노력을 쏟았다.

뿐만 아니라 대중에 대한 귀족의 횡포를 통제하는 데도 네로는 적지 않은 관심을 기울였다. 공화정 말기에 오면 로마의 귀족과 부유한 평민들의 부는 상상할 수 없을 정도로 거대해지며, 빈부 간에는 그 격차가 엄청나게 벌어졌다. 원수정기와 제정기에도 사정은 다르지 않다. 공화정기 말기의 정치가였던 키케로(Marcus Tullius Cicero, 기원전 106~43년)는 귀족층은 최소한 1년에 60만 세스테르티우스(15만 데나리온)가 필요하다고 했는데, 제정기 초기인 1세기의 텍스트인 「마태복음」 20장에 의하면 농업 노동자는 최소한 1데나리온이 필요했다. 이것은 귀족 가문 하나가 기본적 삶을 유지하기 위해 최소한 15만 개의 농업노동자 가족의 생계비만큼의 비용이 필요했다는 것을 의미한다.

물론 이러한 격차는 권력의 격차이기도 하며, 그로 인한 사회적 폭력은 매우 심각했다. 「로마서」에는 이러한 사회적 폭력의 흔적이 반영되어 있는데, 특히 1장 26~32절이 그렇다.

> 이런 까닭에, 하나님께서는 사람들을 부끄러운 정욕에 내버려 두셨습니다. 여자들은 남자와의 바른 관계를 바르지 못한 관계로 바꾸고, 또한 남자들도 이와 같이, 여자와의 바른 관계를 버리고 서로 욕정에 불탔으며, 남자가 남자와 더불어 부끄러운 짓을 하게 되었습니다. 그래서 그들은 그 잘못에 마땅한 대가를 스스로 받았습니다. 사람들이 하나님을 인정하기를 싫어하므로, 하나님께서는 사람들을 타락한 마음자리에 내버려 두셔서, 해서는 안 될 일을 하도록 놓아 두셨습니다. 사람들은 온갖 불의와 악행과 탐욕과 악의로 가득 차 있으며, 시기와 살의와 분쟁과 사기와 적의로 가득 차 있으며, 수군거리는 자요, 중상하는 자요, 하나님을 미워하는 자요, 불손한 자요, 오만한 자요, 자랑하는 자요, 악을 꾸미는 모략꾼이요, 부모를 거역하는 자요, 우매한 자요, 신의가 없는 자요, 무정한 자요, 무자비한 자

입니다. 그들은, 이와 같은 일을 하는 자들은 죽어야 마땅하다는 하나님의 공정한 법도를 알면서도, 자기들만 이런 일을 하는 것이 아니라, 이런 일을 저지르는 사람을 두둔하기까지 합니다.

로마시의 귀족과 시민층의 가족은 대가족을 추구했던 파밀리아(familia)에 대한 이상과는 달리 대부분 핵가족 상태였고, 이혼으로 인한 가족 해체율도 매우 높았다. 양자 입양이 유난히 많았던 것도 이런 사정과 관련 있다. 한데 남성인 주인이 남자 노예를 사랑해서 양자로 입양하는 변종 입양도 종종 있었던 것으로 보인다. 그렇다면 "남자가 남자와 더불어 부끄러운 짓을 하게 되었습니다"라는 바울의 표현은 그의 반동성애적 태도를 나타내기보다는 귀족과 부유한 평민들이 사회적 약자들을 성적으로 농락하고 있는 현실에 대한 비판을 담고 있는 말일 수 있다. 또한 남주인과 여주인이 사회적 약자인 이성을 성적으로 농락하는 것에 대한 비판도 이 텍스트 속에 반영되어 있다고 해석할 수 있다.

이 편지의 수신자들인 로마시의 이스라엘계 디아스포라 공동체 내에는 그런 희생자들이 여럿 있었고, 또 수많은 가난한 젊은 이스라엘 남녀들이 잠재적인 희생자들이었을 것이다. 요컨대 이 본문은 인간 일반의 '성적 태도'가 아닌 로마시 부유층의 '성적 폭력'에 대해 문제제기하는 구절이라고 할 수 있다는 것이다.

다시 네로 얘기로 돌아가보자. 이러한 폭력적 현실이 이스라엘인만의 피해 경험이 아니었음은 물론이다. 로마시의 대중은 누구든 그런 위기에 놓여 있었다. 그런 점에서 네로의 친대중정책을 보면서 대중은 크게 고무되었다.

그에 의해 처형되거나 처벌된 귀족들의 수는 선대 통치자들 때보다 훨씬 많았다. 앞서 얘기했듯이 그는 선대 황제 클라우디우스 때보다 거의 세

리부팅 바울

배나 되는 속주 출신 인사를 로마의 원로원 의원에 위임했는데, 이는 귀족의 혈통적 연고로부터는 보다 자유롭고 통치자의 의도와 대중의 여론에 보다 의존적인 신흥귀족이 더 많아졌음을 의미한다. 이런 의미에서 황제의 공권력은 대중의 입장에서는 정당한 권력이고 복종할 만한 권력이었다.

클라우디우스 때에 추방되었던 브리스가-아굴라 부부와 절친한 바울은 그이들이 네로 때에 로마로 귀향하게 되었음도 익히 알고 있었다. 그리고 그들로부터 로마시의 사정을 꽤나 소상히 듣고 있었다.[64] 전임과 현임 황제의 도시 정책이 어땠으며, 이 도시의 이스라엘계 디아스포라 공동체의 분위기와 그 속의 그리스도파의 성향이 어땠는지 등등.

로마시의 그리스도파는 제국의 다른 도시들과는 달리 이스라엘 사람들 가운데 엘리트 출신이 상대적으로 많았다. 그들은 좀 더 부유했고 좀 더 학식도 높았으며, 도시 문화에도 좀 더 익숙한 사람들이었다. 그리고 좀 더 반체제적 활동에 적극적이었다. 하여 선대 황제인 클라우디우스 때에 소요를 일으킨 주역이 그들, 곧 '크레스투스'의 추종자들이었다. 황제는 주모자를 잡아 처형 등 실형에 처했다. 그리고 혐의가 깊지 않은 관련자들을 추방하는 것으로 사건을 마무리했다.[65]

---

64 흥미롭게도 동성애를 비판하는 듯한 「로마서」의 구절과 비슷한 비판이 바울의 서신 중 오직 「고린도전서」(6: 9)에서만 발견되고 있다. 바울이 브리스가-아굴라 부부를 만나서 로마에 대해 이야기를 들었던 곳은 다름 아닌 고린도였다.

65 여기서 나는 하나의 가정을 하고 있다. 「로마서」에서 바울이 비판하고 있는 대상이 로마시의 이스라엘계 디아스포라 사회 내의 크레스투스파, 곧 그리스도파라고 말이다. 「로마서」에 묘사된 그들은 이스라엘계 헬라주의자들로, 공동체의 다른 이들보다 지위가 좀 더 나은 이들이고, 이방 종교의 제사음식 등에 대해 거리낌이 없을 만큼 로마의 문화에 대해 자신이 있는 이들이었다. 이들이 우월한 사회적 위치에 있는 이들이라는 점에 대해서는 정승우, 「로마서의 예수와 바울」(이레서원, 2008)의 제1장 「로마의 크리스천 공동체의 기원과 형성」을 보라. 하지만 정승우는 이들 헬라주의자들이 헬라파 이스라엘인이고, 보다 유대주의적인 '약한 자들'이 그리스도인이라고 보고 있다는 점에서는 나와는 정반대의 입장을 갖고 있다. 내가 이들을 '그리스도파'라고 본 것은 브리스가와 아굴라 부부가 본래 이들의 일원이었다고 보기 때문이다. 그들도 로마시의 이스라엘계 디아스포라 출신의 헬라주의자였는데, 클라우디우스 때에 추방당한 사람들이다. 한데 앞에서 보았듯이 그들이 추방당한 이유는 디아스포라 내에 '크레스투스'의 사람들이 일으킨 소요 때문이었다. 즉 로마시의 이스라엘계 디아스포라 회당들 내에 반체제적인 헬라주의적 이스라엘인들이 그리스도를 추종하며 반체제적 활동을 벌였다고 추정할 수 있다는 것이다. 그런 점에서 나는 「로마서」에서 바울이 비판하는 헬라

하여 클라우디우스는 이스라엘계 디아스포라 공동체에게는 두려움의 대상이자 원망의 대상이었다. 한데 그가 죽었다. 사인을 정확히 알 수 없지만 그의 아내 아그리피나가 독살했다는 소문이 널리 퍼졌다. 그리고 이 혼란의 와중에서 추방당했던 이들 가운데 일부가 귀향했다. 이스라엘인들 가운데는 하느님이 황비를 통해 복수한 것이라고 생각하는 이들이 적지 않았고, 이런 분위기를 등에 업고 그리스도파 사람들은 반체제 활동을 조심스럽게 재개하고 있었다.

학식이 높은 그리스도파 인사들은 이스라엘계 디아스포라 회당들 내에서 이스라엘 본토 중심의 기획은 실패했다고 설파했다. 바울이 자기가 공박하고 있는 상대편의 주장을 가지고 되묻고 있는 「로마서」 11장 11절 이하의 구절은 저들 헬라주의적 그리스도파의 주장이 무엇인지를 짐작하게 한다.

> 그러면 내가 묻습니다. 이스라엘이 걸려 넘어져서 완전히 쓰러져 망하게끔 되었습니까? 그럴 수 없습니다. 그들의 허물 때문에 구원이 이방 사람에게 이르렀는데, 이것은 이스라엘에게 질투하는 마음이 일어나게 하려는 것입니다.

곧 저들은 이스라엘, 특히 예루살렘이나 사마리아에서 메시아가 일어나야 하느님의 변혁이 일어날 거라는 이스라엘 중심적 구원 기획은 실패했다고, 아니 잘못되었다고 주장하는 것이다. 로마시의 이스라엘계 디아스포라 공동체에서 예루살렘 혹은 사마리아 운운하는 주장을 펴는 이들은 세계의 중심이 된 이 도시에서 벌어지는 억압과 착취의 역사를 꿰뚫어보지 못한 채

주의자들은 이스라엘계 디아스포라 공동체 내의 그리스도파 급진주의자들이었다고 보는 것이다.

리부팅 바울

여전히 저 머나먼 변두리 도시에서나 가질 수 있는 시골뜨기 궤변에 지나지 않는다는 것이다.

아마도 클라우디우스 때도 헬라주의적 그리스도계 급진파는 이런 주장으로 무장한 채 모종의 반체제적 소요를 일으켰던 듯하다. 그때도 구닥다리 랍비들은 아직 때가 아니라고 하면서 사람들을 진정시키려고 했을 것이다. 예루살렘 혹은 사마리아에서 메시아 소식이 나올 때까지 기다리라고 말이다. 반면 그리스도파는 주장했다. 이미 그리스도는 나타났고, 지금 자신들과 함께하고 있다고 말이다. 그리고 클라우디우스가 죽은 직후, 로마시의 이스라엘계 디아스포라 사회 내에서는 다시 이런 반체제적 분위기가 고조되고 있었던 것 같다.

로마시의 이러한 사정은 바울에게는 낯선 광경이었다. 이제까지 그가 경험했던 디아스포라 회당의 모습은, 「갈라디아서」 3장 26~28절처럼 소외된 이들이 그리스도파였다. 한데 로마시는 정반대였다. 자기들이 지혜롭다고 허풍 떨던 이들은 이스라엘계 랍비가 아니라 헬라주의적 그리스도파 지도자들이었다.

바울은 「갈라디아서」에서 의인론을 얘기하면서 소외된 그리스도파 대중을 옹호했다. 한데 이번엔 의인론으로 "스스로 현명하다고 생각하는"(로마서 11: 25) 그리스도파 지도자들을 비판하고 있다.

당시 로마시의 이스라엘 사람들은 이웃의 미움을 사고 있었다. 도시 축제에 참여를 꺼리고 자기들의 종교행사에만 몰두하는 폐쇄적인 집단이라는 평판에도 불구하고, 카이사르와 아우구스투스에서 칼리굴라(Caligula, 재위 37~41)에 이르기까지 갖은 특권을 누리고 있다는 게 눈에 거슬렸다.

그러던 차에 클라우디우스가 그리스도파를 처형하고 추방하는 일이 벌어졌다. 이것은 로마시의 주민들에게 이스라엘인들을 공격해도 된다는 신호로 이해되었다. 이런 분위기를 잘 알고 있던 귀족들은 대중의 환심을 사고자 이스라엘 사람들에게 본보기로 못된 짓을 해댔던 듯하다.

그 무렵 네로가 즉위하고 추방당했던 그리스도파 인사들이 속속 귀향했다. 아마도 그들 중 여럿은 회당 내에서 반체제적 발언을 하며 예루살렘의 기획이 아닌 로마의 기획을 주장했다. 그리고 많은 이스라엘인들이 그 말에 설득되었다. 한데 브리스가와 아굴라가 전해준 이런 소식을 접하자 바울은 아직은 먼 계획이었던 것을 수정하여 로마행을 전격 실행에 옮기고자 편지를 보낸다.

앞서 보았듯이, 그는 서신에서 그리스도파와 반대 논지를 펴고 있다. 하느님은 이스라엘의 기획을 폐기하지 않았다고. 오히려 그는 율법의 폐기가 아니라 완성을 주장한다(13: 8~10). 이제까지의 그와는 모순되는 것처럼 보인다.

그런데 바로 그 비밀이 저 유명한, 그리고 오랫동안 오독되어온 「로마서」 13장 1절의 수수께끼에서 드러난다.

> 사람은 누구나 위에 있는 권세에 복종해야 합니다. 모든 권세는 하나님께로부터 온 것이며, 이미 있는 권세들도 하나님께서 세워주신 것입니다.

여기서 그는 공권력을 지지하고 있다. 그것에 순종하라고 한다. 이 구절에 대해서 미국의 비판적 성서 연구자 닐 엘리엇(Neil Elliott)은 로마에 있는 이스라엘인 공동체를 옹호하기 위함이었다고 한다. 로마제국의 헬라적 도시들에서도 이런 일이 종종 있었다는 점은 이와 같은 해석을 가능하게 한다는 것이다. 헬라 도시의 귀족들은 로마제국으로부터 받은 압제의 체험을, 그것으로 인한 수치심과 분노를 로마를 향해 표출시킬 수 없었기에 그 대체물에게 쏟아 붓곤 했다는 얘기다.[66]

리부팅 바울

나는 그의 통찰력 있는 해석에 힘입어 당시 정황을 이렇게 재해석하고자 한다. 로마 시로 몰려든 많은 대중은 권력자들에 의해 착취와 폭력에 시달렸다. 그것은 많은 이들에게 좌절과 분노감을 안겨주었다. 하지만 로마에 적대하는 행위는 불가능하다. 그런 상황에서 선대황제 클라우디우스에 의해 소요를 일으킨 문제집단으로 낙인찍혀 공개적으로 처벌당한 선례가 있던 이스라엘계 이민자 집단이 대중의 공공연한 분노의 대상으로 지목되었다. 게다가 군중의 이런 분노를 이용하면서 여론정치를 하던 로마의 귀족들이 이런 집단 분풀이에 가세하고 있었다.

이와 같은 상황에서 네로 황제의 군대가 도시의 무분별한 폭력행위를 제압하는 것은 도시 치안을 위해서 있을 법한 일이다. 게다가 귀족과 경쟁관계에 있던 네로가 귀족의 여론정치를 방관할 리는 만무하다. 해서 그는 도시의 집단 따돌림과 린치를 허용하지 않았던 것이다. 이것을 이스라엘계 디아스포라 공동체의 관점에서는 하느님의 뜻을 받드는 제국의 황제의 모습으로 비추어졌을 것이고, 하여 그의 권세는 신이 부여한 것이니 복종하라는 주장이 나왔을 법하다. 그리고 바울은 이런 주장을 통해서, 급진 헬라주의적 그리스도파의 무모한 과격성을 제어하려 했을 것이라는 얘기다.

한편 권력에 순종하라는 말에 이어지는 바울의 말 또한 우리의 주목을 끈다.

> 여러분은 모든 사람에게 의무를 다하십시오. 조세를 바쳐야 할 이에게는 조세를 바치고, 관세를 바쳐야 할 이에게는 관세를 바치고, 두려워해야 할 이는 두려워하고, 존경해야 할 이는 존경하십시오.
>
> ―「로마서」 13: 7

---

66 닐 엘리엇, 「로마 제국주의의 선전과 로마서 13: 1~7」, 리처드 호슬리 엮음, 『바울과 로마제국― 로마 제국주의 사회의 종교와 권력』(기독교문서선교회, 2007), 288쪽.

여기서 우리는 바울이 공박하는 헬라주의적 그리스도파의 주장의 일면을 읽어낼 수 있다. 그들은 필경 반로마 주장을 펴면서 조세 거부 선동을 했던 것으로 보인다.

당시 로마시의 납세자는 이스라엘 사람들 개개인이 아니라 디아스포라 회당이었다. 100만 명이 넘는 로마시의 인구 가운데 적어도 80만이 넘는 이민자들[67]에게 인두세를 거둬들인다는 것은 불가능한 일이었다. 해서 다양한 방법이 동원되었는데, 종족별·종교별 자치결사조직들 단위로 조세를 징수하는 방법도 그중 하나였다. 이스라엘계 디아스포라 회당들은 전형적인 자치결사체로서, 이 결사체에 포함된 이스라엘인들과 개종자들은 로마 당국에 조세를 내는 것이 아니라 회당에 기부금을 내고, 회당이 로마 당국에 조세를 냈던 것이다.

한데 이스라엘인이든 개종자든 기부금을 낼 수 없는 이들이 있었다. 그들은 일종의 면세자들이다. 빈곤해서 아무것도 낼 수 없는 자들이다. 그런 이들을 가리키는 용어가 성서에서 '가난한 사람들'로 번역된 헬라어 '프토코이(ptokoi)'다. 이들은 기부금을 낼 형편이 못되었지만 회당에 속해 있기 때문에 사실상 면세자가 될 수 있는 자들이다. 한데 면세자가 되는 대신에 그들은 멸시의 대상이었고 기부금을 내는, 사실상의 납세자인 사람들의 통제와 관리를 받아야 했다. 한데 로마시의 이스라엘계 회당에서 납세자의 상당수는 그리스도파 인사들이었다. 그러니 그들이 세금 거부 선동을 하면 사실상의 면세자들인 '프토코이'는 납세자의 지도에 따르는 것이 마땅하다. 납세자들인 그리스도파는 그렇게 생각했다.

한데 바울은 저들 납세 거부를 선동하는 그리스도파 인사들을 향해 말

---

67 카이사르 이후 로마제국은 로마시의 시민들에게 무상으로 곡물을 나누어주었다. 그 수혜자를 일컫는 용어가 '곡물평민'(Plebs frumentaria)인데, 문제는 이들이 도시의 주민 전체가 아니라는 점이다. 옥타비아누스는 곡물평민의 자격을 세 가지 원칙, (1)로마시민권자, (2)로마시 태생, (3)생래 자유인 여부에 따라 제한했다. 하여 그 수혜자의 수가 15만 명 정도였다.

한다. 세금을 내라고. 그것은 조세거부운동의 중지를 말하며, 납세자가 될 수 없는 '프토코이'에 대한 선동의 중지를 말한다. 아마도 바울의 심중에는 이런 무모한 모험주의는 수많은 이들, 특히 저들의 선동 대상이 되는 다수의 면세자들을 죽음으로 몰아갈 뿐이라는 문제의식이 들어 있었을 것이다.

하여 권세에 복종하라느니, 제국 당국에 세금을 내라느니 하는, 바울의 평소 주장과는 엇갈린 듯이 보이는 이런 주장의 이면에는, 일관된 그의 생각이 들어 있다. 그것은 '복음'이라는 것은 이스라엘파 신앙이든 그리스도파 신앙이든 특정 계파를 위해 작동되는 것이 아니라 '면세자들', 곧 '프토코이'를 위해 작동한다는 것이다.

바울의 이런 주장이 적절한 전략이었는지는 판단을 유보하자(그것은 보는 이에 따라 다를 것이다). 다만 그의 복음이 '민중주의'적 지향을 가지고 있었고 그런 관점에서 이스라엘계 디아스포라 공동체들 내부의 논쟁에 개입하고 있었다는 점은 분명하다.

「로마서」의 바울, 진보에 대해 말하다

진보적 사회운동가는 대중이 착취당하지 않고 사람답게 사는 세상을 꿈꾼다. 한데 그 꿈은 현존하는 체제, 그 체제의 수호자들과의 갈등을 피할 수 없다. 때로 그 갈등 간의 타협점이 너무 협소해서 치명적인 희생을 동반하곤 한다.

역사의 진보는 희생 없이 이루어지지 않는다. 역사의 진보는 대중이 그 역사의 주체가 될 때 더욱 실현 가능한 것이 된다. 그런데 이에 대해 한 민중교회 목사는 언젠가 진보적 지식인들에게 이렇게 말했다. "그것은 당신들의 진보다."

진보적 지식인들의 꿈은, 그 꿈이 지시하는 시간 계획과는 달리, 대개 현실에선 실현 가능한 것이 못 된다. 그것은 아주 멀리 바라보아야 비로소 보인다. 한데 대중에게는 멀리 바라볼 정신적, 물리적 자원이 별로 없다. 하여 대중이 그것을 위해 희생한다는 것은 지식인들의 그것과는 다르다. 정신적, 물리적 자원의 여유가 있는 자는 현실의 실패에 그리 치명적인 피해를 겪지 않을 수 있지만, 그런 여유가 없는 이에게 실패는 매우 혹독하다.

그 민중교회 목사는 「로마서」의 바울과 닮았다. 그이도 바울처럼 세상의 궁극적 변화를 꿈꾸었고 그것을 위해 자신의 영혼과 몸, 그리고 가족의 희생을 감수했다. 하지만 그에게 많은 진보적 지식인들의 꿈은 너무 섣불렀고 그것을 위해 거덜나버릴 민중의 예정된 고통이 참을 수 없이 안타까웠다.

다른 이가 그에게 말했다. "그렇다면 민중에겐 무임승차만이 가능한가. 그런 세상은 민중의 세상이 아니다. 그런 세상은 민중을 대상화하는 세상이다." 억지로 상상하면, 이 사람의 생각은 로마시의 급진적 그리스도파의 주장과 닮았을지 모른다.

양편의 주장 가운데 어느 편이 옳은지는 판단하기 쉽지 않다. 자명한 답은 미리 결정되어 있지 않고, 그 순간순간 진보적 지식인들과 민중이 공감하고 합의에 이르는 과정의 적절성이 정답을 판단하는 기준이겠다. 여기서는 바울이 보여준 태도, 혹은 저 민중교회 목사의 태도에 주목하자. 그이들이 그토록 소리 높여 외치는 민중주의적 발언에 경청해보자. 내가 보는 한, 「로마서」가 오늘 우리에게 주는 교훈은 이런 주장에 경청하라는 권고일 것이기 때문이다.

미래를 향한 '위대한 꿈'은 현실의 부조리를 그 근원에서부터 문제제기할 생각의 여유를 지닌 이들에게나 허락된 것이다. 누군가의 하인으로 밥한 그릇의 여유조차 누리지 못한 자는 그 '외부'를 상상할 생각의 여유가 별

　　　　　　　　　　　　　　　리부팅 바울

로 없다. 오히려 그들이 꿈꾸는 것은 그 밥 한 그릇만큼의 여유뿐이다. 그런 점에서 현실의 외부를 상상하는 근원적 사유는 '사치스런 위대함'이다.

지난 2012년 말, 근원적 사유라고까지는 할 수 없겠지만, 정권 교체를 그러한 근원적 변혁의 세계로 향하는 첫 번째 징검돌쯤으로 보았던 많은 이들이 절망의 늪으로 내동댕이쳐졌다. 그 진보적 미래연대의 총력전은 보수대연합의 거대한 해일을 이겨내지 못했다. 한데 진보적 미래연대가 꿈꾸는 세상의 주된 수혜자라고 생각했던 '밥 한 그릇'의 대중이, 그들의 다수가 보수대연합이 일으키는 거대한 물살에 합류해버렸다. 각종 여론조사에서 유추된 해석에 따르면 말이다.

무수한 비난의 화살이 그들을 향했다. 미래를 전유할 자격이 없는 자들이 되었고, 그럼으로써 닥칠 재앙을 당해 마땅한 자들이 되었다.

그런 2012년의 서울, 아니 한국에서 「로마서」의 바울은 어떤 말을 할까? 진보적 미래연대의 비전이 더 설득력을 갖지 못한 선거 전략의 실패를 비판했을지도 모른다. '밥 두 그릇'의 꿈을 말하지 않는 원대한 미래 주장의 허망함 때문이라고. 아니 어쩌면 그보다는 진보적 미래연대의 비전 자체의 진정성을 문제 삼았을지도 모른다. 밥 한 그릇의 대중을 위함이라는 주장은 자기중심적 사유를 숨기는, 심지어 스스로에게조차 숨기는 자기 속임의 수사에 지나지 않다고. 또 어쩌면 진보적 정권이었다는 지난 민주정부들이 보여준 허울뿐인 민중주의에 식상한 대중의 불신을 문제제기했을 수도 있다. 보수 권위주의적 권력과 무엇이 다르냐고, 어쩌면 더 철저한 박탈을 제도화한 장본인이 진보정권들이 아니었냐고.

물론, 말했듯이, 「로마서」의 바울은 궁극적 변화를 꿈꾸는 자다. 그러나 실패한 진보에 대한 '밥 한 그릇' 대중의 불신을 그이들의 비굴함 탓이라고 비난하는 것에 동의하지 않을 것이다. 그보다 그는 미래 비전의 전략을 문제 삼을 것이고, 미래 비전의 진정성을 회복해야 한다고 강변할 것이며, 그러한 진보적 권력의 과거 실패를 속죄하고 성찰하는 일이 선행되어야 한다고 요구할 것이다.

이 「로마서」의 바울의 말에 우리는 경청할 수 있는가? 논쟁과 토론할 준비가 되어 있는가? 또 속죄와 성찰의 자세는 되어 있는가? 「로마서」의 바울은 바로 우리 앞에 서 있다.

제8장

의인론과
종말론,
그 낯선 만남

종말론적 꿈

6장에서 보았듯이 바울의 의인론은 구원에 관한 일반이론이 아니라, 유대주의 편향이 강한 일부 이스라엘계 디아스포라 회당 내에서 벌어지는 사회적인 차별과 배제에 대한 저항담론이었다. 주변부로 밀려난 사람들 편에서, 그들을 조롱하고 배제하며 무기력한 자들로 만드는 디아스포라 회당의 지배담론을 비판하고자 한 것이다. 그가 보기에 '율법을 통한 의'는 바로 이러한 배제주의적 지배담론의 핵심이었다. '율법 대신 믿음'이라는 것, 그것은 차별에 기초한 공동체의 폭력성에 대한 고발이요 은혜에 기초한 '평등한' 대안공동체의 이상을 향한 슬로건이었다.

그보다 조금 전, 아직 의인론이라는 신학적 사유에 이르지 못한 시기에도, 「데살로니가전서」나 「고린도전서」처럼 바울은 이스라엘계 디아스포라 회당에서 벌어지는 배제주의와 순혈주의에 맞섰다(4장과 5장 참조). 한편 사회적 약자에 대한 차별을 넘어서고자 했던 바울의 활동은 이스라엘계 공동체 내부로 한정되지 않는다. 아직 이스라엘계 공동체가 조직되지 않았던 빌립보시에서도 사회적 약자의 옹호는 그의 활동의 중심축이었다(「빌립보서」를 다루는 3장 참조).

바울은 소아시아, 마케도니아, 그리스 등, 지중해 북동부의 (대)도시들을 십여 년간 두루 돌아다니며 이스라엘계 디아스포라 공동체 내에서, 저 잣거리에서, 그 밖에 이집 저집을 다니면서 예수를 선포했고, 때로 예수의 새로운 공동체를 만들었다. 하지만 그 대부분은 이스라엘 신앙의 범주 속에 있었고, 유대주의 분파들과의 갈등 속에 자리 잡고 있었다. 그리고 언제나 그가 활동하던 도시들의 문제들과 깊숙이 대면하면서 약자들을 옹호하고자 지배세력과 대결을 벌였다.

그런 점에서 바울의 활동과 그 담론들은 언제나 풍부한 현장성을 담고 있다. 하여 그의 활동과 신학은 각기 다른 지역적 상황에 대응하는 것이었고, 그러기에 보편적이기보다는 다중적 특성을 갖는다. 그럼에도 그의 활동과 담론을 꿰뚫는 공통점이 있다면 그것은, 이 책에서 시종 이야기하고 있듯이, 그리스도 공동체를 배제와 차별이 없는 평등한 공동체로 만들고자 하는 그의 꿈과 의지일 것이다. 그리고 이때 그는 낮은 자, 배제된 자의 시선에서 모두가 함께 살아가는 세상을 소망했다. 이따금 바로 이런 점에서 그의 실패가 드러나기는 하지만 말이다. 「고린도전서」에서 방언하며 사역하는 교회의 여성운동가들에게 폭언한 부적절한 말들처럼(이 책 5장 참조), 또한 빌립보에서 과욕에 차서 그 도시의 민중 중의 민중인 프뉴마 퓌토나(벙어리 귀신) 들린 여자에 대한 애틋함 없는 행동을 한 것처럼(이 책 3장 참조).

한데 그것만일까? 바울의 신학은 언제나 현장의 문제와만 맞물려 있는 것일까. 그것을 넘어서는 전 세계적인 비전은 없는 것일까. 긴 시간 동안 그의 부단한 열정에도 불구하고 복음의 세계화는 끝없이 지연되고 있었다. 그가 그토록 공들였던 현장들은 여전히 변함없었다. 「고린도후서」 11장 23~27절에서 그가 말한 것처럼, 복음을 향한 그의 사역은 끝없는 고난의 역정이었고 그 효과는 여전히 미미했다.

그들이 그리스도의 일꾼입니까? 내가 정신 나간 사람같이 말합니다

　　　　　　　　　　　　　　　　　리부팅 바울

마는, 나는 더욱 그렇습니다. 나는 수고도 더 많이 하고, 감옥살이도 더 많이 하고, 매도 더 많이 맞고, 여러 번 죽을 뻔하였습니다. 유대 사람들에게서 마흔에서 하나를 뺀 매를 맞은 것이 다섯 번이요, 채찍으로 맞은 것이 세 번이요, 돌로 맞은 것이 한 번이요, 파선을 당한 것이 세 번이요, 밤낮 꼬박 하루를 망망한 바다를 떠다녔습니다. 자주 여행하는 동안에는, 강물의 위험과 강도의 위험과 동족의 위험과 이방 사람의 위험과 도시의 위험과 광야의 위험과 바다의 위험과 거짓 형제의 위험을 당하였습니다. 수고와 고역에 시달리고, 여러 번 밤을 지새우고, 주리고, 목마르고, 여러 번 굶고, 추위에 떨고, 헐벗었습니다.

하여 그의 복음의 세계화를 향한 선교적 비전은 묵시적인 종말론적 꿈과 엮이게 된다. 열과 성을 다하고 죽음만큼 최선으로 일했어도 성과보다는 좌절을 더 많이 겪었기에 그는 세계의 단절을 꿈꾼다. 신이 개입하고, 그리하여 어느 한 순간에 역사가 단절되며 새로운 세계가 시작되는 것에 관한 소망이다. 그렇다면 이러한 종말적 꿈은 그의 현장신학, 특히 그것들을 종합한 의인론과 연관되어야 한다. 그 연장이고 완성으로서 그의 종말적 꿈이 자리 잡아야 한다. 이 책의 마지막 장은 바로 그것에 관한 이야기다.

두 개의 예루살렘

「갈라디아서」 4장 22절~5장 1절은 이 물음에 관한 중요한 단서를 담고 있다.

아브라함에게 두 아들이 있었는데, 한 사람은 여종에게서 태어나고 한 사람은 종이 아닌 본처에게서 태어났다고 기록되어 있습니다. 여종에게서 난 아들은 육신을 따라 태어나고, 본처에게서 난 아들은 약속을 따라 태어났습니다.

이것은 비유로 표현한 것입니다. 그 두 여자는 두 가지 언약을 가리킵니다. 한 사람은 시내 산에서 나서 종이 될 사람을 낳은 하갈입니다. '하갈'이라 하는 것은 아라비아에 있는 시내 산을 뜻하는데, 지금의 예루살렘에 해당합니다. 지금의 예루살렘은 그 주민과 함께 종노릇을 하고 있습니다. 그러나 하늘에 있는 예루살렘은 종이 아닌 여자이며, 우리의 어머니입니다. ……

그러므로 형제자매 여러분, 우리는 여종의 자녀가 아니라, 자유를 가진 여자의 자녀입니다. 그리스도께서 우리를 해방시켜 주셔서, 자유를 누리게 하셨습니다. 그러므로 굳게 서서, 다시는 종살이의 멍에를 메지 마십시오.

표13	「갈라디아서」 4장 22절~5장 1절의 구성	
아브라함의 두 아들		
↙		↘
본처에게서 난 아들		여종(=하갈)에게서 난 아들
약속에 따라 낳음		육신에 따라 낳음
↓	"그 두 여자는 두 가지 언약을 가리킵니다." (두 개의 은유)	↓
자유(해방)		시내 산: 율법(종노릇)
하늘의 예루살렘		지금의 예루살렘

리부팅 바울

이 단락은 아브라함을 잇는 '믿음의 계보'를 두 가지로 유형화하고 있다. 얼핏 보면 오랫동안 이스라엘인이 공유해온 상투적인 해석 틀인 듯 보인다. 하지만 본문의 내용을 좀 더 진지하게 살피면 처음부터 깜짝 놀랄 만한 바울의 전복적 발상이 들어 있다는 걸 발견하게 될 것이다.

유대주의자들을 포함한 모든 이스라엘인들은 아브라함과 그의 본처인 사라에서 시작하는 족보를 수없이 되뇌며 성장한다. 물론 '유대인 중의 유대인'인 바울도 예외가 아니다. 그런 그가, 유대인이 (사라가 아니라) 하갈의 자손이라는, 상상할 수 없었던 발상을 내지르고 있다. 그것은 저들이 '육신을 따라 태어난 자들'이기 때문이라는 것이다. 여기서 "육신을 따라"(*kata sarka*)라는 표현이 중요하다. 즉 그것은 신체를 규율하는 율법의 의지에 매여 있는 존재를 뜻한다. 해서 그들은 자유인이 아니라 노예인 것이다. '시내 산의 질서'에 속박된 존재라는 것도 같은 맥락의 표현임이 분명하다.

한데 이런 질서를 대변하는 세력은 현존하는 권력체계의 지배자들이다. 이스라엘계 디아스포라 회당의 질서는 바로 이들에 의해 추동되고 있었다. 그런데 바울은 더 나아가 이들은 '현존하는 예루살렘'의 질서와 연계되어 있다고 주장한다.

'현존하는(지금의) 예루살렘'은 성전권력을 상징한다. 이것은 「마가복음」 13장, 특히 1~2절의 예수의 반성전주의적 묵시론을 연상케 한다. 바로 "돌 위에 돌 하나도 남지 않고 무너질" 체제다. 또 이것은 「사도행전」 7장에 묘사된 스데반의 반성전주의적 주장과도 연결된다.

> 예수께서 성전을 떠나가실 때에, 제자들 가운데서 한 사람이 예수께 말하였다. "선생님, 보십시오! 얼마나 굉장한 돌입니까! 얼마나 굉장한 건물들입니까!" 예수께서 그에게 말씀하셨다. "너는 이 큰 건물들을 보고 있느냐? 여기에 돌 하나도 돌 위에 남지 않고 다 무너

질 것이다."

—「마가복음」13: 1~2

그런데 지극히 높으신 분께서는 사람의 손으로 지은 건물 안에 거하지 않으십니다. 그것은 예언자가 말하기를 '주님께서 말씀하신다. 하늘은 나의 보좌요, 땅은 나의 발판이다. 너희가 나를 위해서 어떤 집을 지어 주겠으며 내가 쉴 만한 곳이 어디냐? 이 모든 것이 다 내 손으로 만든 것이 아니냐?' 한 것과 같습니다. 목이 곧고 마음과 귀에 할례를 받지 못한 사람들이여, 당신들은 언제나 성령을 거역하고 있습니다. 당신네 조상들이 한 그대로 당신들도 하고 있습니다. 당신들의 조상들이 박해하지 않은 예언자가 한 사람이라도 있었습니까? 그들은 의인이 올 것을 예언한 사람들을 죽였고, 이제 당신들은 그 의인을 배반하고 죽였습니다. 당신들은 천사들이 전하여 준 율법을 받기만 하고, 지키지는 않았습니다.

—「사도행전」7: 48~53

위에서 인용된 스데반의 최후의 연설은 「사도행전」 저자의 각색임이 분명하지만, 그를 비롯한 일곱 명의 헬라계 지도자들이 보인 모습에서 이들이 유대주의적 신앙을 급진적으로 비판하는 전통에 서 있는 이들임을 알 수 있다.

이 책 2장에서 보았듯이 「사도행전」 6장 9절에 의하면 이들은 예루살렘의 '리버디노 회당'(libertinos) 출신이다. 예루살렘에는 최소한 전 인구의 10 퍼센트 정도에 이르는 해외 출신 이스라엘인들이 살고 있었다. 그중에는 히브리어나 아람어를 유창하게 구사하는 이도 있었지만, 아람어보다는 헬라어에 더욱 익숙한 사람들이 적지 않았다. 심지어 디아스포라 2세, 3세,

……출신들 가운데는 아람어를 거의 못하는 이들이 많았다. 아무튼 이들은 자기가 자란 고향의 언어에 더욱 익숙한 이들이고, 특히 지중해 공용어인 헬라어에 익숙한 이들인데, 유대주의적 신앙에 대한 열정 때문에 멀고 먼 낯선 땅인 예루살렘에 와서 살고 있는 자들이다. 이들 가운데는 재력가들도 있어서, 같은 언어 집단끼리 모이는 회당을 만들었고, 그중 헬라어권의 회당이 리버디노 회당이다.

한데 여기에는 예루살렘으로 온 해외 출신 이주자들만이 아니라, 일시적인 순례자들도 있었다. 물론 그들 중에는 혁명적 이상에 불타 있던 이들도 다수 포함되어 있었을 것이다. 실제로 요세푸스의 책에 언급된, "그 이집트인"은 스스로를 예언자임을 자처하면서 팔레스티나의 이스라엘인 대중을 올리브 산으로 모아들였다고 하는데 당시 팔레스티나 지역의 정무관(procurator) 펠릭스(Felix, 52~58년에 팔레스티나를 통치했다)는 이를 반란으로 해석하여 잔인하게 진압했다.(『유대전쟁사』 2,13,5) 그때가 54년경이었으니 바울이 고린도에서 에베소로 옮겨가 체류하던 때였다. 고린도로 보내는 서신들이 바로 이때 쓰였다. 그 시절 "그 이집트인"이라는 예언자는 혁명적 이상을 가진 이집트 출신 이스라엘계 순례자였음이 분명하다. 필경 20여 년 전의 '그 유월절' 당시 예수가 보인 최후의 예언자다운 모습에 깊이 감동한 이들도 있었을 것이다. 스데반 같은 사람이 그런 경우였다.

이역만리 먼 곳에서 온 이들 이주자 혹은 순례자들은 팔레스티나 토착민에 비해 훨씬 철저한 변혁적 이상을 가졌을 가능성이 크다. 머나먼 곳에서 오직 야훼에 대한 열정만으로, 모든 것을 버리고 예루살렘으로 온 이들의 눈에 성전은 과연 어떻게 비추었을까?

갈릴리 시골뜨기인 예수가 생전 처음 경험한 성전을 보며, 꿈속에 그리던 '그 성전'이 아니라, 장사치들만이 들끓는 모습에 격노하여 "내 아버지의 집이 강도의 소굴이 되었다"라고 호통을 친 광경을, 필경 많은 디아스포라 출신 순례자들도 목도했을 것이다. 바로 그것이 스데반 같은 이들이 예수에게 동화된 주된 이유였을 것이고, 바로 그것이 예수처럼 과격한 반성전적 발언을 서슴지 않고 내뱉었던 이유일 것이다. 하여 예수처럼 그들도 '현존하는 성전'의 권력 체제에 의해 처형되거나 박해를 받고 다시 타지로 추방되거나 도주했다.

그러나, 이 책의 2장에서 보았듯이, 이들의 위험성을 먼저 포착한 것은 성전 당국자가 아니라 리버디노 회당의 유대주의적 과격파였다. 해서 스데반은 이 회당에 의해 기소되어 성전 당국자들에 의해 실형에 처해졌고, 다른 급진적 헬라주의자들은 안디옥으로 도주했다.

이러한 전통, 즉 반체제론을 반성전주의를 통해 표출하는 비판 전통은, 우리가 아는 자료를 통해서 보면, 기원전 8세기의 예언자 미가에게로 거슬러 올라간다(「미가서」 3: 9~12; 7: 11~13). 또 기원전 7세기 말과 6세기 초에 걸쳐 활동했던 예언자 우리야와 예레미야(「예레미야」 26: 20; 26: 2~6)에게서도 그런 신앙이 나타난다. 이런 전통은 묵시문학에도 이어지는데, '제3스가랴서'(「스가랴서」 12~14장. 기원전 2세기 이전)가 그런 경우다. 나아가 제2성서(신약성서)의 제일 마지막에 수록된 「요한계시록」(기원후 2세기 초)에도 이런 사상이 담겨 있다.

> 야곱 집의 지도자들아, 이스라엘 집의 지도자들아, 곧 정의를 미워하고, 올바른 것을 모두 그릇되게 하는 자들아, 나의 말을 들어라. 너희는 백성을 죽이고서, 그 위에 시온을 세우고, 죄악으로 터를 닦고서, 그 위에 예루살렘을 세웠다. 이 도성의 지도자들은 뇌물을 받고서야 다스리며, 제사장들은 삯을 받고서야 율법을 가르치며, 예언자들은 돈을 받고서야 계시를 밝힌다. 그러면서도, 이런 자들은 하나같이 주님께서 자기들과 함께 계신다고 큰소리를 친다. "주님께서

우리와 함께 계시니, 우리에게 재앙이 닥치지 않는다"고 말한다. 그러므로 바로 너희 때문에 시온이 밭 갈듯 뒤엎어질 것이며, 예루살렘이 폐허더미가 되고, 성전이 서 있는 이 산은 수풀만이 무성한 언덕이 되고 말 것이다.

—「미가서」 3: 9~12

네 성벽을 다시 쌓아야 할 때가 온다. 네 지경을 넓혀야 할 때가 온다. 그 때에 네 백성이 사방으로부터 네게로 되돌아온다. 아시리아로부터, 이집트의 여러 성읍으로부터, 심지어 이집트에서부터 유프라테스 강에 이르기까지 이 바다에서 저 바다까지 이 산에서 저 산까지 네 백성이 네게로 되돌아올 것이다. 그들이 살던 땅은, 거기에 사는 악한 자들의 죄 때문에, 사막이 되고 말 것이다.

—「미가서」 7: 11~13

그 당시에 주님의 이름으로 예언한 사람이 또 한 명 있었는데, 그가 바로 기럇여아림 사람 스마야의 아들 우리야였다. 그도 예레미야와 같은 말씀으로, 이 도성과 이 나라에 재앙이 내릴 것을 예언하였다.

—「예레미야서」 26: 20

나 주가 말한다. 너는 주의 뜰에 서서, 내가 너에게 전하라고 명한 모든 말을, 유다의 모든 성읍에서 주의 성전에 경배하러 오는 사람에게, 한 마디도 빼놓지 말고 일러주어라. 혹시 그들이 그 말을 듣고서, 각자 자신의 악한 길에서 돌아설 수도 있지 않겠느냐? 그러면 내가, 그들의 악한 행실 때문에 그들에게 내리기로 작정한 재앙을, 거둘 것이다. 너는 나 주가 한 말을 그들에게 이렇게 일러주어라. "너희가,

내가 너희에게 준 법에 따라서 순종하여 살지 않으면, 내가 거듭하여 보내고 너희에게 서둘러서 보낸 내 종 예언자들의 말을 너희가 듣지 않으면, 내가 이 성전을 실로처럼 만들어 버리고, 이 도성을 세상 만민의 저줏거리가 되게 하겠다."

—「예레미야서」 26: 2~6

그날이 오면, 말방울에까지 '주님께 거룩하게 바친 것'이라고 새겨져 있을 것이며, 주님의 성전 안에 있는 모든 솥이, 제단 앞에 있는 그릇들과 같이 거룩하게 될 것이다. 예루살렘과 유다에 있는 모든 솥도 만군의 주님께 거룩하게 바친 것이 되어, 제사를 드리는 사람들이 와서, 그 솥에 제물 고기를 삶을 것이다. 그 날이 오면, 만군의 주님의 성전 안에 다시는 상인들이 없을 것이다.

—「스가랴서」 14: 20~21

나를 성령으로 휩싸서 크고 높은 산 위로 데리고 가서, 하나님께로부터 하늘에서 내려오는 거룩한 도성 예루살렘을 보여 주었습니다.

—「요한계시록」 21: 10

이와 같이 기원전 8세기에서 (성전이 존재하지도 않던 시기인) 기원후 2세기 초까지 이르는, 거의 1천 년에 걸친 장구한 전통에 따르면 '현존하는 예루살렘'은 파괴되어야 한다는 신념이 이스라엘의 반체제적 급진주의 사상에 깊게 스며들어 있었다. 그런데 그러한 낡은 체제의 몰락과 더불어 '새로운 예루살렘'의 도래에 대한 신념이 묵시적 신앙의 발전과 더불어 나타난다. 물론 바울의 '두 예루살렘'의 상상은 고대 이스라엘에서부터 유래한 묵시적 전통에 기반을 두고 있다.

리부팅 바울

지구적 꿈으로 확장되는 의인론

'묵시언어'는 현재에 대한 과거와 미래의 개입 방식을 급진화하는 언어의 성격을 갖는다. 그러므로 묵시언어는 이원론적이다. 가령 '천국/본향'이라는 미래적/과거적 시공간이 '지금 여기'라는 현재적 시공간과 철저하게 대립된 실체로 상정된다. 이 대립이 격렬할수록 미래/과거가 현재로 개입해오는 경사가 급박하다. 여기서 현재적 시공간은 극복되어야 할 장이며, 반면 미래적/과거적 시공간은 갈망해 마지않던 이상이 완성된 장이다. 극복되어야 할 현재의 질곡이 깊을수록 현재를 향해 덮쳐오는 미래/과거의 개입은 강렬하다. 이때 이 개입은 중계자를 필요로 한다. 미래/과거로부터 오는 타자적 존재다. 그이가 바로 '메시아', 즉 그리스도다. 즉 현존하는 현재에 대한 '절대 부정'과 존재하지 않는 가상적 미래/과거에 대한 '절대 긍정'은 다시 현재에 대한 '절대 긍정'을 통해 완성되는 형태를 띠고 있는 것, 그것이 묵시 언어다.

사실 바울의 언어는, '현존하는 예루살렘 대 하늘의 예루살렘'의 이원대립적 구도 외에도 수많은 묵시적 이원대립의 구도 틀로 가득하다. '혈통을 통한 자녀 대 약속을 통한 자녀', 어둠의 세력의 시공간을 뜻하는 '이 세대'(*aiōn*) 운운(「고린도전서」 1: 20, 2: 6, 「갈라디아서」 4: 25, 「빌립보서」 3: 20 등)과, 그리스도 사건과 결부된 미래와 마주선 현재(*nun*; 종말론적 새로움을 뜻하는 현재)를 뜻하는 언급(「로마서」 3: 26, 「고린도후서」 6: 2, 「갈라디아서」 2: 20 등) 등등.

다시 앞의 「갈라디아서」 4장 22절~5장 1절에 관한 얘기로 돌아가보자. 이 묵시적 단락은 텍스트 구성상 그 앞에서 전개된 의인론 논의에 바로 이어지고 있음을 주목해야 한다. 곧 '지금의 예루살렘'과 바울이 염두에 두고 있는 공격 대상인 이스라엘계 디아스포라 회당 체제는 서로 연결되어 있

표14	「갈라디아서」의 의인론과 묵시종말론	
	2:1~4:20	4:21~5:1
담론의 형식	의인론	묵시적 종말론
담론의 자리	디아스포라 회당	세계, 우주
극복의 대상	(배제주의적) 율법	'현존하는 예루살렘' 체제

다. 바울은 회당 체제 중심부의 배타주의를 비판하는 의인론의 연장선상에서 종말론적 묵시사상을 펼치고 있는 것이다. 하여 그의 의인론적 민중론 내지는 해방론은 회당 내부의 프로그램에 한정되는 것이 아니라, 범세계적, 아니 우주적 변혁의 전망을 갖게 된다. 다만, 그 또한 유대주의자의 한 사람인지라, 우주적 지평의 천지개벽을 예루살렘 성전 표상을 중심으로 사고하고 있을 뿐이다.

이 책 6장에서 바울의 의인론은, 구원에 관한 일반 이론이 아니라, 이스라엘계 디아스포라 회당 내의 배타주의자들에 대립하여 사회적 약자의 권리를 옹호하는 인권적 문제제기였음을 보았다. 하지만 또한 의인론과 바로 직결된 종말론적 텍스트인 「갈라디아서」 4장 22절~5장 1절처럼, 그것은 특정 회당 안의 대안적 질서관에 국한된 비전이 아니라, 지구적 아니 우주적 차원의 변혁의 꿈과 연계되어 있음을 말했다.

아래에서는 바울의 그러한 종말론적 변혁에의 꿈을 보여주는 하나의 실천에 관해서 이야기하려 한다. 바울의 실천은 지중해 대도시 지역에서 예수 공동체를 만들고 꾸리는 일로 점철되어 있다. 그것은, 「갈라디아서」 2장에 반영된 예루살렘 회의에서처럼, 예루살렘의 이스라엘 중심적 예수운동 지도자들이 모든 선교를 자기들 식으로 일반화하려는 것에 대해서, 자기 자신의 특수성을 방어하려는 노력이라고 할 수 있다. 디아스포라 이스라엘

리부팅 바울

인, 심지어 비이스라엘인, 노예, 여자 등에게도 평등한 주권을 부여하려는 신앙제도를 구현하기 위한 바울식의 예수운동은 바로 이러한, 일반화에 대한 저항이었던 것이다.

모금

한데 다른 한편에서 그의 예수운동은, 지중해 지역 대도시들만이 아니라, 예루살렘에서의 '어떤 실천들'과 결합된다. 다음에서 이야기하려는 내용의 골자는 바로 이것이다. 바울 서신들을 보면 그는 끊임없이 예루살렘의 '가난한 성도'들을 위해 모금 활동을 벌이고 있다는 점이 눈에 띈다. 클라우디오스 로마 황제(재위 41~54년) 치하에서 일어났다는 대기근의 구호기금 성격의 모금이라는 「사도행전」의 주장은 거의 설득력이 없다.

> 그 무렵에 예언자 몇이 예루살렘에서 안티오키아에 내려왔다. 그 가운데 아가보라는 사람이 성령의 감동을 받아서, 일어나, 온 세계에 큰 기근이 들 것이라고 예언하였다. 바로 그 기근이 글라우디오 황제 때에 들었다. 그래서 제자들은 각각 자기 형편에 따라 몫을 정하여, 유대에 사는 신도들에게 구제금을 보내기로 결정하였다. 그들은 그대로 실행해서, 바나바와 사울 편에 그것을 장로들에게 보냈다.
> ―「사도행전」11: 27~30

일부 학자들이 얘기하는 대로, 이 황제 재위기 중 40년대 후반에 지중해 동부지역을 휩쓴 광범위한 기근이 일어났고, 바로 바울의 모금은 이에 대한 구호기금의 성격을 지닌다고 한다면, 그는 왜 이 대대적인 모금을 예루살렘의 가난한 자들에게 '만' 한정했는지 이해할 수 없다.

> 이제 나는 이방 사람인 여러분에게 말합니다. 내가 이방 사람에게 보
> 내심을 받은 사도이니만큼, 나는 내 직분을 영광스럽게 생각합니다.
> 나는 아무쪼록, 내 동족에게 질투심을 일으켜서, 그 가운데서 몇 사
> 람만이라도 구원하고 싶습니다.
>
> —「로마서」 11: 13~14

그가 벌이는 모든 이방인 선교가 궁극에는 이스라엘인을 우선시한 것이
라는 얘기다. 하지만 이 말은 로마시의 이스라엘계 디아스포라 공동체에 보
낸 편지이니 이스라엘인들을 위한 립서비스였다고 해석해도 무방하다. 평
소 그는 유대주의 분파와 논쟁을 벌이는 중에 여러 차례 이스라엘 중심주
의를 비판해왔다. 그럼에도 위의 인용 구절처럼 그는 로마시의 이스라엘인
들에게 보낸 편지에서는 이례적으로 다르게, 곧 친이스라엘적인 논조로 이
야기했다. 왜일까?

이 책 7장에서 보았듯이 다른 활동지에서 그는 유대주의자들의 배타성
과 대립했지만, 로마의 이스라엘인 디아스포라 공동체에 편지를 보낼 때는
헬라주의적 그리스도 분파주의자들(유대주의자가 아니라)의 정치적 모험주의
를 경계할 필요가 있었던 탓이다. 이때 이들은 이스라엘 중심주의를 비판
하던 이들이었다.

그러니 지중해 동부 전역에서 일어난 대기근에 대해 예루살렘의 구호기
금이 다른 곳보다 우선이라고 생각했다는 근거로, 위에서 인용한 「로마서」
11장 13~14절 같은 이스라엘 중심주의를 연상케 하는 텍스트를 떠올리는
것은 난센스다.

하지만 구호기금 가설의 더 치명적인 문제는 따로 있다. 대기근의 구호

기금이라면 '긴급한' 모금이어야 할 텐데, 49년경 예루살렘 회의 이후 그곳의 지도자들로부터 '가난한 이들을 위한 모금'을 요청받은 이후(「갈라디아서」 2:10), 근 10년이 지난 「로마서」 15장 25절("그러나 지금 나는 성도들을 돕는 일로 예루살렘에 갑니다.")에서야 그것을 가지고 예루살렘에 방문하겠다고 할 만큼 오랫동안 뜸들인 것은 설명할 길이 없다. 만약 구호기금 명분으로 10년간 전달하지 않은 채 모금을 계속했다면, 그는 사기꾼에 다름 아니다.

그렇다면 도대체 이 모금의 진실은 무엇일까? 이 문제를 해명하기 위해 '가난한 자들'이 도대체 누구를 말하는 것인지를 이야기해야 한다.

이들의 정체를 묻기 전에 먼저 모금 당시 예루살렘의 정황을 살펴볼 필요가 있다. 그가 모금을 시작한 49년경은 팔레스티나에서 테러가 속출하기 시작하던 바로 그 시기였고, 당국의 부적절한 과잉진압이 잇따름으로써 정국의 혼란이 극심해지던 바로 그 계기가 된 시기다.[68] 이러한 과잉진압은 정부에 대한 백성의 동의 기반을 송두리째 무너뜨렸고, 점차 대중을 반정부적 봉기에 참여하도록 이끌었다.[69] 요컨대 테러 행위에 대해 지배 엘리트의 과잉진압이 권력의 위신을 격하시킴으로써 대중이 전반적인 저항상태에 이르고 이것이 정치화하여 혁명을 야기했다는 것이다.

여기서 주목할 것은 제국 전체가 그랬다는 게 아니고, 예루살렘을 중심으로 하여 팔레스티나 일대가 그랬다는 점이다. 바울이 '예루살렘의 가난한 이'를 위한 모금을 제안받은 때는 바로 그 시기다. 이후 그는 10년간 이

---

68 당시 유대인 역사가였던 요세푸스의 책들을 통해 종교사회학자 리처드 호슬리는 그렇게 해석했다. F. 펠로 & R. A. 호슬리, 한국신학연구소 편집부 엮음, 『예수시대의 민중운동』(한국신학연구소, 1990) 참조.

69 호슬리는 역사가 에릭 흡스봄(Eric J. Hobsbawm)의 표현을 빌려 반로마 항쟁이 발발한 66년 이전까지의 시기를 '원초적 반란'(Primitive Rebel)의 개념으로 설명하면서, 이를 찰머스 존슨(Chalmers A. Johnson)의 혁명이론을 끌어들여 테러리즘이 대대적인 봉기의 촉매제(catalyst) 역할을 했다는 가설을 제시한다. E. J. 흡스봄, 『반란의 원초적 형태─자본주의 발전에 따른 유럽 소외지역 민중운동의 모든 형태』(온누리, 2012); 찰머슨 존슨, 『혁명의 미래─정치와 사회변동』 현대사상총서 14 (현대사상사, 1987) 참조.

나 그 일을 계속해왔다. 당시 팔레스티나의 치안 상황은 같은 기간 동안 결코 나아지기는커녕 악화일로에 있었다.

이런 상황에서 예루살렘으로 보낸 기금이란 도대체 어떤 성격의 것일까? 도대체 누구를 위해, 어떻게 쓰였을까? 용례로 볼 때, '가난한 자'(히브리어 ānī)라는 용어는 이러한 의구심에 단서를 제공해주고도 남음이 있다. 이미 오래전부터 이 용어는 사회적 박탈의 결과만을 의미하지 않았다. 팔레스티나의 역사에서 식민지 시대에 '가난'을 타율적 체험보다는 '자발적 선택'과 관련시키는 어법이 나타나기 시작했다. 이것은 한편에서는 '수동적으로 견디는 것'을 뜻하기도 했지만, 다른 한편에서는 적극적인 저항을 내포하는 신앙적 선택을 함축하기도 했다.[70]

> 진실로 주님은, 조롱하는 사람을 비웃으시고, '겸손한 사람'(ānī)에게는 은혜를 베푸신다.
>
> —「잠언」 3: 34

> 주님, 주님께서는 '불쌍한 사람'(ānī)의 소원을 들어주십니다. 그들의 마음을 굳게 하여 주시고, 그들의 부르짖음에 귀 기울여 주십니다.
>
> —「시편」 10: 17

쿰란의 수도사들은 자신들을 '가난한 자'로 인식했는데, 이들은 때가 되기까지는 은둔하고 있었지만, 때가 찼을 때, 곧 유대 전쟁이 발발했을 때 분연히 일어나 항쟁에 참여했다. 마찬가지로 예수의 제자들도, "모든 것을 버리고 따랐다"(「마가복음」 10: 28)는 말에서 드러나듯, '자발적인 가난'을 선택

---

70 기원전 2세기경의 헬라어역본 성서인 70인역본성서(LXX)에서도 가난한 사람들이라는 뜻의 히브리어 ānī가 '온유한, 겸손한' 등의 뜻을 가리키는 형용사 prous로 번역되었다.

한 동시대의 혁명가들이었다. 물론 '때가 찰' 때까지 예수와 그의 제자들은 예루살렘으로 가지 않았고, 그날이 되었을 때에야 비로소 마지막 만찬을 나눴다. 그렇다면 「갈라디아서」 2장 10절의 "가난한 사람들"(ptōchoi)은 기근으로 몰락하게 된 사람들을 뜻하기보다는 현존하는 예루살렘이 붕괴될 때를 기다리는 묵시적 하느님 나라 운동가들이었다고 해도 그리 무리한 추론은 아니다.

바울은 「로마서」에서 드디어 예루살렘으로 모금한 기금을 들고 달려갈 것을 선언한다. 유대전쟁(66~70년)이 발발하기 몇 년 전이다. 대대적인 저항의 불길이 치솟아 일시적으로 로마군을 몰아낼 그 혁명의 순간이 오기 몇 년 전, 아직은 체제가 얼마만큼은 안정을 지킬 수 있을 마지막 때, 그는 지난 10년간 모금한 것을 들고 귀국한다. 마치 새 세상이 곧 올 것을 기대한 것처럼 말이다. 그런데 그가 예루살렘에 당도하자 일단의 사람들, 특히 성전체제의 가장 적극적인 수호자 분파인 사두개인들의 일단은 바울을 향해 적개심을 숨기지 않는다. 하여 그는 소송에 휘말린다. 그리고 결국에는 로마로 압송된다. 바로 그해에 예루살렘에서는 예수파의 지도자인 '주의 형제 야고보'가 처형당한다. 또 로마시에서는 베드로가 처형당한다. 바울이 처형당한 때도 바로 그때다. 그로부터 4년 뒤 팔레스티나에는 이스라엘인들에 의한 대대적인 봉기가 발발했다.

바울은 혁명가였다. 하지만 그는 끈질기게 때를 기다릴 줄 아는 이였고, 그날에 이르기까지 자신이 선교한 작은 공동체들에서 지극히 작은 이들 하나하나가 겪는 고통을 함께 겪으며, 그것을 극복하기 위해 일상의 권력과의 투쟁을 게을리 하지 않았다. 의인론은 그러한 일상의 권력과의 투쟁에 담긴 함의를 보여준다. 그것은 주권 없는 자들과의 연대, 바로 그것이다. 그것은 그들, 저 하위주체로 분류된 이들을 재주체화하는 것이고, 그들을 배제하는 체제의 담론을 붕괴시키려는 것이다. 그런 점에서 바울은 민중론자였고 민중의 인권운동가였다. 즉 의인론은 민중적 인권신학이다.

하지만 그것은 예수 신앙 전통의 유일한 예도, 또 최초의 예도 아니다. 실은 예수 자신이 오클로스와 더불어 벌인 일련의 기적과 비유의 말씀들 속에 이미 주권 없는 이들에 대한 민중적 인권 투쟁의 정신이 담겨 있다. 안병무 선생의 오클로스론은 바로 그것을 발견하고 해석하는 데서 '역사의 예수'를 읽어냈던 것이다.(주53 참조) 그러므로 바울은 예수를 승계하고 있다. 민중신학은 예수와 바울 사이의 연계성을 인권이라는 문제설정을 통해 성공적으로 해석해낸 것이다. 이로써 낯선 바울은 우리에게, 오늘 우리의 시대를 향해 할 말을 되찾게 되었다.

리부팅 바울

'죄론'과 시선의
규율 권력

바울의 '옷 입음' 레토릭을 중심으로

교회의 규율 권력으로서의 죄론

미셸 푸코(Michel Foucault)는 『감시와 처벌』에서 근대의 권력은 억압을 통해 지배하기보다는 자발성을 통해 지배하는 특징이 있음을 강조했다('생산적 권력'). 앤서니 기든스(Anthony Giddens)는 『현대사회의 성, 사랑, 에로티시즘』에서 푸코에 대해 논평하면서, 한 걸음 더 나아가, 권력에 매여 사는 것에서 '쾌락(pleasure)'을 체감한다고까지 한다.

푸코는 위의 책에서 권력에 매여 있게 하는 자발성의 장치를 '규율'(discipline)이라고 말했다. 한데 이 규율은 '몸'을 권력에 순응하게 하는 방식으로 작동한다. 즉 규율은 '순종하는 신체'를 생산하는 담론적 장치다. 요컨대 생산적 권력의 메커니즘은 규율을 통해 자발적으로 순종하며 심지어 거기에서 쾌락을 체감하는 주체를 만들어냄으로써 사회의 지배 관계를 재생산한다.

푸코에 의하면 규율 권력은 주로 '시각'을 통해 작동한다. 타인이 자신을 보기 때문에, 혹은 본다고 생각하기 때문에 자기 몸을 자발적으로 규율하게 된다는 것이다. 그런 점에서 푸코의 규율 권력은 '시선'(gaze)의 효과와 관련이 있다.

영국의 공리주의자 제레미 벤담(Jeremy Bentham)은 18세기 말에 '판옵

그림12 | 제레미 벤담이 설계한 판옵티콘

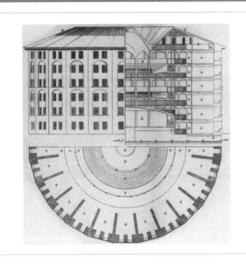

티콘'(panopitcon, 모든 것을 본다는 뜻의 그리스어)이라는 이름의 건축물 설계도를 그렸는데, 이것은 가혹한 처벌 중심의 감옥을 보다 인간적으로, 그리고 효율적으로 개선하고자 함이었다. 〔그림 12〕에서 보듯, 반원형의 건물은 바깥쪽으로 죄수들의 독방이 있고, 방마다 창문이 하나씩 달려 있다. 그리고 건물 중앙에는 교도관의 방이 있는데, 죄수들은 교도관을 볼 수 없었다. 반면, 교도관은 창문을 통해 들어오는 빛으로 죄수들의 실루엣을 볼 수 있었다. 하여 죄수들은 교도관이 요구하는 질서에 자발적으로 복종하는, 즉 '순종하는 신체'로서 스스로를 규율하게 하려는 것이다. 이것을 통해 벤담은 가혹한 처벌 없이도 교화가 가능하며, 그러한 감시의 체계를 저비용으로 운용할 수 있음을 보이고자 했다. 그는 감옥만이 아니라 병원, 병영, 학교, 공장 등에도 이런 모델이 적용될 수 있다고 보았고, 그럼으로써 효율적이면서도 가혹함이 제거된 공리적 사회를 구축할 수 있다고 생각했다.

비록 이 제안은 당국에 의해 채택되지는 않았지만 2세기 후에 푸코는 벤담의 '판옵티콘'이 담고 있는 이상이 점차 근대 유럽의 사회적 통합의 모델이 되었다고 해석함으로써, 그것을 근대적 권력의 예표적 담론으로 읽었다. 여기서 푸코가 주목한 것은 판옵티콘의 핵심이 '시선'과 그 효과로서의 '내면화'(interiorization)에 있다는 점이다. 즉 판옵티콘의 시선은 '보이지 않음'으로써 감시의 효과를 극대화한다는 것이다. 이때 보이지 않는 시선은 '타자'의 시선이다. 한데 그 타자는 응시의 대상이 아니다. 일방적으로 응시하는 존재다. 그런 점에서 타자의 시선은 권력의 시선이며, 사람들은 타자, 곧 권력에 의해 감시되고 있음을 의식함으로써 권력에, 권력이 부여하는 질서에 자발적으로 순응하게 된다는 것이다.

이 글은 지배(domination)에 대한 순응을 낳는 그리스도교/교회의 권력을 다루려는 데 초점이 있다. 특히 강압을 통해 순응을 만들어내는 '강제'(sanction)의 차원보다는 자발적 순응의 차원에서 그리스도교의 생산적 권력을 파악하려는 것이다. 하여 교회의 생산적 권력 메커니즘이 어떻게 '그리스도인'이라는 주체를 만들어내고 있는지, 왜 그리스도인은 권력에 순응적인지를 살펴보려 한다.

여기서 나의 주된 관심은 교회의 담론에서 '시선이 갖는 효과'에 있다. 이 점에서 우리의 가설적 입론이 제기될 수 있는데, 그것은 푸코가 근대적 권력의 특성이라고 보았던 시선과 그로 인한 내면화의 문제가 그리스도교 담론에선 이미 오래전부터 교회 권력 작동의 결정적인 요소를 이루어왔다는 것이다. 이런 관점에서 나는 그리스도교 신학의 '죄론'에 주목한다. 그것은 죄 담론이 그리스도교 신학의 처음이자 끝이라고 해도 과언이 아닌 '구원의 어법'과 불가분 연결되어 있을 뿐 아니라, 일종의 시선을 통한 규율 권력 담론이라고 볼 수 있기 때문이다.

죄론의 세 가지 패러다임

이제까지 그리스도교 신학에서 '죄'에 관한 모든 물음은 '악의 해석'의 문제에 초점이 맞추어져왔다고 해도 과언이 아니다. 그것은 기본적으로 '존재의 위기는 어디에서 오는가'에 관한 물음으로, 이러한 존재론적 비구원의 상태를 '신으로부터의 거리' 혹은 '인간 간의 거리'의 문제로 본다. 즉, 신의 초월성을 강조하는 신학적 입장에서는 죄를 신과 인간 사이의 관계의 파괴라고 본다면, 신의 내재성을 강조하는 입장은 인간 간의 관계의 파괴에서 죄를 본다. 그러므로 이 존재론적 위기를 극복하는 것 또한 그 '거리를 해소'하는 관점으로 이해한다. 한편 거리 해소를 가능하게 하는 것, 즉 구원에 관한 신학적 해석 방식은 대략 세 가지 유형으로 구분될 수 있다. (1)위로부터의 초극, (2)수평적 초극, 그리고 (3)아래로부터의 초극이 그것이다. 첫 번째의 것이 '정통주의적 전략'이고 두 번째의 것은 '자유주의적 전략'이라면, 마지막의 것은 '해방론적 전략'이라고 할 수 있다.[71]

이 세 전략은 공히 죄의 근거를 '신성(하느님의 형상)으로부터의 이탈'(또는 신성의 결핍)의 관점에서 보고 있다는 점에서 일치한다. 그런데 정통주의는 신성이 소거된 인간이 죄로부터 스스로는 결코 자유로울 수 없다는 관점을 취한다. 오직 신으로부터의 선물(은혜)만이 그것을 가능하게 할 수 있다는 것이다. 반면 자유주의적 전략은 신성의 결핍을 인간성의 결핍으로 해석하는 경향이 있다. 이때 인간성은 보편적 가치에 준해서 해석된다. 그러므로 보편적 인간성의 회복을 통해서 인간은 상실한 신성을 회복할 수 있다는 관점을 취한다. 이러한 보편적 인간성의 상실에서 죄 문제를 사고하는 관점

---

71 이렇게 세 가지 패러다임으로 나눈 것은 독일의 신학자 도로테 죌레(Dorothee Sölle)의 유형화에 따른 것이다. 도로테 죌레, 『현대신학의 패러다임』 (한국신학연구소, 1993) 참조.

은 모든 인간의 인간성 상실 상태를 강조한다.

그런데 현실의 위기 구조를 인간성의 상실 상태가 균등하지 않음으로 인한 것이라고 보는 입장이 있을 수 있다. 해방론적 전략이 강조하는 바가 이 것인데, 위기 구조의 불균등성으로 인해 더 많은 고통을 짊어진 이들의 일 그러진 얼굴을 보며 신이 가슴 아파한다는 관점을 취한다.

따라서 죄론에 관한 세 패러다임은 담론의 형태에 있어 몇 가지 유사성과 차이를 지닌다. 우선 이 셋은 공히 죄의 현실을 인간 삶의 '굴레'로서 보고 있다는 점에서 일치한다. 따라서 이러한 굴레로부터의 해방에 관한 논의가 구원론의 골격을 이루게 된다. 여기서 정통주의 전략은 인간 자체로부터의 내재적 구원 가능성을 부정함으로써 반인간주의적 태도를 취하는 반면(타율적 구원론), 다른 두 담론은 구원의 인간 내재적 특성을 인정하고 있다는 점에서 유사한 담론 기조를 갖는다. 단 자유주의 전략에서는 개별자로서의 인간이 위기의 존재이며, 동시에 구원의 행위 주체로 다루어지는 데 반해, 해방론적 전략은 죄의 현상이 부여되는 구조를 문제시하며 동시에 구원의 행위를 구조 변동의 관점으로 보려는 경향이 있다.

또한 죄 담론에 관한 자유주의 전략이 보편적 인간성을 강조하는 한, 구원론적 담론의 시공간적 구조는 수평적 성격과 현재 지향성을 지니는데, 해방론적 전략은 시간적으로 현재 중심적이라는 점에서는 유사한 담론 구조를 갖지만 공간적으로 사회 구조적 고난에 기반을 둔 '아래로부터의 구원'을 강조한다는 점에서 전자와는 다른 양상을 띤다. 한편 정통주의 전략은 시간적으로 미래 중심적이라는 점에서 다른 논의와는 구별되지만, 공간적으로 죄-구원의 문제를 수직적 시각에서 보고 있다는 점에서 해방론적 전략과 유사한 담론 구조를 취한다. 다만 전자가 위로부터의 구원을 말하고 있다는 점에서 이 두 담론 전략의 중요한 차이점이 노정된다.

표 15 | 죄론의 세 가지 패러다임

	죄의 근원	구원의 계기	담론의 공간적 구조	담론의 시간적 구조	인간주의에 대한 담론의 기초
정통주의 전략		신의 선물	수직 구조(위로부터)	미래 중심적	반인간주의
자유주의 전략	신성으로부터의 이탈/신성의 결핍	보편적 인간성	수평 구조	현재 중심적	인간주의(개인 강조)
해방론적 전략		고난당하는 이	수직 구조(아래로부터)		인간주의(구조 강조)

이상과 같이 세 패러다임으로 나누어 정리해본 기존의 담론은 모두 죄론의 '내용'을 무엇으로 구성할 것인가의 관한 것이라고 할 수 있다. 즉, 경험되는 위기 상황을 인간의 존재론적 굴레인 '죄'와 연관 지어 해석함으로써 위기의 존재론적 성격이 규정되고, 그것을 초극하기 위한 신앙적 전략으로 인간, 세계, 우주 그리고 신 등과의 관계 재구성이라는 관점으로 죄론의 내용을 구성하고자 한 것이라는 얘기다. 물론 이러한 담론 구조의 차이는 인식론적 차이를 내포하고 있으며, 이러한 차이는 현실 사회의 위기에 개입하는 상이한 방식과 연결되어 있다. 요컨대 이러한 내용 분석에는 그리스도교 분파 간의 상이한 사회적 실천 양상이 함축되어 있다.

그런데 이런 식의 내용 분석의 결정적인 한계는 그러한 논의가 죄론의 수용자, 곧 그리스도인의 정체성 형성에 어떻게 관여되는지, 그 작동 메커니즘이 어떠한지에 관한 물음으로 자동적으로 연결되지 않는다는 것이다. 이 점에서 우리는, 죄론이 죄를 굴레로서 이야기하지만, 그것의 담론적 효과는 단순히 굴레 의식만은 아니었다는 점을 유념할 필요가 있다. 아래에서 더 논하겠지만, 그것은 수용자 공동체에게 하나의 쾌락으로서 체감되기도 했다는 점이다. 죄의식이 쾌락의 근거일 수 있는 것은 죄 담론이 타인의 시선을 통해 주체의 구성을 조직해내는 효과를 갖고 있기 때문이다. 그러므로 아래에서는 죄 담론이 시선의 권력과 어떻게 연계되었는지를 조명해 볼 것이다. 특히 그리스도교 죄론의 중심 텍스트인 바울서신들에서 이 문제를 살필 것이다.

'옷 입음'의 레토릭과 율법주의 죄론의 해체

> 여러분은 모두 세례를 받아 그리스도와 하나가 되고, 그리스도를 옷
> 으로 입은 사람들이기 때문입니다.
>
> —「갈라디아서」 3: 27

이 구절에서 바울은 세례를 받는다는 것, 즉 '그리스도인 됨'이라는 것을 '옷 입음'으로 말하고 있다. 또 「로마서」에선 구원의 때가 가까이 다가왔으니 "어둠의 행실을 벗어버려"라고 하면서(13: 12) "주 예수 그리스도로 옷을 입으십시오"(13: 14)라고 강변한다. 「고린도전서」는 죽음으로 귀결되는 죄의 권력에 매인 이들을 "썩을 몸이 썩지 않을 것을 입"고 있다고 표현한다(15: 53). 이와 같이 '옷 입음'의 레토릭으로 '그리스도인 됨'을 나타내는 것은 바울의 일관된 어법이다.

한편 바울의 영향을 받았지만, 보수적으로 바울을 재해석한 「골로새서」와 「에베소서」[72]에서도 비슷한 표현들을 볼 수 있다.

> 여러분은 그 모든 …… 부끄러운 말을 버리십시오. …… 옛 사람을
> 그 행실과 함께 벗어버리고, 새 사람을 입으십시오.
>
> —「골로새서」 3: 8~10

……썩어 없어질 그 옛 사람을 벗어버리고, 마음의 영을 새롭게 하여, 하나님의 형상을 따라 참 의로움과 참 거룩함으로 지으심을 받은 새 사람을 입으십시오.

—「에베소서」4: 22~24

여기서 바울과 「골로새서」-「에베소서」 사이의 차이가 있다면, 바울은 종말이 임박했다는 생각 속에서 그리스도인의 정체성에 대해 말하고 있는 반면, 대략 반세기나 후대의 문서인 「골로새서」나 「에베소서」는 종말이 한정 없이 지연되는 상황에서 그리스도인이라면 이렇게 살아야 한다고 말하고 있다는 것이다. 그래서 바울이 예수 당파로 전향하기 이전의 보수적인 규범적 생활 태도에서 벗어나는 것을 '옷 입다'라는 말로 표현하고 있는 것과는 달리, 「골로새서」는 예수 당파의 급진주의적 규범이 아닌, 기성사회 일반의 보수주의적 규범에 따른 생활을 공동체에게 강변하기 위해 '옷 입음'의 소재를 활용하고 있다.

이와 같이 바울과 바울의 계승자들은 그리스도인의 정체성을 '옷 입다' (endyō) 혹은 '낡은 옷을 벗고(apekdyomai) 새 옷을 입다'로 묘사하고 있었다. 한데 이러한 '옷 입음/벗음'이라는 표현 속에는 그것을 '보는 이(타자)'가 전제되고 있다는 점을 주목해야 한다.

여성주의 영화이론가 로라 멀비(Laura Mulvey)는 여성 관객은 영화를 볼 때 주인공 남자를 응시하고 있음에도 그 남자에 의해 응시되고 있다는 생각 속에서 영화에 몰입하게 된다고 말했다. 그녀는 이것을 설명하기 위해 정신분석학의 '복장도착증'(transvestism) 개념을 활용하고 있다. '복장도착'이라는 것은 이성의 옷을 입고 있거나 그렇게 상상할 때 성적 쾌락을 보

---

72 이 서신들은 바울의 위서이며, 그중에서도 후기바울서신으로 분류되며, 바울을 보수적으로 계승한 텍스트들이다. 이에 대하여는 이 책 제1장 참조.

다 쉽게 느끼는 도착 증상이다. 이것은 그렇게 입지 않았을 땐 성적인 흥분에 결코 도달할 수 없다는 뜻이 아니다. 마치 남자가 여자의 야한 이브닝드레스를 보고 성적인 흥분을 느끼는 것과 유사한 증상일 뿐이다('절시증', scopophilia). 한데 절시증과 복장도착증이 다른 것은 전자는 '타인을 봄'으로써 쾌락을 느끼는 행위인 반면, 복장도착자는 '타인의 시선을 상상하면서' 쾌락을 맛본다는 점에 있다. 요컨대 복장도착이라는 개념은 '보이는 것', '감시당하는 것'이 쾌락의 감정과 연결될 수 있다는 뜻을 내포한다.

여기서 흥미로운 또 하나의 사실은 타인이라는 관찰자가 실재 인물이 아니라는 점에 있다. 그 타인은 복장도착자를 '보는' 누군가가 아니라, 복장도착자 자신이 '상상하는' 타인이다. 즉, 상상 속의 타인, 그의 '내면에 들어와 있는 타인'이다.

바울이 묘사하는 바 그리스도교 신앙도 바로 그렇다. 그리스도로 옷 입었다는 것은 보이는 현상이 아니다. 그것은 '보이지 않는 이의 시선'에 의해서만 포착될 뿐이다. 물론 말할 것도 없이 그 시선의 주인공은 하느님이다. 하지만 여기에서 하느님은 이미 그 외부에 있는 존재가 아니라 그의 '내부'에 들어와 있는 존재, '그리스도인 안으로 내면화된 존재'인 것이다. 아무에게도 보이지 않지만 단지 그의 시선에 의해서만 응시되고 있다는 믿음, 거기에서 그리스도인은 아무리 힘겨운 현실에 닥쳐 있다 하더라도 세상을 살아갈 힘을 얻는다. 바로 이것이 '옷 입음'의 신앙이다.

그런데 이러한 '옷을 입음'으로써 새롭게 구성되는 그리스도인의 정체성 문제는 그의 '죄 이해'와 직결되어 있음을 주목해야 한다. 바울에게서 '죄'는 그의 의지의 결과가 아니다. 그가 존재하기 전부터 그를 규정하고 있던 존재 자체다. "아담 한 사람의 범죄 때문에 그 한 사람으로 말미암아 죽음이 왕 노릇 하게 되었다"는 그의 말(「로마서」 5: 12~19. 특히 17절)은 인간의 죄성(罪性)이 근원적으로 누구에게서 비롯되었느냐를 말하기 위함이 아니라

죄가 자신의 의지를 넘는 존재의 구성요소라는 것을 말하기 위함이다.

> 여기에서 나는 법칙 하나를 발견하였습니다. 곧 나는 선을 행하려고
> 하는데, 그러한 나에게 악이 붙어 있다는 것입니다. 나는 '속사람'(ho
> esō anthrōpos)으로는 하나님의 법을 즐거워하나, 내 지체에는 다른
> 법이 있어서 내 마음의 법과 맞서서 싸우며, 내 지체에 있는 죄의 법
> 에 나를 포로로 만드는 것을 봅니다. 아, 나는 비참한 사람입니다. 누
> 가 이 죽음의 몸에서 나를 건져 주겠습니까?
>
> —「로마서」7: 21~24

여기서 그는 분열된 주체다. 그의 존재 안에는, 하느님의 법을 추구하는
자아("속사람")와 함께, 죄의 법 안에 자신을 사로잡고 있는 또 다른 자아가
도사리고 있다. '속사람'은 '이성의 법'(nomos tou noos)을 지향하는 주체다.
'이성'이 의식적 행위를 함축하는 개념이므로, 내적 자아의 반대편에는 의
식 이면에서 그를 충동질하는 또 다른 자아가 상정되고 있는 셈이다. 요컨
대 그는 여기서 죄의 원인에 관한 지식을 펼치고 있는 게 아니라, 자신의 의
지로선 어찌할 수 없는 실존적 번뇌를 표현하고 있는 것이다. 또한 분열된
주체 간의, '예수의 법을 추구하는 의지'로서의 의식("속사람")과 태어나면서
부터 언어를 통해 자신의 존재를 규정해왔던 '유대인의 법' 안에서 형성된
무의식적 욕망('또 다른 자아') 간의 내면의 전쟁을 고백하고 있는 것이다.

그는 유대인으로서, 유대주의적 이스라엘 신앙의 담론 체계를 내면화하
고 있는 사람으로서, 자신이 죄인이라는 사실에서 결코 자유로울 수 없었
다. 그는 「갈라디아서」처럼 율법 담론이 담고 있는 유대주의의 권력 메커
니즘을 비판하면서도(의인론을 통해. 이 책 6장 참조), 그 체제의 죄인-의인 논법
에 자신도 모르게 순응하고 있다. 그는 의식의 영역 내에서는 그리스도(의

노선으)로 전향한 사람이지만, 동시에 자신이 죄인이라는 유대주의적 자의식에 무의식적으로 동화되어 있는 것이다. 해서 그는 구원을 그리스도로 '옷 입음'으로 말할 수밖에 없었다. 구원은 존재 자체의 변형은 '아직 아니'였던 것이다.

> 나는 이것을 이미 얻은 것도 아니며, 이미 목표점에 다다른 것도 아닙니다. 그리스도 예수께서 나를 사로잡으셨으므로, 나는 그것을 붙들려고 좇아가고 있습니다.
>
> —「빌립보서」 3: 12

당장은 '옷 입음'에 불과하다. 다만 하느님에 의해 '그렇게 보이는 것'일 뿐이다. 물론 그것에는 종말의 때에 대한 비전이 전제되어 있다. 즉 그때에는 온전함을 얻게 될 것이다.

> 그분은 만물을 복종시킬 수 있는 권능으로 우리의 비천한 몸을 변화시키셔서, 자기의 영광스러운 몸과 같은 모습이 되게 하실 것입니다.
>
> —「빌립보서」 3: 21

하지만 '아직 아닌' 현재의 상태에서도 그는 존재의 변형을 체험한다. 그것은 (존재 자체는 아직 근원적으로 변화하지 않았지만) 정체성의 전환을 통해 가능하게 되는 것이다.

> 그러나 하나님의 영이 여러분 안에 살아 계시면, 여러분은 육신 안에 있지 않고, 성령 안에 있습니다.
>
> —「로마서」 8: 9

자신의 몸은 아직 분열되어 있지만, 자신이 영 안에 있는 존재라는 것을 그는 '믿음'으로 알고 있다. 그것은 확신이요 신앙이다. 동시에 그 믿음은 자신이 율법의 시선, 곧 사람의 법의 시선이 아니라 하느님의 (법의) 시선으로 스스로를 보기 때문에 가능한 것이다. 요컨대 그의 정체성 전환은 자신의 '옷 입음'을 응시하는 이(타자)의 시선으로 자기를 '동일시'함으로써 실현된다. 로라 멀비 식으로 말하면 그것은 일종의 '복장도착'이다.

이와 같이 바울은 유대주의의 율법관과 대결하면서 죄-의인 논법을 해체하는 언술로서 '옷 입음'의 레토릭을 사용하고 있다. 그것은 이스라엘계 디아스포라 회당 체제 내에서 벌인 유대주의적 주장에 대한 대항담론으로 만들어진 것이다. 앞의 6장에서 보았듯이 유대주의적 율법론이 회당 체제의 규율 체계로서 작동되는 한, 회당에 속한 사람들은 여성에 대한, 노예에 대한, 이방인에 대한, 곧 사회적 약자에 대한 배제주의적 생각에서 벗어날 수 없다. 왜냐면 거기에는 그러한 배제주의적 질서에 순응하게 하는 메커니즘이 작동하고 있기 때문이다. 하여 그는 이러한 율법주의적 신앙에 전면적 비판을 가함으로써 그러한 순응의 기제를 해체하려 했다. 그것에 의해서만 그는 자신의 무의식까지 지배하고 있는 유대주의적 이스라엘 신앙과 결별할 수 있었고, 대안적 신앙 담론을 제시할 수 있었던 것이다.

이러한 주장을 보다 잘 이해하려면 유대주의의 율법관에 대한 보다 충분한 설명이 필요하다. 그러므로 아래에서는 시선에 의한 권력의 장치를 중심으로 유대주의적 계율종교에 대하여 살펴보기로 하자.

계율종교—율법주의의 매트릭스

이스라엘 역사에서 식민지 시대 이전(이스라엘국이 멸망한 기원전 **722**

년 이전, 그리고 유다국이 멸망한 기원전 586년 이전)까지는 '하느님의 법'은 적어도 사회 통합(social integration)의 원리가 아니었다. 법제적으로 볼 때 지파동맹 시대(기원전 12~10세기)는 주로 관습법이나 '힘에 의한 협상'의 원칙(분쟁⇒지원 세력 규합⇒힘에 의한 협상) 아래 대중의 일상생활이 조직되던 시기였다.[73] 요컨대 대중은 '하느님의 법'과는 아무런 상관없이 생활했고, 그것은 단지 지파동맹이라는 느슨한 체제를 통합(체제 통합, system integration)하는 원리로서 제한적으로만 효력을 나타냈을 뿐이다.

군주제하에서도 사정은 마찬가지다. 중앙과 지방의 요새도시에 왕의 법정이 세워졌고, 대중의 삶은 여전히 씨족적 질서에 따라 좌우되었으며, 따라서 일상 속에서 관습법과 힘에 의한 협상의 원칙은 여전히 유효했다. 하느님의 법은 주로 왕의 통치를 위한 교훈 혹은 왕실 사제단의 (생활) 규율로서만 통용되었다. 당시의 대중이 왕의 지배가 하느님의 권위 아래 있다는 것을 체감하는 것은 '하느님의 법'을 통해서가 아니라, 사제들이 주관하는 제의 의식을 통해서였다. 따라서 이 시기까지 이스라엘이 하느님의 백성이 되기 위해 필요한 규율은 절기마다, 그리고 매일매일 드리는 제의로 구체화되었다.[74]

식민지 시대에 와서야 야훼신앙은 '계율종교'로서 재탄생한다. 그렇게 됨으로써 '하느님의 법'이 이스라엘인의 사회적 통합의 주요 기제로서 등장하게 되었다는 것이다. 그런데 하필 왜 이 시기에 계율종교가 탄생한 것일까.

우선 이 시기에 씨족적 결속력이 급속히 와해되었다는 점을 주목해야 한

---

73 고대 이스라엘 법제에 관한 탁월한 저서인 프랑크 크뤼제만의 책 『토라』(한국신학연구소, 1995)를 보라.

74 이것은 앞에서 바울이 말한 시선적 규율, 즉 하느님이 모든 것을 보고 있다는 믿음 아래서 이루어지는 일상생활에서의 규율과는 다르다.

다. 군주제 시대 말기와 식민지 종주국들인 아시리아, 바벨로니아, 페르시아 시대를 거치면서, 오랜 전쟁으로 인해 인구의 이동이 격심해져, 본토민보다 이산(離散, 디아스포라) 이스라엘인의 수가 거의 열 배 이상이나 되는 지경에 이르게 되었다. 비교적 안정기인 헬레니즘 제국 시대에 이르면 국제적 활황기를 맞아 용병으로, 상인으로 고향을 떠나는 사람들 또한 적지 않았다. 한편 전쟁이나 급속한 경제적 활황이라는 조건 속에서 계급분화가 심화됨으로써 인구의 사회적 구성 양식도 크게 변화되었다. 이러한 상황에서 전통적인 사회적 조직이 크게 훼손되었다.

이와 더불어 이 시기에 우리가 주목할 것은 '회당'의 등장과 소자산가적 지식인층의 대두라는 사실이다. 전통적으로 씨족의 질서가 사회적 결속을 이끌어왔다면, 이 시기엔 회당이 그것을 대신해서 점차로 지역공동체로서 이스라엘인을 결속시키는 중심 기구의 역할을 차지하였다. 그리고 회당의 중심부엔 새로 대두한 소자산가 계급의 지식엘리트가 점차로 씨족과 문중의 '어른'의 자리를 대체하게 되었다.

문자의 전문가인 서기관(scribes)이 이스라엘과 유다의 군주제 시기와 페르시아 식민지 시기의 문헌들, 특히 성서 텍스트에선 거의 전적으로 왕실이나 성전에서 일하는 상위 엘리트층의 일원으로만 언급되다가(「열왕기하」 22장, 「예레미야서」 36: 10; 36: 32, 「에스라서」 7: 6, 「느헤미야서」 12: 12~13), 요세푸스의 책들이나 「마카베오서」, 그 밖의 묵시문서들 등, 헬레니즘 시대의 텍스트에선, 이른바 '고귀한 계층'이 아닌, 보다 평민에 가까운 계층의 사람들이 적잖게 등장하고 있다는 사실은 주목할 만한 일이다. 하시딤(hasidim), 마스킬림(maskilim, 민중의 지도자—「다니엘서」 11: 33), 바리새(pharisaioi), 에세네(essēnoi) 등, 율법에 충실한 소자산가적 지식인이 이 시기에 역사의 무대 위로 등장하게 되었다는 사실이나, 이들이 대중의 정치적 동원의 중심부에 있었다는 점은 이들 소자산가적 지식인이 대중의 압도적인 존경과 지지를 받고

그림 13 | 고대 알렉산드리아 도서관 내부 상상도

폰 코벤(O. Von Corven), 〈고대 알렉산드리아 도서관(The Great Library of Alexandria)〉, 19세기

있었다는 사실을 시사한다.

이렇게 계율종교의 탄생에는 '대중적 서기관'의 등장이 결정적인 중요성을 지닌다. 이 현상은 아마도 기원전 3세기 프톨레마이오스 제국이 팔레스티나를 병합하고 있던 시절에 지중해 전역에서 벌어진 문서 혁명의 상황과 관련이 있는 것으로 보인다.

프톨레마이오스 제국이 수도인 이집트의 알렉산드리아에, 근대 사회 이전까지는 유례를 찾아볼 수 없을 정도의 초대형 도서관을 건축하였다. 장서가 무려 70만 권이나 되는데, 이것은 니느웨(아카디아어로 Ninwe)에 세워졌다는 또 다른 초대형 도서관보다 두 배 이상 큰 규모다. 이것은 다른 사회에도 영향을 미쳐서 많은 지역에서 크고 작은 도서관이 속속 건립되었다.

제국은 문서 수집관을 지중해와 메소포타미아 지역으로 두루 보내 책들을 대대적으로 수집했다. 이로 인해 광범위한 출판시장이 형성되었고, 이 과정에서 필사자의 수요가 급증했다. 이것은 대중적 서기관의 등장에 중요한 계기가 된다. 이들은 책을 필사하는 것뿐만 아니라, 각종 민원 편지를 대신 써주고, 소송 대리인의 역할까지 수행한다. 또한 이들은 문자를 가르치는 학교의 교수가 되었고 대중에게 지혜를 설파하는 현자(sage)가 되기도 했다. 정치적으로 격변기인 동시에 사회적, 문화적, 경제적 격변기인 기원전 3세기에 문자를 사용할 수 있게 된다는 것은 신분 상승의 기회가 되었던 것이다.

문자가 대중사회에 폭넓게 확산되던 그 무렵, 글자는 단순한 소통의 수단을 넘어 마술적인 힘을 지니는 것으로 여겨졌다. 그러므로 서기관은 학문적 성과를 점술에 활용하기도 했고, 과거의 예언자와는 달리 이 시기는 서기관 예언자도 출현했다. 글이 다양한 용도로 대중에게 다가간 것이다.

팔레스티나에서도 이런 현상이 나타났는데, 「전도서」의 저자가 스스로를 지칭하는 용어였던 코헬렛(*qohelet*, 전도자)이 바로 그런 사람들을 가리킨다. 정전화가 시작된 성서 텍스트들을 포함해서 이스라엘의 각종 문헌들이 이들 서기관들에 의해 필사되었고, 그중 일부 평신도 출신의 코헬렛은 「욥기」나 「전도서」 같은, 인습적인 지혜와는 다른, 깊이 있고 반시대적인 철학적 사변을 담은 문헌의 저자가 되었다.

또한 위에서 언급한 것처럼 기원전 2~1세기 경, 오랜 식민지 상태를 벗어나기 위한 자주적 독립국가의 건국전쟁인 마카베오 항전 시기에 마스킬림이나 하시딤 같은, 현자 계층의 평신도 지도자들이 주도한 사회정치적 운동이 있었고, 또 쿰란 공동체 운동의 시조로 보이는 '의의 사제' 역시 사제 출신 현자였던 것으로 보인다. 그리고 마카베오 항전의 결과 건국한 하스몬 왕국 시기 대중적 사회운동의 지도자로 부상한 바리새인들 역시 그런 사람들이었다.

바로 이 시기에 촌락과 도시의 이스라엘인 대중의 공간 한가운데에 '시나귀게'(*synagygue*)가 세워진다. 이스라엘인들의 회당이 그것인데, 이것은 팔레스티나 내부와 외부에 두루 나타났다. 바로 여기에서 계율종교가 발전했다. 그리고 그 중심에는 바리새 같은 대중적 서기관 계층의 엘리트가 있었다. 이렇게 계율종교는 대중사회에 문자가 침입해 들어가면서 나타난 현상이다. 여전히 제의종교는 중요한 종교적 통합의 장치였지만 계율종교적 성격이 여기에 가미된 것이다. 한데 계율종교가 성립하는 데 있어 '법'은 매우 중요하다. 그 법은 문자의 형식으로 사람들의 내면으로 들어가는 것이다.

흥미롭게도 바로 이 시기에 이스라엘에는 악마가 인간 존재의 내면으로 들어가는 상상력이 폭넓게 대두하였다. 성서의 지혜문서들, 「욥기」, 「잠언」, 「전도서」 등은 그런 흔적을 보여주며, 이 시기에 저작된 여러 외경 지혜문서들 또한 내면화된 악의 문제를 다루곤 한다.

이것은 문자의 효과인데, 문자가 대중에게 다가가면서 내면의 영역을 새롭게 발굴했던 덕이다. 하여 법이 작동되는 공간은 시장에 세워진 법정만이 아니라 인간 내면이기도 하다. 하여 존재의 내면은 몸 안으로 들어간 악과 하느님의 법의 쟁투의 장이 된다. 훗날 예수가 바리새파 사람들과 율법학자들을 겨냥해서 "무엇이든지 사람 밖에서 사람 안으로 들어가는 것으로서 그 사람을 더럽히는 것은 아무것도 없다. 사람에게서 나오는 것이 그 사람을 더럽힌다"는 말(「마가복음」 7: 15~16)이나, 앞에서 인용한 「로마서」 7장 21~24절에서 바울이 이야기한 것과 같은 내면의 전쟁 담론은 바로 이런 전통에서 유래한 것이다.

이런 계율종교가 발전하게 되면서 율법의 문제는 이스라엘 신앙의 핵심 요소가 된다. 하여 이 시기에 토라는 율법의 책으로 해석되었고, 그것에 기초하여 율법의 해석을 둘러싼 여러 분파들이 등장하게 된 것이다. 앞에서 보았듯이 유대주의자들의 율법 해석은 대단히 순혈주의적이고 배타주의적인 요소를 띠고 있다.

아무튼 1세기 팔레스티나에는 유대주의자들과 사마리아주의자들이 경합을 했다. 이들 분파들 내부에는 다시 다양한 소분파들이 할거했다. 여기에 세례자 요한이나 예수처럼 아웃사이더적인 대중적 예언자들도 있었다. 그리고 팔레스티나 밖에서도 이스라엘 신앙의 다양한 분파들이 있었는데, 여기서는 유대주의자나 사마리아주의자들이 다수를 대변하고 있지는 않았다. 하지만 유대주의자들의 공격적 선교 행태는 많은 회당에서 굉장한 반향과 논쟁의 핵이 되었는데, 이 책에서 이야기한 것처럼 유대주의자의 일원이었으나 강력한 반유대주의자가 된 바울은 가는 곳마다 유대주의자들과 격론을 벌였다.

1세기 말, 반로마전쟁의 참패로 성전이 불타 사라진 뒤, 전후 이스라엘의 재건을 주도한 것은 로마황제의 재가로 얌니아에서 시작된 유대주의적 이스라엘 신앙 운동이다. 흔히 학계에서 '랍비적 바리새주의'로 부를 만큼 이 운동은 다분히 유대주의적 성향이 매우 강했다. 여기서 특기할 것은 율법이 이제 문서로 편찬되기 시작했다는 점이다.

주제별 엮음집인 미슈나(*Mishnah*)와 성서 본문별 해석 총서인 미드라쉬(*Midrashim*) 등이 대표적이다. 또 미슈나에서 제외된 해석 총서로 토세푸타(*Tosefta*), 그리고 미슈나와 미슈나의 주석인 게마라(*Gemara*)를 묶어놓은 탈무드(*Talmud*) 등이 추가적으로 유대주의 율법 총서로 엮였다. 여기에는 다양한 해석 전통이 집성되었을 뿐 아니라, 다른 해석 전통에 따른 이본(異本)이 형성되기도 했다. 이렇게 1~2세기에 시작되어 탈무드가 집성되는 6~7세기까지의 이스라엘 신앙을 학계에선 흔히 '형성기의 유대교'(formative Judaism)이라고 부른다. 그럼에도 이렇게 집대성된 이스라엘 신앙을 '유대교'라는 편파적 명칭으로 지칭하는 것이 타당한지에 대해 나는 의심하고 있지만,[75] 아무튼 이렇게 2세기 이후에는 점차 유대주의적 성향이 강한 종교로 형성되고 있었다.

아무튼 기원전 3세기 이후 이스라엘 신앙이 계율종교적 성격을 띠기 시작하면서 율법의 해석이 중요하게 다뤄지기 시작했고, 다양한 해석들이 대두하였다. 그리고 율법이 내면으로 들어가서 내면의 전쟁을 벌이는 과정에서, 인간 내면을 꿰뚫어 '보는 이'로서 신이 인식되게 되었고, 위에서 보았듯이 바울은 이러한 신학이 사람들을 죄인으로 만들어내는 메커니즘임을 고발하고 있다. 특히 그 죄인 메커니즘이 유대주의에 의해 순혈주의적이고 배타주의적인 관점으로 작동하고 있음을 문제제기한 것이다.

'옷 입음'의 수사학, 또 다른 율법주의

이렇게 바울은 계율종교의 지반 위에서 이스라엘 신앙, 특히 유대주의적 신앙과 일전을 벌였다. 그것은 유대주의의 죄인-선민 메커니즘이 정결한 사람과 부정한 사람을 가르는 사회적 장치로서 작동하고 있다고 보았기 때문이다. 이 점에서 그는 예수의 문제의식을 공유하고 있다.

바울이 이스라엘계 디아스포라 회당 내에서 벌어지는 주변인(이방인, 노예, 여자―「갈라디아서」 3:28)에 대한 차별을 특별히 문제시한 것은 바로 이런 맥락에서다. 하여 그는 유대주의적 율법론과 투쟁했다. 다시 말하면, 율법종교는 사회적으로나 종교적으로나 주변화된 사람들로 하여금 자신에게 부과된 저주스러운 운명에 순응하게끔 하는 장치에 불과했다는 것이다.

이러한 유대주의적 죄인-선민 담론에 대해 비판하면서 바울은 그 대신에 의인(義認) 담론을 제시한다. 죄인-선민 담론은 사람들을 가르고 위계 짓는 담론이지만, 의인론은 이스라엘인(또는 유대인)-이방인, 자유인-노예,

---

75 여기에는 현대의 시오니즘이 역투영된 역사 만들기가 개입되었다는 것이 나의 주장이다.

남자-여자 등, 종족적, 사회적, 성적인 차이들을 차등화하지 않고 하느님 앞에서 동질화하는 평등주의적 담론이다. 그것을 위한 바울의 수사학이 바로 여기에서 보았던 '옷 입음'의 수사학이다.

하지만, 바울의 이러한 투쟁에도 불구하고, 그의 이 논쟁 어법이 또 하나의 '순응의 신앙'으로 해석되어 버렸다. '옷 입다'라는 그리스도인의 정체성에 관한 그의 묘사는, 앞서 말했듯이, 자신의 무의식까지 지배하고 있는 유대주의 율법관을 넘어서기 위한 바울의 고육지책이었지만, 여전히 시선의 권력 아래 있는 신앙인의 정체성을 논하고 있다는 점에서 그렇게 해석될 여지가 있었다.

실제로 앞서 이야기한 것처럼 「골로새서」나 「에베소서」는 기성의 가부장제적 사회 질서 속에 순응하는 주체로서 그리스도인을 이야기하면서, 바울의 '옷 입음'의 신학을 수용하고 있다. 즉, 유대주의의 순응의 메커니즘을 바울 버전으로 재기술하고 있는 것이다. 이것은 바울의 반(反)유대주의 전선을 반대의 방향으로 역전시켜, 바울이 문제시한 유대주의적 얼굴로 교회와 그리스도인의 정체성을 채색한 결과지만, 그러한 역전이 다름 아닌 바울의 논리를 통해 가능했다는 것이다. 어떻게 그것이 가능했는가?

말했듯이 바울 식의 '옷 입음'론은 '보는 이'와 '보이는 이'라는 이분법을 가정하고 있다. 한데 자신이 '보이는 이'라면, '보는 이'는 자신의 내면에 있을지언정 결코 자신과 대면할 수 없는 존재, 곧 타자다. 그이는 실제로는 무한정의 거리에 있다. 그이는 실제로는 우리와는 결단코 유사해질 수 없는 전지전능의 존재다. 적어도 바울의 관점에서는 그러했다. 물론 그 점에선 바울이 문제시한 유대주의도 마찬가지다. 하여 그런 이가 우리 안에 있다는 것은 단지 그이의 은총(charis)에 의해서만 가능하다는 것이다. 루돌프 불트만(Rudolf Bultmann)이 바울에게서 신앙이란 무엇보다도 순종(hypakoē)을 의미했다는 지적은 의미심장하다. 바울 자신은 결코 그렇지 않았지만, 바울의 신학은 전능한 '보는 이' 앞에서의 '삶의 수동성'을 내포한다.

이런 이분법이 특히 위험스러운 것은 신성화된 권력이 단지 추상적으로 실재하는 게 아니라 끊임없이 역사 속에 구체화되어야 한다는 데 있다. 유대주의의 율법이 그랬던 것처럼 하느님의 법은 반드시 해석을 필요로 하고, 그것은 해석자에 의해 '보는 이'의 시선이 조율되는 과정을 수반한다. 요컨대 해석자의 시선 아래서, 현실의 권력이 신앙의 '보는 이'의 시선과 동일해질 때 그 위험성이 단적으로 드러난다. 파시즘은 바로 이런 신성화된 권력의 순응 메커니즘을 가리키는 사회학적 개념이다. 한데 더욱 놀라운 것은, 역사적으로 그리스도교 체제가 이런 점에서 바로 파시즘과 동일한 모습을 하고 있다는 것이다. 그리스도교 권력이 자신을 '보는 자'와 동일시한 모습으로 그리스도인의 신앙관을 만들어왔다는 것이다. 또한 종종 그리스도교는 지배 권력과 이런 점에서 제휴를 거듭해왔다. 바로 여기서 역사의 폭력성에, 그 테러리즘에 그리스도교가 결코 무관할 수 없다는 문제가 제기되는 것이다. 그리고 그 배후에는 바울의 옷 입음의 해석이 있다. 물론 바울 자신이 그것을 의도한 것이 아님에도 말이다.

예수로 바울 다시 읽기

바울은 예수를 승계한 유력한 예수운동가의 한 사람이었다. 그럼에도, 위에서 이야기한 것처럼, 다른 시각에선 오늘날의 교회가 예수를 오독하게 하는 하나의 빌미가 되었다. 물론 바울이 지향하고자 했던 실천의 진의가 생략된 채 교회가 바울을 승계한 결과임은 말할 것도 없다. 그러므로 이 대목에서 예수의 실천을 시선의 권력에 대한 저항이라는 관점에서 논하는 것으로 글을 마무리하는 것이 적절할 듯싶다.

당시의 다른 민중운동가와 비교할 때 예수의 두드러진 점은, 이미 많은 연구자들에게서 지적된 바, 그에게선 혁명이 정치적 지배의 전복을 넘어서 사회적 문화적 지배에 대한 전복을 의미한다는 사실에 있다. 특히 일상을 지배하는 권력과의 쟁투를 보여주는 단적인 사례를 우리는 그의 '기적 사건'들에서 발견하게 된다.[76]

역사적으로 추론 가능한 예수의 기적 사건은 주로 질병에 걸리거나 악령에 들린 이들을 치유하는 이야기에서 볼 수 있다. 한데 여기서 주목할 것은 그의 치유(treat/healing)가 현대 의학에서처럼 기능적 치료(cure)로 국한시킬 수 없다는 점이다. 어느 사회나 질병(이나 악령 들림) 현상은 동시대의 건강관리 체계(health care system)를 전제한다. 예수 시대 팔레스타나에서 건강관리 체계는 이스라엘 신앙의 정결—부정의 체계와 깊이 연계되어 있다는 사실을 주지하자. 그것은 계율종교의 지배적 가치들과 건강 담론들이 엮이면서 형성된 담론에서 질병 걸린 자나 악령 들린 자가 죄인으로 지목된다는 것을 의미한다. 요컨대 이스라엘 사회에서도 건강관리 체계는 사회 구성원의 보건 예방 체계이자 질병 관리 체계인 동시에 배제—박탈의 체계라는 것이다.

이런 점에서 질병에 걸렸다는 이유로, 혹은 악령에 들렸다는 이유로 이스라엘 사회에서 격리되거나 주변화된 존재를 그 존재의 감옥에서 해방시킨 예수의 기적은 치료인 동시에 이러한 지배적 담론의 코드를 교란시키는 사건이기도 했다.

예수의 기적을 다루는 많은 연구들의 가장 치명적인 한계는, 그가 질병에 걸리거나 악령에 들린 이를 고쳐주었다는 것이 왜 당시의 대중적 담론

---

76 나의 책 『예수 역사학』의 제7장 「예수 읽기 3: 기적 담론」과 『예수의 독설』의 「기적」 장을 참조하라.

리부팅 바울

을 주도하던 바리새파에게서 미움을 사는 이유가 되는지에 관해 적절한 해명을 하지 못하고 있다는 점에 있다. 예수의 기적이 동시대의 의미의 지배적 코드를 교란시킨 행위이기도 했다는 사실을 주지할 때만 이러한 의문은 해명될 수 있다. 즉, 예수는 당시의 건강관리 체계의 인식론적 기반을 근원에서부터 뒤흔들어놓음으로써, 계율종교의 정당성 자체를 와해시킬 위험을 가져왔던 존재였다. 더구나 기적 행위는 무의식까지 지배하고 있는 일상화된 이스라엘적, 특히 유대주의적 규율체계에 대해 사람들이 의문을 품도록 하는 데 더없이 효과적인 수단이었다는 점을 유의하자.

이상에서 본 것처럼 예수의 기적 사건에서 우리는 예수운동의 중요한 특징을 발견할 수 있다. 그것은 일상적 권력, 지배를 정당화하고 그것에 이의를 제기하지 못하게 하는 권력, 심지어는 그러한 코드화가 허용하는 욕망의 선을 따라 쾌락을 느끼고 결국 그 권력에 순응하게끔 하는 권력을 근원적으로 의심하게 하는 것이었다.

예수는 전능자 하느님이 타자로서 온갖 것을 감시한다는 계율종교적 율법관을 문제시하였다. 나아가 최초의 예수운동가들은 오히려 그가 인간이 된 하느님이었다고 고백하였다. 이른바 '성육신'이라는 그리스도교의 핵심 담론은 전능자가 자신의 존재를 부정하고 유한자가 되었다는 것을 강변한다. 그는 세상의 사건 속에 참여하고, 그 속에서 지배 권력의 폭력 앞에 죽임당한 존재였다. 이 모든 것은 지배 권력에 의해 배제당하고 박탈당한 자 위에 군림하기보다는 더불어 이야기를 나누는 존재로서, 감시자가 아니라 친구이자 대화 파트너로서 신의 정체성 재구성을 선언하는 것이다. 그러므로 '예수를 따름'의 신앙은 순응 메커니즘의 권력에 대한 저항의 삶에로 우리를 초대한다.

바울은 예수와 많은 것을 공유한다. 그 점에서 바울은 예수를 계승했다. 한데 바울은 예수보다 더 구체적으로 '내면'의 메커니즘을 들추어냈다. 이

점에서 그는 예수를 넘어섰고 예수의 문제의식을 더 심오하게 신학화했다.

그러나 동시에 바울의 신학화는 예수로부터의 후퇴를 수반했다. 그것은 예수의 급진주의를 철회하고 타협시킨 결과다. 그는 예수가 했던 계율종교에 대한 전면적 비판으로 나아가기보다는 계율종교의 담론적 지반 위에서 논쟁했다.

오늘 우리는 훨씬 더 세밀해진 규율체계의 망 속에 살고 있다. 그리고 그 규율체계는 심각성이 한계에 달한 사회적 격차를 정당화하는 지배의 메커니즘으로 작용하고 있다. 그것을 문제제기하는 신앙을 상상하기 위해 우리는 바울을 다시 읽는다. 그러나 교회가 해석해온 바울은 오히려 그런 문제를 공유하고 있고, 더 지체된 방식으로 관철시키고 있다. 그것은 교회에 의한 바울의 오독에 기초하고 있지만, 그 오독의 실마리를 바울 자신이 제공한 것도 부인할 수 없다.

하여 우리는 바울을 다시 읽어야 할 필요에 직면해 있다. 나는 이 책에서 그것을 교회와 주류 신학들이 보여준 바울과는 다른 '낯선 바울'이라고 말했고, 그것을 '민중신학적 바울 읽기'라고 보았다. 그런데 그 낯선 읽기의 준거는 예수의 급진주의이다. 하여 바울 다시 읽기는 바울에게서 예수의 급진주의를 찾아보는 데 있다.

　　　　　　　　　　　　　　　　　　　리부팅 바울

맺음글

가톨릭의 아우구스티누스나 프로테스탄트의 마르틴 루터, 그리고 20세기를 대표하는 신학자 칼 바르트(Karl Barth), 그리스도교 신학의 제왕이라고 해도 과언이 아닐 이 세 사람의 신학은 바울 해석을 토대로 하고 있다는 점에서 공통된다. 이것은 교회의 신학적 정체성이 바울의 해석을 기반으로 하여 발전하였다는 것을 의미할 것이다.

이런 현상은 아주 일찍부터 나타났는데, 제2성서(신약성서) 27개 텍스트 가운데 13개가 바울의 이름으로 된 문서라는 점에서 단적으로 드러난다. 바울의 서신들이 1세기 말경에 이미 그리스도의 공동체들 사이에서 가장 권위 있는 문서들로 간주되었던 것이다.

이것은 또한 교회의 역사적 횡포에 문제를 제기했던 이들도 바울을 특별히 주목하게 했다. 니체가 그 대표적 인물인데, 그는 바울이 예수를 교회의 도그마로 왜곡, 전락시킨 장본인이라고 보았다. 이런 현상은 심지어 비판적 신학자들에게도 나타났는데, 자유주의 신학자 아돌프 폰 하르낙(Adolf von Harnack)은 바울이 기독교 신앙을 왜곡한 정통주의의 원흉이라고 생각했고, 여성신학자 루이제 쇼트로프(Luise Schottroff)는 그를 남성 쇼비니스트(male-Chauvinist)라고 비판했으며, 김창락의 바울 연구를 접하기 이전의 민중신학자 안병무도 바울이 왜곡시키기 이전의 신앙을 찾고자 역사의 예수에 주목했다.

한데 나는 이 책에서 바울과 기독교를 동일시하도록 전개되었던 기독교의 바울 수용사를 괄호 치고, '기독교 이전'의 바울, 곧 기독교가 아직 세상에 존재하기 전에 실존했던 인물 바울에 주목했다. 그리고 그 바울을 오늘 우리 시대 우리의 공간으로 소환하고자 했다. 이렇게 바울과 오늘의 기독교/교회를 연결하는 단단한 인습적 코드를 해체하고, 바울과 오늘의 사회를 연결 짓는 질문 방식은 알랭 바디우, 그리고 어쩌면 조르조 아감벤의 문제제기와 비슷하다. 또한 북미의 급진주의적 성서연구자들인 닐 엘리엇이나 리처드 호슬리 등도 그 점에서 마찬가지다. 하지만 이 책은 1세기의 제국 로마와 21세기의 제국 미국 사이에서 두 세계를 가로지르는 바울을 읽어내고자 했던 엘리엇이나 호슬리보다는, 유민과 난민들로 북적대는 1세기와 21세기의 세계에서 난민 혹은 유민들로 구체화된 두 사회의 민중과 함께했던 바울을 해석하려 했던 바디우와 아감벤의 접근 방식과 유사하다.

내가 보기엔 바디우나 아감벤의 문제의식, 그 배후에는 신자유주의적 지구화 시대의 유럽, 그 세계에서 발생하는 유랑하는 혹은 추방당하는 민중들이 있었다. 그리고 바울이 활동했던 1세기 지중해 세계가 그랬다. 그와 비슷하게 나는 오늘 한국, 좀더 구체적으로 말하면 1997년 이후의 한국을 떠올리며 바울을 물었다.

한데 나는 오늘의 한국을 '도시국가 서울'이라고 불렀다. 돌진적 근대화로 치닫던 한국의 도시와 농촌의 개념과는 달리, 농촌의 독자성이 거의 괴멸되어가는, 서울에 귀속된 부속도시들과 촌락들로 이루어진 도시국가 서울, 그것이 내가 바울을 묻는 나의 시공간이다. 그런 오늘 여기의 시공간적 문제의식을 가지고 나는 바울이 활동한 도시들, 특히 빌립보, 데살로니가, 고린도 등을 살폈다. 도시국가 서울이 '21세기적'으로 지구화하고 있는 세계의 '주변부 메트로폴리탄'이라면, 바울의 도시들은 '1세기적'으로 지구화하던 세계의 '주변부 메트로폴리탄'이었다.

이 두 세계는 많은 다른 점이 있지만, 또한 유사성을 갖는다. 그것을 나는 민중신학적 관점에 따라 '귀속성'(attribution)의 문제라고 보았다. 즉 시공간의 경계들을 무자비하게 뒤흔들며 무수한 이들의 귀속성을 심각하게 교란시켜버린 지구화되고 있는 세계의 문제가 두 다른 세계의 유사성이라고 보고 있는 것이다. 특히 사회적 압박 속에서 비자발적으로 귀속성을 상실한 채 유랑하는 이들이 주변부 메트로폴리탄으로 유입되고 있는데, 이곳은 중심부 메트로폴리탄보다 더 폭력적으로 유랑자들의 생존의 기회들을 짓밟아버리는 공간이다.

한데 바디우나 아감벤은 바울의 현장 해석에서 너무 안일했다. 그것은 아마도 그들이 바울의 세계를 읽어내려는 치밀함의 결핍 때문이다. 그들은 도처에서 신학자들과 성서학자들의 무지함과 무능함을 비웃고 있지만, 그들이 말하는 그 무지함과 무능함을 넘어서고 있는 새로운 연구 성과물들에 대한 독서의 게으름을 도처에서 들키고 있다. 심지어는 그들이 비판하고 있던 신학과 성서학의 낡은 패러다임의 감옥에 자발적으로 들어가 스스로를 구속시키기도 했다.

반면 그 점에서 민중신학자 김창락의 연구는 중요한 가능성을 보여준다. 바디우가 바울 텍스트를 해석하는 데 있어 현장성의 문제를 중요시했지만, 정작 바울의 현장성을 스케치하는 데 가장 놀라운 성과를 이룩한 이는, 내가 보기엔, 김창락이었다. 그에 의하면 바울의 의인론은 자신의 현장에서 벌인 핵심적 논쟁의 무기로 개발된 것이다. 다시 그의 의인론의 결론을 얘기하면, 유대인이나 헬라인이나, 남자나 여자나, 자유인이나 노예나 차별이 없는 의를 그리스도가 우리에게 선사해주었다는 것이다. 그리고 김창락은 이것을 바울의 인권투쟁이라고 보았다. 즉 주권 없는 자들의 권리를 주장하는 신학적 담론이 의인론이라는 얘기다.

나는 김창락이 논한 의인론의 역사적 배경에 관한 하나의 가설을 제시했다. 그것을 요약하면 다음과 같다. 바울이 활동하던 기원후 1세기 중반은 해안 지역의 노동자의 거의 30퍼센트에 달하던 노예경제가 붕괴되고 무수한 노예들이 방출된 시기였다. 이들 방출 노예들은 대도시들로 유입되어 들어왔고 도시의 하층 노동시장을 크게 교란시켰다. 이것은 이들 방출 노예들에 대한 사회적 증오와 적대를 심화시키는 배경이 되었고, 이에 방출 노예들은 어떻게 해서든 도시의 '콜레기아'들에 속하려는 현상을 불러 일으켰다. 이민자 사회의 자치결사체들이 대다수인 콜레기아들 가운데 가장 유명한 것이 이스라엘 교포 사회가 주축이 되는 이스라엘 종교의 자치결사체였다. 그러므로 많은 이들이 이스라엘 자치결사체로 유입해 들어왔다. 그 중 다수는 방출 노예였다. 해서 이 시기에 이스라엘 자치결사체에는 자연증가로는 설명할 수 없는 인구의 커다란 증가가 있었다.

한데 이스라엘 자치 결사체에 편입된 비이스라엘계 사람들은 최소한 두 부류가 있다. 하나가 테오세비오스, 즉 '하느님을 경외하는 사람'이고, 다른 하나가 개종자다. 여기서 전자에 대해서 이스라엘 교포사회는 별반 반감이 없었다. 그도 그럴 것이 이들은, 비록 할례를 받지 않았지만, 이스라엘 자치결사체를 위해 많은 기부금을 냈고 또한 지역사회에 영향력을 발휘해서 이스라엘 사회를 보호하는 역할을 했기 때문이다. 반면 후자는 굉장히 논란거리였다. 그들은 기부금을 낼 처지도 못됐고 품격 있는 면모라곤 최소한 만큼도 갖추지 못한 이들이 대부분이었기 때문이다. 해서 이스라엘 자치결사체 내에는 개종자들을 둘러싼 논쟁이 심화되었다. 그리고 가장 순혈주의적이고 배타적 성향이 강한 유대주의자들의 말발이 들어 먹히는 경우가 많아졌다.

알다시피 바울은 이들 유대주의자들과 정반대의 편에 섰다. 그는 개종자들의 편에서 유대주의자들과 싸웠고, 아무것도, 아무런 품격도 갖추지 못한 이들에게 은혜를 선사하는 신을 설파했다. 바로 그런 주장의 절정에서 유대인도 헬라인도, 자유인도 노예도 아무런 차이가 없다는 주장이 나왔다. 또한 남자도 여자도 차이가 없다는 말이 덧붙여진 것은, 유대주의자들이 강변한 할례 주장이 가장 보수적인 여성 배제의 논리였기에, 개혁파인 바울이 그것에 반대하기 위해 제기한 것이다.

이렇게 바울의 의인론은 바울이 이스라엘계 디아스포라 사회 내에서 순혈주의적이고 배타주의적으로 헤게모니를 실현해가고 있던 유대주의자들에 대항해서 방출 노예의 편에서 활동한 결과였고 과정이었다. 하여 그는 이들 속에 있지 않은 자들에게 하늘나라의 시민권을 선사하였다.

나는 이러한 바울을 보면서 서울을 본다. 그리고 서울에서 벌어지는 시민의 반민중적, 혹은 민중 혐오적 양상들을 읽어낸다. 나아가 그렇게 사회를 만들어 가는 신자유주의적 지구화의 헤게모니적 체계들을 주목한다. 한편 이러한 서울에서 활동하고 있는 바울을 찾기 위해 나는 교회 안과 밖을 두루 살핀다. 아마도 그 바울은 교회 안에서 교회를 개혁하며, 교회 밖에서 배척된 이들을 이웃으로 삼는 일에 몸 사리지 않고 분투하고 있을 것이다. 그런 바울을 찾아내고 그에게 이름을 부여하는 것, 그것이 내가 이 책을 통해 하고 싶었던 말이다.